RESEARCH AND PRACTICE ON THE CONSTRUCTION OF YANMENGUAN AGRO PASTORAL ECOTONE

雁门关农牧交错带建设研究与实践

山西省畜牧技术推广服务中心　组编

中国发展出版社
CHINA DEVELOPMENT PRESS

图书在版编目（CIP）数据

雁门关农牧交错带建设研究与实践 / 山西省畜牧技术推广服务中心组编. —北京：中国发展出版社，2021. 12

ISBN 978-7-5177-1180-3

Ⅰ. ①雁… Ⅱ. ①山… Ⅲ. ①农牧交错带—经济建设—研究—山西 Ⅳ. ①F327.25

中国版本图书馆CIP数据核字（2021）第024736号

书　　名： 雁门关农牧交错带建设研究与实践
著作责任者： 山西省畜牧技术推广服务中心
责 任 编 辑： 钟紫君
出 版 发 行： 中国发展出版社
联 系 地 址： 北京经济技术开发区荣华中路22号亦城财富中心1号楼8层（100176）
标 准 书 号： ISBN 978-7-5177-1180-3
经　销　者： 各地新华书店
印　刷　者： 北京市密东印刷有限公司
开　　本： 720mm × 960mm　1/16
印　　张： 23
字　　数： 340千字
版　　次： 2021 年 12 月第 1 版
印　　次： 2021 年 12 月第 1 次印刷
定　　价： 88. 00元

联 系 电 话：（010）68990535 68990692
购 书 热 线：（010）68990682 68990686
网 络 订 购： http：//zgfzcbs. tmall. com
网 购 电 话：（010）68990639 88333349
本 社 网 址： http://www. develpress. com
电 子 邮 件： 10561295@qq. com

编　委　会

总　述

北方农牧交错带的提出，丰富完善了我国国土空间区域理论。2016年，农业农村部将山西省雁门关区整体纳入北方农牧交错带，为山西省推进这一区域建设提供了战略机遇和科学指导。2017年，山西省委、省政府紧紧抓住农业农村部将雁门关区整体纳入北方农牧交错带这一战略机遇，将雁门关农牧交错带建设列为三大省级农业战略之一，精心安排、扎实推进。多年来，区域内农业结构不断优化、农牧产业加快升级、农民收入快速增长、生态环境明显改善，雁门关农牧交错带建设初见成效。

一、总体进展情况

雁门关农牧交错带示范区地处山西省北部和西部，包括5市37县，国土总面积6.35万平方千米，占全省土地总面积的40.5%，区域总人口890.1万人，其中农业人口499.5万人，占全省农业人口的30.3%，气候环境高寒冷凉，林草牧粮资源丰富，区位优势独特突出。

多年来，示范区按照“草牧结合、农牧循环、生态有机”的总思路，以高质量发展和绿色发展为主线，大力推进区域农业结构调整，深入推进一二三产业融合，区域建设水平和发展速度明显提升。从设定的8个目标来看，区域内粮经饲种植面积比例从2016年的64∶16∶20调整到50∶19∶31，饲草比例提高11个百分点；畜牧业增加值占农业增加值的比重达到45.2%以上，比全省平均值高出21.7个百分点，但距离60%的目标还有近15个百分点；农民人均经营性收入来自畜牧业和饲草产业的比重达到48%，距离50%的目标仅差2个百分点；特色产业等“三品一标”

认证农产品的比重达到38.3%，比2016年提高11个百分点，但距离50%的目标还有近12个百分点；农产品加工业与农业产值之比达到1.2∶1，距离2.4∶1的目标还有很大差距；草林建设面积占到国土面积的78.75%，超过60%的目标近19个百分点；畜禽粪污综合利用率达到83%，比2016年提高了13个百分点，超过75%的目标8个百分点；农牧业科技贡献率达到51%，距离56%的目标还有5个百分点。

（一）区域农业结构进一步优化

目前示范区种植面积2080万亩，其中粮食种植面积1042万亩（非饲用籽粒玉米135万亩、杂粮等907万亩），比2016年的1458万亩减少416万亩，占比调整到50%；经济作物种植面积达到385万亩（油料作物118万亩、蔬菜80万亩、道地中药材87万亩、瓜果11万亩、果园89万亩），比2016年的244万亩增加141万亩，占比近19%；饲草种植面积达到653万亩（苜蓿、青贮玉米、燕麦草等优质饲草239万亩，饲用籽粒玉米414万亩），比2016年的540万亩增加113万亩，占比达到31.4%。

（二）草业发展步伐不断加快

坚持立草为业，加快建设现代饲草料产业体系。2019年饲草种植面积达到650多万亩，新增优质饲草和特色经济作物面积20多万亩，建成高产苜蓿生产基地20万亩，集中连片千亩以上的苜蓿基地48处、300亩以上的燕麦草基地60处，圆满完成建设任务。苜蓿、青贮玉米等饲草总产量达到328.87万吨，青贮量达到155.89万吨，干草量达到25.14万吨，草业总产值达到9.85亿元；全区草产品加工企业73家，饲草社会化服务组织236个，占全省的90%，拥有大型饲草机械214台套，中小型饲草机械6630台套。

（三）草食畜产业不断做大做强

大力发展奶牛、肉羊和肉牛三大优势产业，整合京津风沙源治理、草畜一体化建设、畜牧业提升工程和家庭牧场建设等项目，建设草畜一体化示范场100个、绿色生态牧场20个、种畜场10个、草食畜规模养殖场达17.2万个（其中奶牛场1万个、肉牛场3.8万个、羊场12.4个）。截至

2019年，预计区域肉牛出栏、奶牛存栏、羊存栏分别达到30万头、40万头、650万只左右，以草食畜为主的畜牧业增加值占农业增加值的比重达到45.2%，农民人均经营性收入来自饲草产业和畜牧业的比重达到48%。

（四）特色产业不断做精做优

截至目前，雁门关区已建成杂粮、马铃薯、中药材、蔬菜、特色果品等五大特色品牌农业基地。实施杂粮高产创建项目，2016—2019年累计投资6658万元，建成绿色高产高效示范片43个、杂粮标准化生产示范基地15个、杂粮产业集群8个。全区种植马铃薯200万亩，占全省总播种面积的76%，年产量达到150万吨，亩产750千克，亩均纯收益超过1000元，成为山西省重要的马铃薯生产基地，是带动农户脱贫致富的一大出路。近三年累计下发补助资金6700万元，发展道地中药材87万亩，比2016年增加15万亩；发展设施蔬菜和露地冷凉蔬菜80万亩（其中规模设施蔬菜7.32万亩）；发展特色果品基地，在阳高等9县栽培仁用杏40万亩，在原平等市县栽培同川梨30万亩。目前全区认证“三品”企业582家，认证产品1078个,“三品”产地面积达到382万亩，养殖规模达369万头（只），分别比2016年增加381家、675个、187万亩、273万头（只）。

（五）一二三产业融合程度不断提高

产品加工、冷链物流、市场营销、疫病防控等相配套的现代农业生产体系初步建成。大力推进产业化建设，全区培育农牧业龙头企业397个，2018年农产品加工业总产值达到450亿元，比2016年增加72亿元，占全省24.4%。大力推进城郊农业示范区建设，在大同平城区、朔州平鲁区建设了大同农业嘉年华、天和牧业饲料加工、塞上驿站乡村休闲等城郊农业项目20多个，有力带动了城郊农业上档升级。大力推进省级休闲农业和乡村旅游示范点建设，已建成示范县10个，示范点40个，其中获得3A级乡村旅游示范村称号34家，占全省1/3以上。大力推进集聚区建设，重点在大同培育了年产值40亿元的现代奶业产业和年产值60亿元的生猪产业集聚区；在朔州打造了集产业链开发、冷链物流建设和经贸合作等为一体的羔羊产业区，每年一届的“怀仁国际羔羊节”提升了雁门关区羔羊的知名度、美誉度和影响力。

（六）绿色生态发展持续深入

加快生态环境建设，打造农牧协调、农村镶嵌、山水林田路一体化的现代田园景观。开展国土绿化行动。结合太行、吕梁“两山”生态系统保护和修复重大工程，重点围绕吕梁山生态脆弱区、环京津冀生态屏障区、重要水源区植被恢复区、通道沿线荒山绿化区“四大区域”，高标准实施大规模国土绿化、退耕还林还草等“十大工程”，构建了晋北晋西北防风固沙生态屏障，全面提升了生态环境质量和绿色发展能力。2016年至今，累计完成造林834.24万亩，全区林地面积达到4816万亩，占国土面积的50.64%。大同、朔州的空气质量综合指数位居全省前三，发展林下经济。2016年至今累计投资320万元，在娄烦等9个试点县扶持发展中药材、菌菇种植等林下经济1.6万亩；干果经济林提质增效工程累计实施76.55万亩，亩均增产30%以上。开展水土流失治理。投资10亿元实施滹沱河繁峙段和代县段、大同市御河、桑干河河道等综合治理工程。开展畜禽粪污治理和资源化利用。积极发展畜禽粪污全量还田等种养结合、农牧循环模式，规模养殖场的粪污处理设施配套率超过90%，粪污综合利用率达到83%。开展秸秆综合利用。发挥试点带动作用，秸秆综合利用率超过90%，基本杜绝了露天焚烧秸秆现象，生态环境进一步改善。

（七）科技支撑带来提质增效

强化创新驱动，加快示范推广新技术新模式，提高科技支撑能力。开展重点技术研发推广。构建了农业科技创新联盟和农业产业技术联盟，组建与国际接轨的科研服务团队，2016年以来共投入资金834万元，设立重点研发计划23项，实施科研推广项目73项，示范集成推广地膜覆盖，秸秆还田，配方施肥，集雨保墒，机械配套，“草—畜—田”“果—沼—畜”种养一体化等新技术70多项，引进试验种植各类农作物种质材料800多份。筹建朔州生态畜牧研究院。2017年开始筹建山西省农业科学院朔州分院（山西生态农牧研究院），内部调剂公益性一类事业编制80名，下设1

室9中心，筹备工作正在加快推进。

二、经验和亮点

（一）发展起步较早

早在2001年，山西省委、省政府就提出建设雁门关生态畜牧经济区，要求在确保人均1亩高效农田或2亩基本农田的基础上，走“以牧为主，农林牧协调发展”的路子，通过15年的建设已取得明显成效。2016年，原农业部（现农业农村部）将雁门关区域纳入国家北方农牧交错带建设范围，实现了战略的有机衔接。

（二）组织领导有力

山西省政府成立了由分管副省长牵头的雁门关农牧交错带示范区建设工作推进组，制定出台了示范区建设实施意见和2018年行动计划，建立了13710督办、工作协调、绩效考评和联合工作等工作机制。组织五市编制生态农牧区建设规划，组建专家服务团队开展技术培训和推广，积极推进示范区建设。

（三）地方立法先行

山西省是北方农牧交错带第一个立法推进的省份。2018年，山西省人大启动了《山西省促进雁门关农牧交错带发展条例》立法程序，从法律层面上明确雁门关农牧交错带发展目标、建设内容和措施。2019年11月29日，山西省第十三届人民代表大会常务委员会第十四次会议通过《山西省促进雁门关农牧交错带发展条例》，于2020年1月1日起正式实施。该《条例》的发布具有重要的首创意义和现实意义，是我国第一部用于规范农牧交错带建设发展的地方性法规，在雁门关示范区发展史上具有里程碑意义，将有力促进雁门关区域的结构调整、生态保护和产业发展。

（四）资金扶持较大

省级每年投资3000万元以上专项资金扶持雁门关农牧交错带建设，带动雁门关农牧交错带示范区建设各市县每年投入资金约10亿元，带动社会投资100多亿元，为雁门关农牧交错带建设提供了不竭动力。

（五）典型示范突出

示范区创新草牧业发展模式，建立草畜一体化示范点，发展现代化养殖示范场，推广“牧繁农育”“种养结合，农牧循环”等发展模式，得到农业农村部肯定并在全国推广，中央电视台、《人民日报》《农民日报》和《山西日报》等多家媒体都进行了报道。

（六）质量效益较高

示范区内全株玉米青贮比粮食作物亩均增收200多元，苜蓿亩均纯收益1000~1500元。奶牛平均日增鲜奶3千克，成年母牛年平均单产由2012年的6.5吨提高到了8.4吨左右，鲜奶的主要指标超过了国家标准，质量普遍提高。6月龄出栏肉羊增重2.5千克，脂肪含量减少2千克，肉品品质明显改善。

三、发展思路

在今后一段时期，雁门关农牧交错带作为北方农牧交错带的重要组成部分，要以资源环境承载力为基准，以提升质量效益和竞争力为中心，坚持“生态优先、草畜结合、农牧循环、产出高效”的原则，结合奶业强省战略、晋北肉类出口平台和十大产业集群建设，进一步优化雁门关区域农业结构，支持建设优质牧草基地，发展青贮玉米、苜蓿、燕麦草等优质饲草种植，加快大同肉业、朔州奶牛和肉羊、吕梁肉牛、忻州绒山羊等产业集聚区建设，推动草食畜牧业高质量发展。

（一）饲草饲料发展工程

突出发展青贮玉米、苜蓿、燕麦草等优质饲草，加快饲草生产基地建设；推广草牧业先进技术，提高饲草产量质量；加大饲草机械补贴，提高草牧业生产机械化水平；建设饲草交易平台，培育壮大现代牧草链主龙头企业，带动饲草产业快速发展。

（二）畜牧产业提升工程

提升乳品产业，改造规模养殖牧场，打造优质奶源基地，形成雁门关黄金奶源带，建设乳品养殖加工一体化园区，形成乳品深加工产业集群。

提升肉制品产业，大力发展牛羊草食畜，突出发展奶牛、肉牛、肉羊三大畜种，打造一批高标准牛羊生态牧场，加快北肉出口平台“一港一会”建设，提升雁门关出口区域公共品牌竞争力。

（三）特色产业提质工程

发展杂粮、马铃薯、蔬菜、食用菌、水果、中药材、油料等特色产业。建设杂粮标准化生产示范基地，做强谷子、燕麦、荞麦、红芸豆等优势产业。扩大优质专用马铃薯生产规模，推广使用马铃薯脱毒种薯。建设优势特色蔬菜、食用菌标准化生产基地，促进黄花菜、辣椒等特色产品提质增效。建设特色果品标准化生产基地，促进杏、梨等特色果业品质升级，提高果园综合生产能力。因地制宜发展黄芪等道地中药材，深度开发药食同源和药茶系列产品。稳定发展油料生产，重点推广胡麻、向日葵、春播油菜等有机旱作新技术。

（四）生态安全保护工程

合理划定生态保护红线，推进生态系统保护和修复。对天然草原实行分区域分时段轮牧、休牧，对严重退化、沙化、盐碱化的草原和生态脆弱区的草原实行禁牧、休牧制度，对幼林地、封山育林区和特种用途林施行禁牧。发展有机旱作农业，推广抗旱节水优良品种，建设集雨补灌、节水灌溉等设施。加强畜禽粪污资源化利用，推广种养循环、农牧结合、艺机一体化等发展模式。

（五）科技服务支撑工程

加快朔州生态畜牧研究院建设，选育保护饲草、旱作农作物和畜禽品种，推广牧繁农育、疫病防控、饲料配方等实用技术，支持建设“互联网+三农”的农畜产品流通发展模式。加大畜牧兽医基层服务体系建设力度，提升农资供应、生产托管等社会化服务水平。

“十四五”期间，在保障生态安全和提升粮食产能的基础上，调优结构、调高质量、调特产品，实现农业结构适应性水平、可持续发展水平、质量效益水平明显提升，优势特色产业提质增效，发挥区域草牧业优势，着力打造成为北方农牧交错带结构调整样板区和京津冀优质农畜产品供应基地。到 2025 年，创建一批全国一流的现代饲草龙头企业、高标准牛羊生态牧场和优质饲草种植基地。区域内肉类总产量、奶类总产量分别占到全省的 40% 以上、70% 以上，畜牧业增加值占农业增加值的比重达到 50% 以上。

目录

CONTENTS

调查研究

大同篇

朔州篇

忻州篇

实践推进

畜牧管理篇

政策交流

调查研究

大同篇

大同市蛋鸡产业规模养殖效益分析及发展对策

编者按： 蛋鸡产业是大同市传统产业，过去以散户饲养为主，发展规模有限。近年来大同市畜牧业发展思路转变，围绕雁门关农牧交错带建设，以低资源占用和高产出、高机械化、高效益为主导方向，蛋鸡产业取得了飞速发展，蛋鸡养殖逐步向大规模集约化生产转变。

一、发展现状

（一）概况

截至 2019 年底，全市鸡饲养量 871 万羽，是 2010 年底的 1.4 倍。其中蛋鸡饲养量 821 万羽，较 2010 年底增长 47%；蛋鸡存栏 553 万羽，年淘汰 268 万羽；肉鸡饲养量 13.6 万羽，存栏 3.3 万羽，出栏 10.3 万羽。全市鸡蛋产量与“十二五”期初相比，由 4.2 万吨增长到 7.3 万吨，增幅达到 74%，在土地和人力资源占比下降的前提下取得了较大发展。全市现有蛋鸡养殖场 618 家，主要分布在云州区和云冈区两个城市近郊区，产品主要供应本市和邻近的京津冀地区。

（二）规模养殖情况

全市现有饲养量 1 万羽以上规模蛋鸡场 197 家，其中饲养量 1 万 –5 万羽的 134 家，5 万 –10 万羽的 48 家，10 万 –20 万羽的 9 家，20 万羽以上的 6 家，规模场产量占比 72%。蛋鸡集约化养殖占比达到 78.7%，机械化生产已成为主流。

云州区依托城市近郊区地理优势，致力于打造全市蛋鸡产业核心区，其中周士庄双百万蛋鸡园区以天佑禽业、亿鸿、美运恒昌、盛荣翔、峰硕等大型养殖园区为核心，是一个集雏鸡供应、蛋鸡养殖、鸡蛋销售于一体的综合产业片区，产能占到全市的1/4。区内共有蛋鸡养殖场44家，其中：20万羽以上蛋鸡场5家，总饲养量145万羽。周士庄双百万蛋鸡园区已被确定为“十三五”期间大同市畜牧业龙头体系建设重点项目，将继续强势推动大同市蛋鸡产业升级发展。

（三）近年来大同市蛋鸡产业发展的主要特点

一是规模化养殖发展迅速。“十二五”期间，大同市饲养量千羽以上的蛋鸡规模场总饲养量和鸡蛋产量均增长了50%。二是蛋鸡品种大为优化。从过去以饲料消耗量大、产蛋量低的本地土鸡为主，逐步转变为海兰褐、海赛克斯、伊莎褐等国际良种和京红、京粉等国产良种竞相发展，规模场良种覆盖率达到95%。三是现代化管理水平提高。规模养殖场基本实现了机械化生产，能做到自动清粪、自动供料、统一防疫、统一温控；同时蛋鸡养殖业形成了科学完善的管理体系，营养配比、环境控制、疫苗管理都有了成熟精确的方案，使生产率大幅提高，死亡率大幅下降。四是畜禽粪污资源化利用率极大提高。规模养殖场逐步认识到畜禽粪污治理的重要性，不断加大粪污资源化力度，配套建设了堆粪场、收集池，购置干湿分离机、有机肥加工设备等，提高了粪污资源化利用，降低对周边环境污染，增加了养殖场的效益。

二、市场及效益

（一）近六年蛋鸡产业生产形势

蛋鸡产业在大同市处于转型发展期，由表1可见，近六年来大同市蛋鸡饲养规模和产量处于稳定健康增长状态。

表 1　大同市蛋鸡饲养规模和产量增长幅度　（单位：万羽，万吨）

年份	饲养量	同比增加	存栏	同比增加	蛋产量	同比增加
2014	632	5.3%	405.1	4.1%	4.7	4.3%
2015	668	5.7%	421.9	4.2%	4.9	6.1%
2016	700	4.8%	459.6	8.9%	5.6	8.2%
2017	735	5.0%	498.2	8.4%	5.9	5.4%
2018	780	6.1%	527.0	5.8%	6.4	8.5%
2019	821	5.3%	574.9	9.1%	7.3	14.1%

（二）鸡蛋市场价格波动规律

1. 年内价格波动规律：根据近年来大同市鸡蛋出场价格的基本走势，可以看出鸡蛋市场价格整体呈现有规律的上下波动，受季节影响较大。每年 12 月至次年 1 月，受两节刺激，鸡蛋市场往往出现价格高峰，此峰值自 2 月起开始回落。3–5 月，由于市场需求减少，气温回升，供给增加，鸡蛋市场价格普遍呈下降趋势，5–6 月达到最低。夏季气候炎热，蛋鸡进入歇蛋期，需求和供给同步下降，价格在较低水平上轻微波动，自 8 月下旬起才逐步回升。9 月受中秋和国庆节影响往往价格高涨，此后由于气温转低，产量下降，价格均能保持在较高水平，较 10 月略有下降，进入 12 月后又再度高涨。如此循环变化。

2. 年度价格波动规律：鸡蛋价格每 2–3 年为一个大周期，呈现高价与低价交替变化。最近两次价格高峰发生在 2014 年和 2019 年。自 2015 年第二季度起开始走低，低迷期一直持续到 2016 年上半年。究其原因，一是 2013 年鸡蛋价格低迷及 H7N9 疫病影响，补栏不足，导致供给骤减；二是适逢 2014 年下半年小周期上涨，引发市场连锁反应；三是鸡蛋期货上市，流通加强，出现短期热炒。2014 年下半年鸡蛋价格一路狂飙，养殖企业补栏积极，大量企业入行，市场供给大幅增加；同时 2014 年下半年的短期刺激因素影响弱化，需求归于正常水平。这两方面的因素导致了鸡蛋市场自 2015 年第二季度起持续低迷。进入 2016 年，各主要饲料价格大幅下降，成本降低，使鸡蛋价格继续保持低水平，但利润较 2015 年已有所增长。由于鸡蛋期货交易逐步活跃，鸡蛋交易日趋市场化和国际化，市场价格波动幅度趋缓，但是2018年中美贸易战打响，对饲料原料价格影响较大，波动更加频繁，价格有所上涨。2019年，由于非洲猪瘟及猪周期因素的影响，猪肉价格居高不下，生猪缺口导致鸡蛋补充，然而蛋鸡的存栏量未达到预期，在11月鸡蛋价格甚至上涨到11.69元/千克。

（三）效益分析

1.成本变动情况：在蛋鸡养殖成本中，饲料成本占到80%以上，而在饲料成本中，主要是玉米、豆粕两种饲料，占到90%以上。近六年玉米、豆粕价格大幅下降，2016年平均价格分别比2014年降低了21.6%和17.6%。但是从2017年开始，因中美贸易战，价格有所上涨。玉米、豆粕2014–2019年平均价格情况如表2所示。

表2　2014–2019年玉米、豆粕平均价格　　（单位：元/吨）

	2014年	2015年	2016年	2017年	2018年	2019年
玉米	2247	2073	1761	1660	1838	1890
豆粕	3684	2965	3037	3055	3226	2850

2.存栏5万羽（饲养量5万–10万羽）规模场效益核算：2018年鸡蛋年平均出场价格7.3元/千克，饲料价格2.2元/千克。效益核算如表3所示。

表3　5万羽规模场效益核算

项目	费用（单只鸡所需）	备注
育成成本	29元	育成期按150天计算
防疫、水电费	3元	按存栏5万羽规模均摊（产蛋期）
人工费	8元	按存栏5万羽规模均摊
产蛋期饲料	96.36元	年产蛋18千克，料蛋比2.2
鸡蛋收入	131.4元（18千克×7.3元/千克）	按年产蛋18千克计算
淘汰鸡收入	16元	价格8元/千克，重2千克

注：单只鸡平均年收益=131.4–96.36+（16–29–3–8×360/510）=7.79元

整个养殖周期利润=7.79×510/360=11.04元

3.效益分析：2016 年蛋鸡市场价格正处于大周期低价区，虽然 9 月属小周期高价，利润相较于夏季有所提高，但整体仍处于正常利润水平。以上效益分析基于存栏 5 万羽规模场的平均水平，考虑到该规模日益成为蛋鸡养殖行业主流，同时玉米去库存导致的饲料价格下降将持续较长时间，该利润水平具备一定典型性。由于鸡蛋价格年间变动较大，故核算蛋鸡养殖效益，需要以大周期为单位进行综合考量。在蛋鸡规模养殖中，普遍是蛋保本鸡赚钱，即以蛋的收入为可收回成本，淘汰鸡的收入为纯利润，上面的利润核算也与近年来蛋鸡养殖的年平均利润水平一致。从 2017 年开始，鸡蛋价格开始上涨，由 5.8–6.01 元 / 千克涨到 2018 年的 7.2–7.4 元 / 千克。尤其是 2019 年下半年，鸡蛋价格更是大幅上涨，蛋鸡养殖收益非常明显（见表 4）。

表 4　2014–2019 年鸡蛋价格变动　　（单位：元 / 千克）

年份	2014 年	2015 年	2016 年	2017 年	2018 年	2019 年
鸡蛋出场价	9.18	7.3	6.67	6.01	7.4	10.3

三、产业发展趋势及建议

（一）发展趋势

一是种鸡市场逐步向国产蛋鸡品种转移。随着人们物质生活水平的提高，消费理念回归传统，国产红羽蛋鸡、粉壳鸡蛋越来越受养鸡人和消费者的青睐，市场占有率快速提升，如大同市盛荣翔蛋鸡园区引进的京都峪口禽业的京红一号、京粉一号，市场认同度高，需求旺盛。同时海兰褐等引进蛋鸡品种核心育种技术均由外国把控，在源头上受制于人，要保障蛋鸡产业平稳发展，大同市也需要引进国产蛋鸡品种。

二是产业结构变化加快。从近三年大同市蛋鸡生产形势来看，未来大同市蛋鸡存栏结构将向适度规模转变，存栏 1 万羽以下的养殖场将加速退出蛋鸡养殖行业，存栏 5 万羽左右的适度规模场将得到快速发展，10 万羽以上的大规模养殖场占比也将继续提高。国家《畜禽规模养殖污染防治条例》的实施、食品安全监管力度的加大和消费者食品安全意识的增强、鸡蛋市场准入制度的逐步实施，都将进一步加快蛋鸡养殖规模集约化发展进程。

三是机械化生产成为主流。随着人力资源成本不断上涨，蛋鸡养殖行业将越来越倾向于高机械化运作模式。大规模集约化养殖带来的高效率、低运营成本、低疫病风险和科学管理的优势，将极大地推动蛋鸡养殖业的机械化生产进程。

四是绿色生态产品受到青睐。随着生活水平提高和消费价值观的转变，谷饲、散养柴鸡等绿色鸡蛋以其更为丰富均衡的营养和相对绿色的生产方式，越来越受到消费者青睐。

五是鸡蛋供给本地化。由于鸡蛋保存不易，长途运输不仅增加了成本，而且影响了鸡蛋品质和新鲜度，未来鸡蛋等易碎或易腐食品将更加倾向于本地近郊供应。

六是期货市场飞速发展。鸡蛋期货市场的发展和完善将减少鸡蛋现货市场的剧烈波动。随着交易日益活跃，鸡蛋期货的价格发现和避险功能逐步显现，对提高鸡蛋质量安全水平、加快鸡蛋行业标准的推广普及和规模化生产均有一定积极作用，也有利于吸引工商资本、优化产业结构。

（二）问题及建议

1. 市场风险较大。从大同市鸡蛋价格波动曲线看，2014 年 1 月至 2016 年 9 月的 33 个月间，鸡蛋价格共发生 10 次较为明显的波动，其间最大波动幅度达 0.9 元 / 千克。同时，疫病和食品安全问题引起的市场恐慌，如禽流感高发期引起的销售减退、苏丹红事件等，也进一步加剧了市场波动的剧烈性和无序性。市场反应的延迟性，扩大了市场价格波动引发的供需失衡，从而造成了大量利润流失和资源浪费。为此应加快完善蛋鸡市场预警系统建设，及时准确地监测和分析鸡蛋生产与市场价格情况，为生产者及时提供行业生产和市场信息，指导从业者科学理性地安排补栏，促进市场平稳运行；积极发展订单农业，引导企业订立长期购销合同，使养殖企业科学、合理、有规划地安排生产；鼓励养殖企业购买金融保险，强化风险防范能力。

2. 疫病风险严重威胁蛋鸡产业。大同市近年来蛋鸡养殖规模化发展进一步加快，一方面推动了产业标准化防疫进程，提升了养殖企业疫病防控的能力；另一方面却也加剧了疫病大范围传播的潜在风险。当前各类病原变异速度加快，防疫难度加大，疫病往往呈爆发趋势，一旦发生难以控制，短时间内即会对地区产业造成毁灭性打击。禽流感等人畜共患病的反复流行还在一定程度上打击了蛋鸡下游产业。针对这些问题，市级和蛋鸡产业重点县应加大公益性蛋鸡疫病防控经费投入，完善蛋鸡疫病防控体系，做好蛋鸡基础防疫、疫病防控指导、疫病预警和疫病扑灭等公益性疫控措施。推进健康养殖和标准化养殖，持续提高蛋鸡疫病综合防控能力和风险抵御能力。

3. 蛋鸡产业养殖污染问题较为严重。蛋鸡大规模集成养殖的飞速发展，给大同市带来日益沉重的环境负担。由于缺乏统一、科学的粪污处理途径，规模场每日产生的大量粪污只能自行处置，处理困难，成本较高，部分企业私自违规排放，对地下水和空气造成严重污染。下一步我们将把提高禽类粪污资源化利用水平作为蛋鸡养殖污染治理的重点，督促养殖企业购置粪污处理设施，对现有和新建的畜禽粪便有机肥厂给予政策优惠。制定统一的禽类粪污治理办法，合理规划场区建设，确保远离水源地和人居区。

4. 品牌建设力度不足。大同市目前还没有一个鸡蛋驰名品牌，蛋鸡行业普遍存在品牌认同度不高、品牌鸡蛋所占市场份额较少、品牌附加值低的问题。一方面是部分小品牌鸡蛋自身优势不足，与普通鸡蛋差异不大，性价比较低；另一方面是品牌宣传力度不足，消费者对品牌鸡蛋了解不够，难以形成有效的需求。大同市气候寒冷干旱，在养殖成本上与南方地区相比缺乏优势，因此提高产品附加值、强化品牌建设更成为蛋鸡产业长远发展中亟须解决的关键问题。通过投资、补贴、信贷等政策工具，加大对龙头企业的扶持力度，在科技投入、设备投资、包装销售、广告宣传等方面给予政策优惠。注重引进国内优良蛋鸡品牌，同时以高寒地带土鸡蛋的优良特性为切入点，培育本地特色品牌，建设大同城市近郊农产品特供超市，加快推动鸡蛋品牌发展。

执笔：

武志军　山西省大同市畜牧兽医科学研究所

大同市灵丘县畜牧业发展情况调研报告

编者按： 近年来，灵丘县畜牧兽医工作在县委、县政府的高度重视和正确领导下，在上级部门的关怀和大力支持下，紧紧围绕省委、省政府“农牧结合、以牧为主”的农牧交错带示范区发展战略，对畜牧业实行“两免一补”政策，按照“大力发展养牛、稳定发展猪鸡、舍饲圈养山羊”的发展思路，全县畜牧经济增长态势良好，各项工作取得了良好成效。

一、全县畜牧业发展成效显著

（一）发展现状

1. 畜产业综合实力大幅提升

2019 年，全县大牲畜饲养量为 7.45 万头，存栏 4.89 万头，其中肉牛饲养量为 5.4 万头，存栏 3.5 万头；生猪饲养量为 13.36 万头，存栏 5.2 万头；蛋鸡饲养量为 93.28 万羽，存栏 58.27 万羽；羊饲养量为 90.89 万只，存栏 51.26 万只。肉、蛋、奶总产量分别达到 16083 吨、7413 吨、3699 吨。畜牧业产值达到 6.35 亿元，占到全县农林牧渔及服务业总产值的 60.23%。

2. 规模化养殖水平明显提高

按照“六轮驱动”、全面发展的战略，全力推进全县畜禽养殖向规模化、标准化、现代化饲养方式转变，建成了一批成本低、效益好、人畜分离的畜禽标准化养殖园区和小区。建成标准化养殖小区 135 个，其中养羊小区 99 个，养牛小区 8 个，养猪小区 22 个，养鸡小区 6 个；发展 100 头以上的养猪场 87 个，500 羽以上养鸡场 49 个，100 只以上的规模养羊大户 2766 户。

3. 良种繁育和防疫体系建设日臻完善

县政府出台了以黄牛改良免费、防疫免费、对畜禽规模养殖场进行补贴为主的畜牧业“两免一补”优惠政策，县财政每年补助“两免一补”资金 200 万元。全县铺设畜禽人工授精点 34 个，形成了覆盖 12 个乡镇 255 个行政村、414 个自然村的良种繁育体系，年改良本地黄牛、奶牛 2 万余头，每年为养殖户增加收入 5000 多万元。县政府与中国农大动物科技学院、山西农大动物科技学院、山西省生态畜牧产业管理站共同合作开展了肉牛肉羊联合育种科技项目，对灵丘县大青背山羊和中高端肉牛进行开发。全县每年畜禽免疫、消毒、疫病监测等项目全部实行免费服务。每年猪、牛、羊、鸡的死亡率由不实行免费时的 5%、3%、8%、10%分别下降到 2%、1%、3%、5%，每年为群众挽回经济损失达 3000 多万元。

4. 畜产品质量安全工作全力推进

严把“动物免疫、产地检疫、生猪定点屠宰检疫、出境检疫、执法监督、抗体监测”六道关，全县共下防检一盘棋，推行四套班子领导、县动物重大疫病指挥部成员单位和畜牧兽医服务中心领导包乡镇、乡镇领导包村、兽医技术人员和村级防疫员包场包户的分片包干责任制，在全县形成了“防、检、监环环相扣，县、乡、村层层把关”的畜产品安全防控工作新局面，确保了灵丘县无重大畜产品安全事件的发生。

5. 畜牧企业成为脱贫攻坚中坚力量

依托龙头企业资金、技术、人才、市场优势，借助良好的自然禀赋、生态条件和营商环境，号召龙头企业积极投身脱贫攻坚战役，润生大业、佳农牧业、德威众创、成发等畜牧龙头企业成为全县脱贫攻坚的中坚力量。润生大业公司实施资产收益扶贫，实施乳肉牛养殖项目，受托经营 620 万元财政资金，带动史庄乡 1240 个贫困户脱贫，户均收益 1500 元。实施代养牛扶贫，由公司提供牛只、贫困户在本村放牧饲养，按增重每千克 20 元付给收益，以此带动贫困户 119 户增收，户均增收 12589 元。实施金融扶贫，公司与银行合作，每户贷款 5 万元，资金由公司用、公司还，带动 440 户贫困户每年增收 132 万元。实施消费扶贫，公司向贫困户收购燕麦青草、饲料玉米等，带动 103 户贫困户，户均增收 578 元。实施就业扶贫，通过季节性用工，给贫困户提供劳务性岗位 7 个，月收入 2400 元。佳农牧业公司采用“公司 + 农户”模式，通过养殖户入园，公司统一提供肉牛养殖、饲料供应、疫病防疫、肉牛出栏销售等服务，减少养殖风险，直接带动 223 户农民养殖肉牛 1500 头，户均增收 2 万元。与周边农户签订饲草收购协议，将种植户引入产业链，为养殖场供应优质饲草，直接带动 250 户农民种植饲草，户均增收 8000 余元。在园区建设和养殖、销售等环节用工，优先聘用本地贫困劳动力 30 名，人均年增收 1 万多元。采用“政府 + 企业 + 村集体 + 贫困户”的资产收益扶贫模式，注入财政扶贫资金 1000 万元，将资金折股量化到 1000 户建档立卡贫困户，公司承担盈亏风险，贫困户的股份负盈不负亏，每户每年保底收益 1000 元。

6. 绿色有机畜牧比重逐步增大

从 2013 年开始，灵丘县就把发展有机农业作为脱贫攻坚、乡村振兴的支柱产业，实施了有机农业“111126”工程。即：一部规划引领，编制完成了《山西灵丘有机农业园区实施规划（2013–2030 年）》，在南山区重点打造车河、上寨、独峪、平型关四大有机养殖场和银厂、下关两大有机牧场。一乡全域示范，在红石塄乡率先开始并逐步推广到四乡一镇范围内禁止使用化学合成类农药、化肥及饲料添加剂等，建设全域有机农业示范基地。一校学术研讨，与中国农大共建山西灵丘教授工作站，联合培养“精准扶贫”专业学位研究生，为发展有机农业提供了智力支撑。一会交流研讨，从 2014 年开始，与中国农业大学、中国质量协会、国际有机农业亚洲联盟连续举办了五届车河国际有机农业论坛，每届均有 200 多位国内外专家学者参加研讨。“双千”基地推动，12 个乡镇实施有机种养示范工程，每个乡镇至少发展 1 千亩有机种植园和 1 千头有机养殖园。六大社区提升，引导金地矿业、梨园文体、思源农业等民营企业与村集体合作，探索土地所有权、承包权、经营权“三权分置”改革，按照“有机农业 + 美丽乡村 + 生态旅游”的模式，建设了车河、城头会、边台、烟云崖、沙岭台、花塔六大有机社区，其中车河社区有机鸡蛋、有机羊等产品远销京津地区。

（二）发展目标、产业布局、产业集聚区

1. 发展目标

到 2020 年，全县完成粮改饲 18 万亩，建设人工草地 12 万亩，完成棚圈建设 20 万平方米、青贮窖建设 10 万立方米，建设标准化养殖小区 100 个，培育示范家庭牧场 25 个。全县羊饲养量达 100 万只，建设成百万养羊大县；牛饲养量达 10 万头，建设平型关 10 万头肉牛养殖园区。农民人均牧业收入达到 4615 元，畜牧业产值达到 6.6 亿元。

2. 产业布局

按照“突出区域特色，发挥比较优势，促进产业集群，提高竞争能力”的原则，扶持具有县域经济特色的“肉牛、肉羊、生猪、蛋鸡、奶牛、肉驴”六大畜牧主导产业发展。在南北两山发挥牧坡广阔的资源优势发展有机基础母牛母羊，采用先进的冻精冷配和提纯复壮技术生产优质架子牛和大青背山羊；在川下区发挥农作物秸秆资源丰富的优势建设高标准化肉牛、肉羊、肉驴育肥场，采用青贮、微贮技术发展优质特色高端肉牛、肉羊、肉驴产业；在城郊附近发挥农副产品丰富的资源优势和产销对接便利的区位优势，发展奶牛、生猪和蛋鸡产业，保障市场供给；在经济园区建设肉牛、肉羊、屠宰加工厂，发展肉牛、肉羊深加工，延长产业链，提高畜牧业附加值。

——牧草重点发展区。按照“连片种植”和“整村推进”模式，在武灵、东河南、落水河、柳科、石家田、赵北、史庄等乡镇加大退耕种草、粮改饲力度，同时在柳科乡建设一个天然草地修复治理区。

——肉羊重点发展区。在上寨、独峪、下关、红石塄、白崖台等乡镇，发挥牧坡广阔的资源优势，建设灵丘县大青背山羊核心区和扩繁区，开展品种保护和提纯复壮，生产有机灵丘县大青背山羊，打造灵丘县大青背山羊地理标志品牌。

——绒山羊重点发展区。在赵北、东河南、石家田、柳科、落水河等乡镇，发挥牧坡广阔的资源优势，发展绒山羊产业。

——肉牛重点发展区。在武灵、东河南、落水河、史庄等乡镇，发挥农作物秸秆资源丰富的优势，建设高标准化肉牛育肥场，采用青贮、微贮技术发展优质特色高端肉牛产业。

——肉驴重点发展区。在武灵、东河南、落水河、史庄、赵北、上寨等乡镇，发挥农作物秸秆资源丰富的优势，建设高标准化肉驴育肥场，采用青贮、微贮技术发展优质特色高端肉驴产业。

——奶牛重点发展区。在武灵、东河南、落水河等乡镇，发挥农副产品丰富的资源优势和产销对接便利的区位优势，发展奶牛产业。

——畜产品加工重点发展区。在经济园区建设饲料生产、畜产品加工和生物制品加工、研发企业，发展肉牛、肉羊深加工，延长产业链，提高畜牧业附加值。

3. 产业集聚区

（1）打造年销售 8 亿元的高端肉牛产业集聚区。以佳农、万鑫、好山好水肉牛养殖园区为核心，在武灵、东河南、落水河、史庄等乡镇，发挥农作物秸秆资源丰富的优势，建设高标准化肉牛育肥场，采用全株玉米青贮、微贮技术发展优质特色高端肉牛产业。主要在能繁母牛购置，标准化圈舍建设，粪污处理设施建设，青贮窖建设，有机饲草种植、加工、收储设施设备，TMR 机、青贮饲料取料机、自动化饮水、清粪等现代化机械设备等方面扶持企业，带动贫困户发展有机牛养殖。

（2）打造年销售 5 亿元的高端肉羊产业集聚区。以成发、丰旺、宏鑫、铁角山、鑫喆肉羊养殖园区为核心，在上寨、独峪、下关、红石塄、白崖台等乡镇，发挥牧坡广阔的资源优势，建设灵丘县大青背山羊核心区和扩繁区，开展品种保护和提纯复壮，生产有机灵丘县大青背山羊，打造灵丘县大青背山羊地理标志品牌。在赵北、东河南、石家田、柳科、落水河等乡镇，发挥牧坡广阔的资源优势，发展绒山羊产业。在灵丘县大青背山羊种公羊和种母羊购置，标准化圈舍建设，青贮窖建设，有机饲草种植、加工、收储设施建设，TMR 机、青贮取料机、撒草车等现代化机械设备购置，人工授精技术等方面扶持贫困户发展有机羊养殖。

（3）打造年销售 4 亿元的高端肉驴产业集聚区。以圣昌、高山、双丰肉驴养殖园区为核心，在武灵、东河南、落水河、史庄、赵北、上寨、石家田、柳科等乡镇，发挥当地养驴基础好的优势，建设高标准化肉驴育肥场，采用青贮、微贮技术发展优质特色高端肉驴产业。主要在能繁母驴购置，标准化圈舍建设，粪污处理设施建设，青贮窖建设，有机饲草种植、加工、收储设施建备，TMR 机、青贮饲料取料机、自动化饮水、清粪等现代化机械设备购置，人工授精技术等方面扶持企业带动贫困户发展有机驴养殖。

（4）打造年销售 2 亿元的高端无公害生猪产业集聚区。以德威众创生猪养殖园区为核心，在武灵、东河南、赵北、史庄、石家田等乡镇发挥农产品丰富的优势发展有机猪养殖。积极支持养殖企业申请著名商标、驰名商标、著名品牌，创建区域品牌，打造高端绿色有机畜牧产业。主要在标准化圈舍建设、粪污处理设施建设、人工授精技术推广、有机产品认证包装等方面扶持企业带动贫困户发展有机猪养殖。

（5）打造年销售 1 亿元的高端有机鸡产业集聚区。以道自然、汇鑫、亿恒祥等养殖园区为核心，在武灵、落水河、东河南、上寨、赵北、红石塄等乡镇发挥农产品丰富和林下资源丰富的优势发展有机鸡养殖。积极支持养殖企业申请著名商标、驰名商标、著名品牌，创建区域品牌，打造高端绿色有机畜牧产业。主要在标准化圈舍建设，粪污处理设施建设，下蛋窝、蛋库、自动化生产设施建设，有机产品认证包装等方面扶持企业带动贫困户发展有机鸡养殖。

二、制约产业发展的瓶颈

当前影响畜牧产业发展的主要问题有以下几个方面。

1. 畜牧业发展投入的力度不够

近年来，国家和省、市对畜牧业投入力度不断加大，灵丘县在扶持规模养殖方面做了大量工作，但与发展现代畜牧业的需求相比，无论是投资总量还是投资规模都相对较小。加之在畜牧业占地及融资方面存在诸多困难，都不同程度地影响了畜牧业规模化、标准化的建设。上级政策及资金扶持仅局限于传统畜牧业，尚未涵盖绿色有机畜牧业。

2. 资源环境约束日益趋紧

受土地、环保、生态保护等多重因素的约束，畜禽养殖生态瓶颈约束日益趋紧。粪污综合利用、封山禁牧等因素对产业与环境协调发展要求更高，难度越来越大。

3. 地方良种保护力度不大

灵丘县大青背山羊是山西省确定的首批20个畜禽遗传资源保护品种之一，但近年来，随着外来品种的大量引进，以及生产方式的改进，群体数量锐减，如不加强保护，一旦其遗传基因随着种群减少而消失，那将是不可逆转的损失；画眉驴是国家级保护品种，主要分布在广灵、灵丘两县，从历史和传统看其主产地一直以灵丘为主，但该品种在灵丘县的保护工作才刚刚启动；马身猪是灵丘历史主打品种，但该品种在灵丘将近灭绝。

4. 畜禽养殖标准化示范创建有待加强

粪污处理设施配套率不高。大部分养殖户环境保护意识不强，存在“重生产，轻环保”的问题；同时因养殖业是高投入、低产出、收益低的产业，市场波动很大，养殖户发展举步维艰，很难拿出资金用于粪污处理设施建设，致使一些中小养殖场粪污处理设施严重不足，设施、设备老化，不能满足生产的需要，甚至个别小型场存在直接排放的问题。

5. 新型畜牧兽医实用技术人才短缺

受财政、编制等因素的影响，畜牧系统技术人才严重断档，年龄知识结构老化，青黄不接；畜牧养殖企业家族式管理，高、精、尖管理人才严重短缺，造成企业经营管理粗放、适应市场的能力低、经济效益不高，发展空间难以扩展。

同时，灵丘县交通便利，畜禽存栏量大、外销量大，畜禽及其产品调运频繁，疫情传播的概率很大，防控工作任务十分艰巨。但灵丘县畜牧系统现有人员仅78人，其中各乡镇兽医工作站技术人员45人，且大部分年龄都在50岁以上，年龄结构偏大，加上工作性质的缘故，大学毕业生不想从事畜牧兽医工作，导致灵丘县畜牧人才结构出现断层，缺乏后续力量。此外，灵丘县缺少熟悉市场、掌握行情的经纪人，而养殖户自身掌握的市场信息有限，在市场价格波动较大时，很容易造成重大损失。

6. 金融服务保障能力依然不强

特别是大企业由于前期固定资产投资量大，对流动资金需求强烈。融资难、贷款难问题相当突出，一旦资金链断裂，对社会诚信的影响非常大，应慎重对待。

三、全力推进县域畜牧业大发展的建议

如何把现代畜牧业做成全县农民脱贫致富、增收的大产业，建议从以下几方面做起。

1. 加大投入，壮大龙头企业

要加大对畜牧产业扶持力度，从政策、资金、税收、土地等方面予以倾斜，探索建立“群众投入、部门帮扶、信贷支持、项目支撑、政府奖补”的多元化投入机制，重点对圈舍建设、粪污处理、畜禽引进、认证体系、监管体系、监测体系建设等工作给予支持和帮助。要积极引进和培育一批有发展前景、有一定规模、能辐射带动的龙头企业，引导和帮助龙头企业在畜禽深加工上多做文章，积极开发和引进新技术、新产品，发展精深加工，使其延长产业链条、提高产品附加值；要充分发挥龙头企业的示范引领作用，通过实行“龙头企业＋基地＋农户”的组织模式，形成市场牵龙头、龙头带基地、基地连农户的产销一体化运作机制，使企业与农户建立更加紧密、稳固、合理的利益关系，实现双方在资金、劳动力、技术、市场等方面的互惠双赢，使灵丘县畜牧行业整体实力真正得到增强。

2. 转变方式，绿色发展

统筹考虑畜牧业发展和环境承载能力双重因素，科学编制符合绿色发展理念的畜牧业发展规划，合理调整畜牧业发展布局。转变畜牧业发展方

式，以“畜禽良种化、养殖设施化、生产规模化、防疫制度化、废弃物资源化”为核心，深入开展畜禽养殖标准化示范创建活动，引导广大养殖场发展适度规模标准化养殖，大力推进“种养结合、循环利用”的模式，按照“以农载牧、草畜配套、以畜定草、草畜平衡”的原则，加快调整农作物种植结构，在全县加大草业新品种、新技术推广力度，支持社会力量开展草业技术服务、机械租赁、产品收储加工，减少籽粒玉米种植面积，建设现代饲草料产业体系，实现畜牧业健康、绿色发展。按照“小规模、大群体，成片开发”的原则，统筹经济发展、资源利用、环境保护，坚持扶大扶强与适度规模相兼顾，把养殖专业合作社和家庭牧场作为新型畜牧业经营的主体大力扶持，重点推广“五个一”模式，即户养一群牛（10–50头）或一群羊（50–100只），建一栋圈（500–1000平方米），种植一片草（5亩–10亩牧草），建一个池（青贮池），带动一个村（养殖专业村），以点带面，推动畜禽规模养殖快速健康持续发展。

3. 打造品牌，标准化生产

品牌就是生产力，就是竞争力。按照“打造有机、绿色和地理标志，高端特色畜产品”的目标，依托中国农业大学、山西农业大学等一批科研教学机构的人才优势，突出特色产业发展，深入实施差异化品牌发展战略，保护、开展、利用好山西省首批畜禽遗传资源保护品种灵丘大青背山羊，推进灵丘县大青背山羊地理标志的保护开发工作，推动灵丘县大青背山羊列入全国畜禽遗传资源保护名录。通过灵丘县大青背山羊、画眉驴、马身猪带动全县发展有机牛、生态猪、绿色鸡，积极支持养殖企业申请著名商标、驰名商标、著名品牌，创建区域品牌，打造高端绿色有机畜牧产业。制定了《灵丘县有机畜禽养殖管理规程（试行）》，对全县有机畜禽养殖的生产、加工、运输、贮存、包装等环节进行规范。根据灵丘大青背山羊体型外貌特征和性能表现，制定灵丘大青背山羊品种标准，为种羊鉴定、分级和选育提供依据。

4. 夯实体系，安全化生产

要重视人才队伍建设，打破条条框框，推进体制机制创新，建设高、中、低层次齐，养、管、销专业全的人才队伍。采取高薪聘请、技术参股等方式引进高端规划设计人才，对发展方向、品种优化、空间布局等进行全面安排，促进灵丘县畜牧业科学发展；通过委托培养、公开招聘的方式打造一支有技术、懂营销、会管理的专业人才队伍，夯实畜牧业持续发展基础；加大培养培训力度，与省、市农业中介机构积极联系，采取专家讲座、现场指导等方式，培养一批头脑灵活、熟悉市场的经纪人，将养殖户与市场真正连接起来，既帮助养殖户销售畜禽产品，又将丰富的市场信息传递给养殖户，根据市场行情有针对性地发展产销对路的畜牧产业，带动农民实现增收致富。

深入实施“两免一补”优惠政策，加大县财政对畜禽品种改良、重大动物疫病防控的支持力度。多措并举，进一步完善县乡村畜禽良种繁育、动物疫病防控体系建设。落实畜产品质量安全主体责任，全力推进县城生猪定屠宰场的搬迁改造工程。加强病死畜禽无害化处理，保障畜产品安全生产。

5. 立足资源优势，生态化发展

灵丘县山大坡广，牧草丰盛，有天然牧坡220万亩，占国土面积的54%，是山西草地资源最大的县，同时，农作物资源也十分丰富。立足本县资源优势发展草牧业，积极实施“以农载牧、以牧富民”的发展战略，大力推行种养结合的畜牧业循环发展模式，构建粮饲兼顾、农牧结合、循环发展的新型种养结构。建立草畜平衡制度，按照“以草定牧，划区轮牧，先牧后牧”的原则，加强对草地植被的建设和保护。维护生物多样性，在灵丘县空中草原、太白巍山等生态脆弱、物种资源丰富的地区划定草原自然保护区，禁止毁草造林。出台对养殖大户实施青贮、微贮补贴的优惠政策。大力推进清洁生产，加大对畜禽养殖粪污处理设施建设的扶持力度，努力形成环境友好、绿色发展、资源循环的畜牧业发展格局。

6. 健全机制，创新发展

要及时出台相关优惠政策，进一步优化融资环境，鼓励金融机构加强对农户的信贷支持，简化贷款手续，增加信贷额度，放宽抵押贷款条件，允许养殖企业和农户利用养殖场房、设备等进行抵押贷款，以解燃眉之急。同时，要充分利用好上级有关涉农涉牧的补贴资金，对符合条件的养殖企业积极上报，使灵丘县养殖业又好又快发展。统筹考虑畜牧业发展和环境承载能力双重因素，科学编制符合绿色发展理念的畜牧业发展规划，合理调整畜牧业发展布局。转变畜牧业发展方式，以“畜禽良种化、养殖设施化、生产规模化、防疫制度化、废弃物资源化”为核心，深入开展畜禽养殖标准化示范创建活动，引导广大养殖场发展适度规模标准化养殖，大力推进“种养结合、循环利用”的模式，实现畜牧业健康、绿色发展。突出粪污处理的公益性质，通过整合现代农业发展、畜禽粪污处理等涉农资金，采取财政补贴、贷款贴息、减免税收等多种方式支持畜禽粪污和资源化利用项目，吸引社会资本投入，确保“十三五”期间基本解决畜禽规模养殖场粪污处理和资源化利用问题。

执笔：

孟德荣　山西省灵丘县畜牧兽医服务中心

大同市灵丘县有机畜牧业发展的实践与思考

编者按：近年来，灵丘县围绕“建设宜居宜业宜游山水特色城镇”的发展定位，立足优良的自然生态条件和资源禀赋，以及距离京津冀雄经济圈两小时的交通区位优势，把发展有机畜牧业作为“创新畜牧业发展，助力乡村振兴”的突破口，高起点规划，高标准建设，在保护绿水青山的同时，为农民脱贫致富找到了一条切实可行的新路子。

一、做法和成效

（一）党政引领，规划先行，为全县有机畜牧业发展提供有力保障

从2013年开始，灵丘县把发展有机农业作为全县的一项重大战略，成立了由县委书记任组长的灵丘县有机农业发展领导小组，领导组下设办公室，由县农委一位副主任任专职办公室主任，组建了灵丘有机农业园区管理委员会、平型关有机农业投资控股有限公司等机构，培育了灵丘车河有机农业综合开发有限公司、汇鑫养殖有限公司等一批致力于有机农业发展的龙头企业，构建起“党政主导、部门合作、社会参与、市场化运作”的多元化投入机制。县委、县政府出台了《关于加快推进全县有机农业发展的意见》，大力扶持参与度广、带动性大、辐射力强的有机畜牧业项目，扶持实行“龙头企业 + 专业合作社 + 农户”和“专业合作社 + 基地 + 农户”产业化经营模式的有机农业经营主体，重点向有机畜牧业倾斜。与中国农

业大学合作编制了《山西灵丘有机农业园区实施规划（2013 — 2030 年）》，将南部山区一镇四乡 1185 平方千米的区域划分为车河、平型关、银厂、上寨、独峪、下关六个区域，因地制宜发展有机牛、有机羊、有机猪、有机蛋鸡等产业。党政的高度重视，社会的广泛参与，为全县有机畜牧业发展提供了坚强的组织保障。

（二）项目支撑，投资拉动，推动有机畜牧业全县域、整建制发展

1.“一个试点”。本着“先行先试，给全县作一个表率”的原则，灵丘县决定以红石塄乡上、下车河村为试点，探索工商资本进入美丽乡村建设的新路径，推动农村资源变股本、股本变资金，走出一条具有灵丘特色的有机农业发展路径。2014 年，山西金地矿业集团进驻上、下车河村，启动了车河有机农业社区建设项目。按照“前三年土地流转金每亩 500 元，每隔三年递增 5%，经营盈余分红村民占 30%，公司占 70%”的原则，将上、下车河村 78 户 182 名村民承包的 1213 亩土地经营权流转给由全体村民成立的“灵丘县道自然有机农业专业合作社”，合作社再将土地承包经营权转让给“灵丘县车河有机农业综合开发有限公司”。土地流转完成后，通过发展有机养殖业，建设生态旅游景观，打造美丽宜居乡村，让农民变成产业工人，真正实现农民股民化、农村景区化和农业产业化。目前，车河社区已完成投资 2.2 亿元，建成了两层结构的新型农居 60 套、接待中心和民俗博物馆 5200 平方米，养殖有机鸡 30000 羽、有机羊 1000 只，形成了“有机畜牧业 + 生态旅游 + 美丽乡村”的发展模式。

2.“双千工程”（即：每个乡镇发展千亩有机种植、千头有机养殖）。2017 年全县各乡镇均规划建设了有机种养示范基地，推进特色优势产业有机化生产。其中武灵镇实施了有机画眉驴项目，东河南、落水河、史庄等乡镇实施了有机牛养殖项目，上寨、下关、独峪、白崖台乡镇实施了有机羊养殖项目，石家田乡实施了有机猪养殖项目，赵北乡实施了有机蚂蚱养殖项目，红石塄乡实施了有机蛋鸡养殖项目。双千工程的实施，使灵丘县有机畜牧业由点到面拓展到全县，推动了有机畜牧业全县域、整建制发展。

（三）创新理念，科学管理，健全有机畜牧业生产技术体系

1. 标准管理。制定了《灵丘县有机畜禽养殖管理规程（试行）》，对全县有机畜禽养殖的生产、加工、运输、贮存、包装等环节进行规范。追溯管理。与中国质量协会签署《有机农产品质量追溯体系精准扶贫合作战略协议》，投资70万元实施了灵丘县农产品质量追溯精准扶贫平台建设项目。该项目可以承载品牌追溯、产品追溯、供应链信息追溯三大功能，实现对赋码商品生命周期的全程追溯，做到来源可查、去向可知、责任可究，切实提升有机畜牧产品质量安全管控能力和水平。

2. 认证管理。目前车河有机农业综合开发有限公司的鸡蛋、山羊，好山好水食品有限公司的鸡蛋、山羊、羊肉，汇鑫养殖有限公司的鸡蛋，浩海生态种养专业合作社的羊，秀兰养殖专业合作社的黑猪等，均已取得北京五岳华夏管理技术中心的有机认证。

3. 人才管理。与中国农业大学签署了《共建山西灵丘教授工作站合作协议》和《联合培养“精准扶贫”专业学位研究生协议》，加强与科研院校的交流合作，补齐了有机畜牧业发展缺乏高端人才的短板。

4. 品牌管理。以举办“车河有机国际农业论坛”为契机，大力宣传灵丘有机畜牧产品。目前论坛已举办四届，每年都有来自多个国家和地区的近百名专家学者莅临参加，《人民日报》《光明日报》等权威媒体多次进行专题报道。通过编制技术规程、建设追溯平台、加强有机认证和学术支撑等措施，全县有机畜牧业生产技术体系初步形成。

二、存在的困难和问题

（一）产业化程度不高

目前灵丘县有机畜牧业基本上都处在初级生产阶段，仅有的两家畜产品加工企业都不具备有机畜产品加工条件和能力，有机产品市场化程度不高，产销衔接不畅，影响了有机畜产品的附加值和综合效益，制约了有机畜牧业的快速长远发展。

（二）服务体系建设滞后

灵丘县农民群众文化水平偏低，企业和合作社养殖人员培训不够，县乡村畜牧技术队伍青黄不接，县内检验监测手段落后，养殖小区有机生产设施设备较少，不能适应有机畜牧业发展需要。

（三）资金投入不足

有机畜产品认证程序复杂、费用高，农民负担不起，企业持观望态度。上级政策及资金扶持仅局限于传统畜牧业，尚未涵盖有机畜牧业。金融机构门槛过高，对发展有机畜牧业支持力度不够。

（四）营销宣传跟不上

目前灵丘县产出的有机畜牧产品，主要是小加工企业和部分电商销售，政府未组织有规模的宣介活动，网络、电视、电台等媒体未投放广告，公路、铁路沿线没有刷制宣传标语，宣介力度小，没有搭建起销售网络，很难形成市场影响力，严重制约了有机畜牧业的持续发展。

三、建议和措施

（一）加大政策支持力度

建议将有机畜牧业作为重点发展产业，从政策、资金、税收、土地等方面予以倾斜，对有机畜牧基地建设、圈舍建设、有机畜禽引进、认证体系建设、监管体系建设、监测体系建设等工作给予支持和帮助，积极打造有机畜牧现代农业产业园。

（二）扶持发展龙头企业

重点支持带动能力强的企业进行有机畜产品生产技术改造，支持企业扩能改造和兼并重组，加快有机畜产品产业化生产步伐。积极邀约优秀涉农企业入驻，逐步形成产业集群效应。以此带来技术，带来理念，带来经营，带来市场，带来就业，带动灵丘有机畜牧业的大力发展。

（三）推进标准化生产

完善编制灵丘有机畜牧产品生产、加工、标识与销售和管理等规程，实现产前、产中、产后各环节有标可依。健全完善覆盖县乡村企的有机畜牧产品质量安全监管、监测和追溯体系，以质量求生存、求效益。

（四）打造有机品牌

全力培育绿皮蛋、画眉驴、西门达尔牛、冷水鱼、黑猪等有机农副产品，打造灵丘县大青背山羊地理标志品牌。配合灵丘县电子商务进农村综合示范县建设，集中打造“灵丘出品”品牌商标，企业自有商标作为子商标全部挂在这一品牌下，形成发展合力，增强市场竞争力，做大做强灵丘县有机畜牧业。

（五）发挥好合作社作用

灵丘县有畜牧养殖合作社 418 家，社员 1 万人左右，应积极引导合作社把发展目光盯在有机畜牧业上，带动组织群众进行有机养殖。指导成立有机行业协会，规范有机畜牧业有序发展，减少县域内不良竞争。

执笔：

孟德荣　山西省灵丘县畜牧兽医服务中心

大同市浑源县畜牧业发展调研报告

编者按： 近年来，浑源县认真贯彻落实国家、省、市关于畜牧业发展的政策措施，以促进农民增收为目标，全县以肉羊为主的畜牧产业得到了长足发展。

一、浑源县畜牧业发展概况

（一）主导产业地位初步确定

2019年，全县牛饲养量完成4.8万头，其中奶牛饲养量完成0.38万头；猪饲养量完成21.5万头；羊饲养量完成87.2万只；禽类饲养量完成70.33万羽；肉、蛋、奶产量分别完成2.1万吨、0.52万吨、1.375万吨。羊的饲养量位居大同市首位，以草食畜饲养为主导的畜牧产业化水平不断提高，畜牧业促进农民增收的作用越来越明显，同时在加速农业结构调整、促进农村经济发展、保障市场供应和社会稳定等方面都做出了突出贡献。

（二）资源优势明显

浑源县位于雁门关以北黄金养殖区域，属中温带大陆性季风气候区，全县山区面积占到全县国土总面积的54.3%，是国家农业部所确定的肉羊养殖优势区域的最佳地带。现有天然草地保留面积94万亩；年产草量47万吨，人工草地24万亩，年产草量48万吨，理论载畜量238.1万个羊单位。全县年平均生产青贮5万立方米，黄贮6万立方米，年产各类农作物秸秆1.25千克；还有其他多样饲草饲料，丰富的黄芪、酒糟、萝卜等都可以作为很好的饲草饲料资源利用起来，仅黄芪饲草年产量就达9.6万吨，草食畜牧业发展空间巨大。

（三）规模养殖发展稳健

经过十多年的发展，特别是近几年来畜牧产业化水平不断提高，畜牧业养殖发生了较大变化，具体体现为“三个转变”，即由土杂品种向优良品种转变；由分散养殖向规模化、集约化养殖转变；个体化养殖向园区养殖转变。养殖小区规模不断壮大，养殖大户明显增多，散养农户呈下降趋势，其中存栏500只以上的肉羊小区（场）达500多户，组织化程度有了明显提高。

（四）畜牧业服务体系建设稳步推进

1. 重大动物疫病防控体系建设

浑源县重大动物疫病实行县乡村三级联防联控责任制，采取春秋集中免疫和平时补针的工作制度。县乡村三级签订重大疫病防控责任状，建立县乡两级行政和技术人员包乡包村，村级防疫人员包村包户的分片责任制，每个行政村至少配备一名村级防疫员，全县共计315名，推行“政府保密度、业务部门保质量”的疫病防控制度，严格免疫密度达到100%，做到应免尽免，不留死角。

2. 动物卫生监督和畜产品安全体系建设

浑源县动物卫生监督工作和畜产品质量安全工作，以畜产品质量安全专项整治为抓手，加大日常监管和监测，紧紧围绕“确保不发生重大畜产品质量安全事件”为工作中心，实行官方兽医制，依法加强产地检疫、屠宰检疫、流通环节监管。浑源县辖区内定点屠宰场实行同步检疫，强化制度建设，做好电子出证工作。

建立了县乡村三级联防联控责任制，实行“定网格、定环节、定岗位、定人员、定责任、定措施”的“六定”畜产品质量安全监管格局，加强了畜产品质量安全监管网络化平台的建设，做到了无漏洞、无空白、全覆盖。

现有畜牧执法人员22人，官方兽医33人，依法对全县养殖场区、饲料和饲料添加剂生产经营企业、奶站、生鲜乳运输车辆、兽药经营企业、生猪定点屠宰企业和羊定点屠宰企业进行全方位监管监测，多年来浑源县未发生一起畜产品质量安全事件。

3. 良种繁育体系和畜牧实用技术推广

十几年来在“畜牧兴县”“畜牧强县建设”“生态畜牧区建设”等一系列重要举措下，全县大力推广良种繁育和技术推广，如新品种引进改良、TRM机的应用、肉羊的“五项技术”、猪的三元杂交、配合饲料的使用、猪羊的人工授精、肉牛快速育肥技术、饲草加工调制等技术。猪、牛、羊、鸡良种覆盖率分别达95%、80%、82%、98%，完善人工授精点建设，组建17名人工授精配种员队伍，实行统一供精、供液氮，培训规范技术操作。现全县具有中高级以上专业养殖技术推广人员达80余人。

二、畜牧业发展中面临的困难和问题

全县畜牧业有一定的发展，但面临的形势不容乐观，也存在一些不容忽视的问题。

（一）畜牧业结构不优

目前，全县的畜牧业规模养殖占养殖比例较低，传统分散养殖在养殖产业还占有主导地位，分散饲养与疫病防控要求密度不够协调。畜禽饲养分散大大增加了动物防疫的难度，畜牧业快速发展与生态环境建设步伐不够协调。封山禁牧的地方畜牧业严重滑坡。不少以分户饲养为主的畜牧业专业村，常常是人畜混居，传统生产方式较为普遍，机械化程度低，先进实用技术应用还不够普及。

（二）畜牧业发展资金短缺

据调查，养殖户普遍反映，规模养殖在引种、棚圈建设等方面需投入大量资金，仅凭农民自有资金难以满足需要，而向银行贷款担保难、程序多、手续繁、费用大且信贷数额小，使一些想发展规模养殖的能人和已有一定规模的大户常因后续资金不足而难以实现较大的发展。

（三）畜牧兽医基层服务体系建设薄弱

1. 乡镇畜牧兽医中心站队伍建设情况

全县设置9个区域性乡镇畜牧兽医中心站，股站级建制，每站核定财政拨款事业编制8名，共计72名。现有41人缺编31人，每个乡镇中心站服务2–3个乡镇。承担管理服务区域内畜牧兽医法律法规的宣传、动物防疫、动物检疫、疫病检测、疫情报告、畜禽品种改良和技术推广等工作。同时乡镇畜牧兽医中心站还承担本区域畜产品质量安全和动物卫生监督工作，实行一套人马三块牌子，存在基层站工作繁重、专业人员缺少等问题。

2. 村级动物防疫队伍建设情况

全县共有18个乡镇315个行政村，配备村级防疫员315人，人员由各乡镇政府确定，通过业务培训上岗，大部分村级防疫员工资每年不足1000元，有的乡镇财政支付大村每年每人600元、小村300元，有的甚至没有，村级动物防疫员队伍存在年龄老化、待遇低、文化程度低、业务水平不高、任务繁重、工作强度大、养老无保障、人身安全无保证、工作责任心不强、不愿干等问题，出现基层动物防疫后继无人的趋势，现行村级动物防疫员管理体制已明显不适应新形势、新任务的要求。

（四）养殖户增收压力大

近年来，畜禽及产品行情不稳定，2018年养猪业亏损严重，而到了2019年行情暴涨，大起大落，2020年开始，蛋鸡行业行情下行，亏损不断扩大。加上原料及人工费用不断增加，许多养殖户抗风险能力低，出现行情下跌亏损便纷纷下马，养殖户增收压力大。

（五）畜禽养殖污染治理压力仍然较大

全县畜禽养殖业得到了快速发展，与此同时也产生了大量的畜禽粪便废弃物，环境污染问题开始逐步突显。《畜禽规模养殖污染防治条例》颁布实施后，对养殖污染防治提出了更高的标准和要求，养殖规模与资源承载能力不匹配，农牧种养结合不紧密，虽然加大了治理的力度，成效显著，但部分养殖企业粪污污染治理设施滞后，主体投入较大，全县畜禽养殖企业将普遍面临市场竞争、环保设施、提质增效等方面的压力。

（六）养殖用地问题比较突出

由于土地问题越来越紧张，很多区域被划定为禁养区、限养区，可用于建设养殖设施的用地更少，审批更严格，养殖用地难仍然是制约畜牧业发展的瓶颈问题。

（七）畜牧产业化水平有待加强

畜牧业产业化程度不高。养殖、购销、屠宰加工、饲料生产与供应产业链还不完善，浑源县至今没有一家集与畜牧产业相关畜禽屠宰、饲料生产加工、种畜禽生产、畜产品加工等为一体大型龙头企业，县内现有的畜牧相关经营企业规模小、辐射带动力弱、产品档次低、缺乏市场竞争力，畜产品仍然以活畜外销为主，畜牧产业化经营程度低，严重制约了畜牧业的发展。

三、推进畜牧业发展的建议和思路

紧紧抓住国家建设农牧交错带示范区战略机遇，坚持“农牧结合，以牧为主，循环发展”总体思路，加快构建与资源环境承载力相匹配的、与市场需求相适应的、符合国家农业供给侧结构性改革方向，努力增加农民收入，加快全县农牧交错带示范区建设工作。

（一）指导思想

认真贯彻落实科学发展观，坚持工业化理念和产业化经营，以生态建设为基础，以发展牛羊、肉猪为重点，以发展畜－饲－蔬相结合的循环经济为途径，以建设大草场、大园区、大龙头、大物流、大体系为主要内容，加大招商引资力度，全力建设一批重大项目，加快推进雁门关区现代畜牧业发展步伐，努力将浑源县打造成雁门关区先进的优质畜产品基地。

（二）基本原则

1. 坚持生态优先。紧密围绕生态建设和环境治理，突出抓好植被修复与流域治理，着力改善生产生活环境，大力发展循环经济，实现资源与环境的可持续发展。

2. 坚持产业化运作。立足当地自然资源和经济条件，通过招商引资，打造大集团、大集群的联合体，实施品牌战略，增强比较优势和核心竞争力，突破地域界限，构建跨区域的大龙头、大牧场与大园区，形成龙头带基地的产业化生产格局。

3. 坚持项目推进。统筹区域发展，出台各项扶持政策，组织制定规划，落实具体项目，以项目推进带动全县畜牧业的发展。

（三）发展目标

根据确立的集聚区优势产业，全县建设肉猪、肉牛和肉羊基地 100 个，到 2022 年，生猪存栏量比 2017 年增长 100%，肉牛存栏量比 2017 年增长 30% 以上，羊的存栏量比 2017 年增长 40% 以上，无公害、绿色、优质畜产品占到 90% 以上，畜产品加工率达到 60% 以上，确保不发生重大动物疫情和畜产品质量安全事故，70% 以上的规模化畜禽养殖场和养殖小区实现废弃物的资源化利用。

（四）产业布局

按照因地制宜、发挥优势、突出重点的原则，根据全县各乡镇畜牧业的发展现状、饲养习惯和发展潜力，集中打造和提升肉猪、肉牛、肉羊三大产业优势区域，形成资源共享、优势互补、特色突出、竞相发展的现代畜牧业发展新格局。

1. 现代肉牛产业集聚区

发展目标：建成后全县肉牛存栏量达到 20 万头以上。

重点发展区域：永安镇、沙圪坨镇、东坊城乡、千佛岭乡、下韩乡 5 个乡镇。

发展路径：大力发展标准化肉牛养殖园区（小区），扩大养殖规模；加快肉牛改良步伐，全面推行种植优良牧草、粗饲料科学加工利用、混合饲料饲喂、标准化管理等技术，实行全面质量管理和标准化生产，提高肉牛增重和牛肉品质。

2. 现代肉羊产业集聚区

发展目标：浑源县是肉羊基地县，今后发展的重点是肉羊，肉羊存栏突破 100 万只。

重点发展区域：官儿乡、青磁窑乡、大磁窑镇、千佛岭乡、大仁庄乡、黄花滩乡、王庄堡镇、东坊城乡、裴村乡、西坊城镇、沙圪坨镇、吴城乡、南榆林乡、驼峰乡和西留乡 15 个乡镇。

发展路径：建设标准化养殖园区（小区、场），大力推广舍饲、半舍饲养殖方式，不断扩大养殖规模；积极推广杂交改良，着力提高母羊繁殖性能，增强育肥羊供应能力；充分利用饲草料资源开展科学加工，推广高效育肥模式，提高肉羊出栏量。

3. 现代肉猪产业集聚区

发展目标：建成后全县肉猪存栏量达到 50 万头以上。

重点发展区域：永安镇、沙圪坨镇、东坊城乡、下韩乡、吴城、南榆林 6 个乡镇。

发展路径：以江西正邦集团、浑源县泰源生养殖有限公司、双胞胎有限公司等大型养猪企业的落户为契机，大力发展规模化养殖企业，以龙头带动全县养猪业发展。

（五）重点工程

1. 优质畜产品基地建设工程

按照畜禽良种化、养殖设施化、生产规范化、管理制度化、粪污无害化的“五化”要求，新建一批标准化养殖园区（场、小区），扩大养殖规模，增加畜产品产量。以肉羊、生猪、肉牛养殖园区为重点，建设 100 个规模大、标准高的畜牧养殖园区，对现有规模化养殖场，要加快标准化改造和扩建，提高饲养管理水平。采取政策引导、龙头带动的办法，引导散养户和小规模养殖场户向标准化养殖场区集中。在畜产品生产过程中，严格执行国家有机、绿色、无公害畜产品生产标准，全面提高畜产品质量安全水平。

2. 饲草饲料高效利用工程

大力推进草地建设、保护与“三化”草地治理。全县全面完成天然草地确权，建设人工草地 10 万亩，改良草地 30 万亩，建立“三牧”草地（禁牧、休牧、轮牧）40 万亩，使草地植被盖度提高到 75% 以上，草地载畜量提高 1 倍以上。在官儿和千佛岭乡建设一个 5 万亩的集中连片草地，实施种草养畜、划区轮牧，建设大草原、大牧场。大力推进秸秆养畜工作，开发利用农作物秸秆、饲草等粗饲料资源，推行秸秆青贮氨化技术，提高作物秸秆的利用率，实现农业生态的良性循环。年青贮、黄贮、微贮秸秆

20 万吨，秸秆饲用率达到 60%。按照草畜配套的原则，为全县草食家畜规模养殖小区和养殖场配套建设饲草基地。通过积极培育、引进、推广新品种，大力发展青贮玉米等优质牧草，扩大饲草饲料作物面积，提高单位面积产量和质量。全县建立饲草料基地 10 万亩，专门用于种植饲草料作物。

3. 龙头企业培育工程

积极扶持和精心培育龙头企业做大做强。进一步加大招商引资力度，引进战略投资者，实现企业规模快速扩张和企业素质的快速提升。引进投资亿元以上的大型养殖龙头企业，鼓励龙头企业建立自己的畜产品供货基地，与养殖户形成风险共担、互利共赢的利益联合体，带动优势产业快速发展。

4. 物流体系建设工程

以永安镇为中心，规划建设 2 个物流企业，包括 1 个畜产品储备基地，1 个综合物流园，1 个物流公司，形成产销衔接的配送体系，搭建物流交易信息平台，拓宽流通渠道。建设一个畜产品储备基地和一个活畜待宰场，扩大产地市场供应能力，发展合同畜牧业、订单畜牧业，形成产销联结。在北京、太原各建设两个黄芪羊销售专柜。积极培育畜产品代理商、批发商、农民经纪人等组织，新发展畜产品物流中介公司 2 个。

5. 畜产品安全保障工程

全面建立动物标识可追溯体系。建立数据采集终端，9 个乡镇畜牧兽医中心站建立数据采集点，实现从动物饲养、运输到屠宰各个环节标识和信息查询以及可追溯管理。制定并实施畜禽产品质量安全标准，全面提升畜产品安全水平。建立 1 个畜产品质量安全监测中心，配套质量安全监测检验仪器设备 1 套；增建畜禽生产性能测试站 1 个，建立监管队伍，完善监管手段，实现畜产品安全目标。建立县重大动物疫情预警指挥系统及动物疫情测报站。进一步加强县级动物应急物资储备库建设，招聘畜牧兽医专业大中专毕业生充实乡级畜牧兽医中心站技术力量，配备技术服务所需的仪器设备；积极探索政府购买动物防疫服务加强村级动物防疫工作。每年进行畜产品安全的执法、检测、预警等培训，按照国家规定配备和培训专职防疫员，每年培训500人次，每年培训养殖户1000人次。

6. 畜禽良种繁育工程

以规模场试点为中心逐步向全县普及羊和肉牛的人工授精技术，免费为试点场提供良种冻精，落实基础母畜补贴制度，对人工授精、胚胎移植、保种优育工作予以奖补。积极推进以人工授精为核心的肉羊养殖减本增产，落实基础母畜补贴制度，对人工授精、胚胎移植、保种优育工作予以奖补，推动产业向节约、高效、优质的新方向大幅迈进。

7. 畜牧服务体系建设工程

一是加强以畜牧业“五项技术”和“三大模式”为主导的科技支撑体系建设，突出抓好以良种繁育、青贮利用和机械化生产为核心的草牧业减本增收和提档升级工作。二是创新服务体制机制，特别要加快社会化服务体系建设，建立一个饲草服务中心，探索“公司＋合作社＋农户”模式上体制机制创新，做到信息共享、统购统销和技术指导，互惠互利，为开展粮改饲搞好服务。

（六）保障措施

1. 加强组织领导，强化协调配合

充分认识农牧交错带示范区建设的重要意义，成立领导小组，形成市场引导、任务明确、措施有力、上下协同、多方参与的结构调整推进机制，把此项工作的开展作为当前“三农”工作的首要工作来抓，研究落实各项工作细则，确保规划落到实处。

2. 加大扶持力度，拓展融资渠道

科学论证，精心布局，坚持政府引导、大户牵头、银行支持、农户参与的原则，多渠道筹措农牧交错带核心示范区建设发展资金。建立政府资金与银行信贷资金联动机制，改善农村金融服务。鼓励吸引资本、技术、企业、农民、社会组织投入农业发展，创优农业发展环境。坚持招商引资和吸引本地资本“两轮驱动”，引进大企业、大集团和本地资源型企业转型发展现代畜牧业，努力形成多元化投入新格局。

3. 发挥区域优势，争取扶持政策

因地制宜根据各区域的经济水平和自然条件，建立一批投资少、见效快、各具特色和较高水平的企业，推动农户示范基地建设。鼓励农业龙头企业、农民专业合作社、行业协会等加强协作，支持和鼓励传统农产品、历史品牌产品的集中产区，积极申报原产地保护和地理标志认定，提升农业特色产业，打造农业区域品牌。

4. 强化政策落实，深化供给侧改革

认真落实国家各项支农惠农政策，进一步扎实抓好国家各项支农惠农政策的宣传贯彻和组织实施，促进全县畜牧业发展和农民增收。开展各种形式的科技培训工作，进一步提高全县农民科学文化素质，努力培育一批有文化、懂技术、善经营的新型农民。增强帮扶生产经营主体能力，引导浑源县农业企业、专业合作经济组织、广大农民群众等生产经营主体，按照组织化、规模化和产业化的要求，创新生产经营体制，增进发展生产的动力和能力。在坚持做大、做强、做壮的原则下，重点扶持一批带动农户能力强、科技开发能力强、加工增值能力强、市场开拓能力强的农业龙头企业，在项目建设、科技服务、政策服务等方面给予全力支持。

5. 加强舆论引导，严格推进落实

积极组织宣传农牧交错带工作重点和工作亮点，及时报送各类要情信息，加强行业舆论引导和成效宣传。严格遵守信息发布工作规定，准确发布工作信息，扩大宣传范围，增强宣传效果。及时总结推广先进典型和成功经验，调动广大农民群众发展农牧交错带核心示范区建设的积极性。营造良好的舆论氛围，积极推进工作落实，切实加强农牧结合发展工作模式，振奋精神，增强信心，统筹谋划，积极作为，切实把农牧交错带核心示范区建设抓紧抓好，努力打造浑源县畜牧发展新优势。

执笔：

孙恒宏　山西省浑源县畜牧兽医服务中心

朔州篇

朔州市农牧交错带核心区生态有机畜牧业发展现状及建议

编者按： 朔州市位于东经 111° 53′–113° 34′、北纬 39° 05′–40° 17′，山西的西北部黄土高原、毛乌素沙漠边缘，桑干河上游。2015 年 10 月，朔州市被农业部确定为全国唯一整市推进的粮改饲草牧业试点市。朔州市抓住这一机遇，经四年建设，农业结构调整已见成效。2018 年，朔州市粮食作物 219 万亩、经济作物 119.55 万亩、饲草饲料作物 181.95 万亩，粮经饲比例优化为 42：23：35。优质饲草作物全株青贮玉米、苜蓿和燕麦草的种植面积分别是 48 万亩、19.05 万亩和 18 万亩，总计 85.05 万亩。其农业产业结构的调整比例和优质牧草的种植面积已超过山西省政府《雁门关农牧交错带示范区 2018 年行动计划》（晋政办发〔2018〕59 号）文件中既定粮经饲比例 52：18：30 和优质饲草种植面积 60 万亩的目标。雁门关农牧交错带核心区已被打造成草畜结合、农牧循环、种养加一体化、一二三产业融合发展的全国北方农牧交错带示范区。在四年里，饲草业发展为朔州市的一个新兴产业，原有畜牧养殖业集约化生产水平明显提高、畜产品加工业水平显著提升，粪污资源化利用已达 70%，朔州市生态绿色可循环发展的畜牧业已初步形成。

一、生态绿色循环畜牧业的发展现状

（一）饲草产业的“四化”融合发展

朔州市的粮改饲草牧业试点自2015年整市推进以来，饲草业以规模化、机械化、产业化和生态化的方式，采用一二三产业融合发展模式，打造出朔州市“小草”的集种植、加工和生态旅游为一体的大产业。首先，在朔州市各市县区采取相应措施进行土地流转，大面积整片推进优质饲草的规模化种植，比如2019年山阴共种植全株青贮玉米16.5万亩、优质苜蓿1.95万亩、燕麦草10.05万亩、柠条等多年生牧草1695亩；其次，规模化种植促进了草业种植—收割—加工的全程机械化生产，青贮玉米、苜蓿和燕麦草都实现了机械化播种、联合收割机收割、搂草机、移动式裹包机打包、剪式叉车运输，与饲草种植、管理和加工有关的13种农机具全部享受政府补贴，这种高度的机械化作业提高了饲草种植的经济效益，裹包青贮的存储方式解决了饲草企业的很多后顾之忧；再次，规模化种植促进了饲草专业化生产和产业化发展，一批以饲草种、加、销为一体的企业相应而生，这些企业以草为业，比如山阴骏宝宸农业科技公司、朔城区金土地农牧有限公司、怀仁市奔康牧草开发有限公司；最后，饲草的连片种植相当于生态的人工造景，连片的紫花苜蓿、成片的燕麦和青贮玉米错落布局，形成了乡村旅游的靓丽风景，刺激了朔州市生态旅游业的发展。饲草业的“四化”和“三产”融合为朔州市生态绿色循环畜牧业的发展奠定了物质基础。

（二）畜牧养殖产业向产前和产后延伸，初步形成全产业链闭环式发展

在朔州市原有畜牧养殖产业的基础上，向前延伸了饲草种植加工业，保障畜牧业有了优质的饲草料资源；向后延伸使畜产品的加工能力得到了很大提升，畜产品的品牌效应已基本形成；畜牧养殖产业在前后链条环节的刺激下逐步形成了以规模化、良种化、区域化和产业化“四化”为根本的集约化生产模式。另外，养殖产业侧向延伸出粪污资源化加工，输入饲草种植产业，改善土壤促进牧草的生产，整体形成了一个闭环式良性循环大畜牧产业，比如已经初步形成以山阴县、应县和朔城区为中心的奶牛产业集聚区

（见图 1）与以怀仁市、应县和朔城区为重点的肉羊产业集聚区（见图 2）。

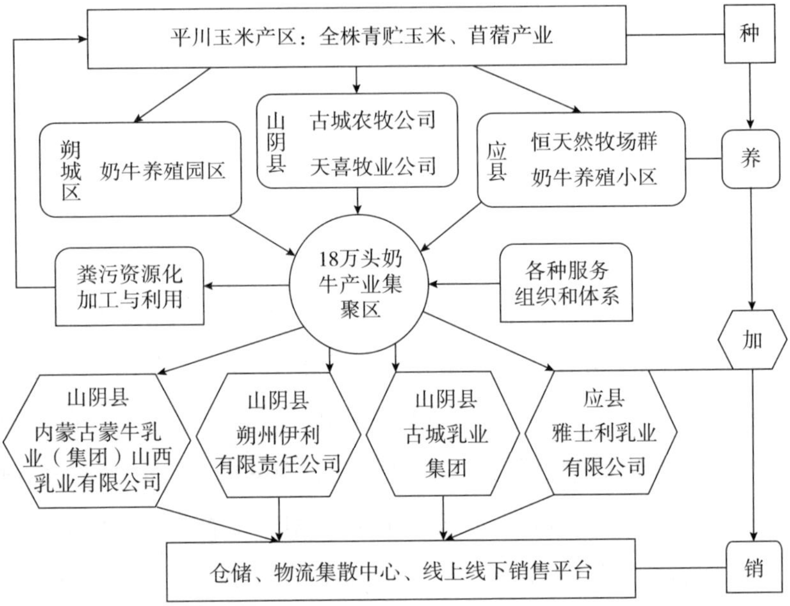

图 1　朔州市现代奶牛产业集聚区布局

资料来源：《关于加快现代草牧业发展的实施意见》。

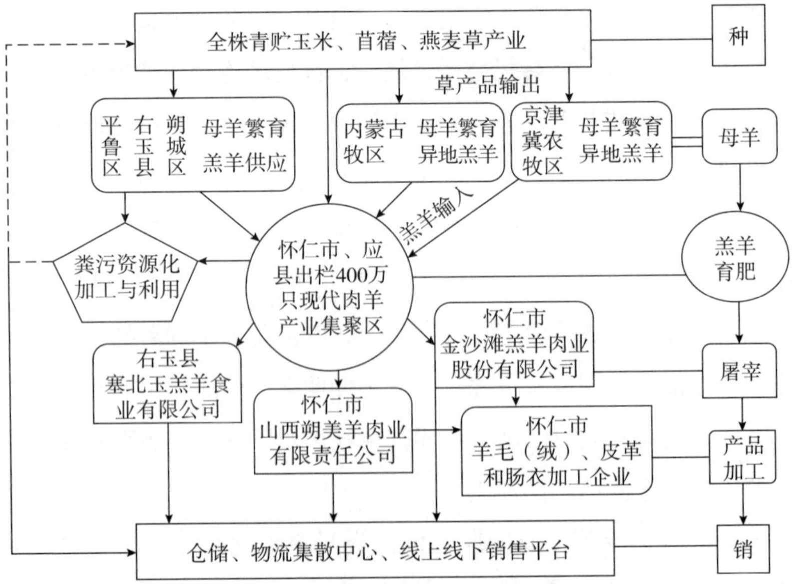

图 2　朔州市现代肉羊产业集聚区布局

资料来源：《关于加快现代草牧业发展的实施意见》。

从图 1 可以看出，以古城农牧公司、恒天然牧场群、天喜牧业公司为重点，辐射山阴县、应县、朔城区 186 个奶牛养殖园区的一个种养循环、产业链条完整、一二三产业融合发展、容量为 18 万头的现代化奶业集聚区已初步建成。从图 2 可以看出，以“牧繁农育、农种牧用”、区域内“山繁川育、种养结合”模式为主的以怀仁市南小寨为中心的一个牧繁农育、草畜结合、加工现代、功能齐全的现代肉羊产业集聚区初步建成。在朔州市形成了种—养—加—销一体化的经营模式，培育了科学的良性循环发展的畜牧大产业。

（三）畜牧产品的品牌化发展与“互联网 +”模式销售

朔州市作为全国草牧业和粮改饲建设试点，经四年建设，其辖区内的怀仁市已成为全国首批农产品质量安全县和全省“一县一业”肉羊养殖示范基地县（市）。“怀仁羔羊肉”和“右玉羊肉”是国家地理标志和生态原产地保护羊产品，也是山西省著名商标产品。这两张山西羊肉的名片借着 2018 年和 2019 年连续举办两年的山西・怀仁羔羊肉交易大会暨朔州市特色农产品展销会，已由山西走向了全国，仅怀仁市共注册 16 个羔羊肉系列产品商标，有 33 个系列 168 种产品。另外，由肉羊屠宰加工延伸出了羊肠衣、羊皮、羊毛、毛毯和生熟肉制品等多个加工产业，成为了全国著名的羊产品加工销售的集散中心，由品牌化的产品带动全产业链的发展。还有朔州市以古城乳业集团、朔州伊利有限责任公司、内蒙古蒙牛乳业（集团）山西乳业有限公司和雅士利乳业有限公司四大乳业加工企业为重点进行乳制品的精深加工，生产乳制品有奶粉、鲜牛奶、酸奶、乳饮料等 60 多个品种，山西古城乳业集团被列入国家级农业产业化龙头企业行列，这些成绩是朔州市草牧业发展带来的红利。

品牌化的产品借助朔州市“互联网 + 畜产品”流通体系，积极发展农村电子商务，推动了种、养、加、经营企业与乐村淘等电商企业的“联姻”，加大农产品宣传推介力度；畜产品网上销售，线上线下销售互动发展，拓展农副产品销售网络，使朔州市的特色农产品走向全国，拓展到世界。

（四）政策和科技支撑为朔州市草牧业良性循环发展提供了保障

在农村农业部的项目支持下，在山西省政府《雁门关农牧交错带示范区 2018 年行动计划》（晋政办发〔2018〕59 号）这一省级战略发展规划的指引下，朔州市政府先后出台了《关于加快现代草牧业发展的意见》（朔政办发〔2018〕1 号）、《朔州市雁门关农牧交错带核心区建设三年行动计划（2018–2020）》、《山西省雁门关农牧交错带发展促进条例》和《关于加强重大动物疫病防控和畜产品质量安全体系与能力建设的意见》（朔政发〔2019〕36 号），各级政府全力以赴，从草牧业发展的政策引导、科技支撑和资金撬动等多个环节给予明确支持，给各经营主体吃了定心丸，使其携手打造了朔州市今日草牧业发展欣欣向荣的局面。

二、关于生态有机循环畜牧业发展的建议

经四年草牧业试点建设，朔州市已初步构建了饲草种植、草食畜养殖、畜产品加工、粪污资源化利用为一体、具有完整产业链的生态绿色循环畜牧产业发展集群。发展的同时要发现各环节暴露出的问题，及时补足各链条环节短板，逐步建立各环节的地方标准，为标准化建设提供支撑；强化各环节的质量监测，优化质量评价体系，为草牧业高品质发展提供强有力的监测保障；纵深引导产品的有机认证，通过加强对粪污有机肥中重金属等有害物的监测，制定粪污有机化加工的质量标准，确保从饲草料源头加强养殖各环节的有机化，做成真正的全国有机畜产品的示范区。根据种植结构及其产品特点，深入研究低碳精准养殖技术，开发具有朔州市地域特色的畜产品，从源头和产出双向控制，提高畜牧业的经济效益，发展生态、有机、循环、可持续的畜牧大产业。

（一）饲草产业的精深发展

从牧草种植的角度，依托科技做好牧草的轮、间作的科学规划，通过有机肥科学还田改善土壤结构、保持土壤肥力，探索出一条牧草科学种植—精心养保—品质好、产量高的可持续发展道路，为牧草产品的高品质生产提供强有力保障。从产品多样化的角度，形成以裹包青贮为主的产

品，其他的草产品比如草捆、草块、草颗粒等多种产品共同发展，以满足不同客户的需求，拓展草产品销售的渠道。从产品的品牌化角度，重点打造2–3个全国知名的草产品品牌，建议申请草产品的商标，制定名牌饲草产品的质量标准，以标准促进高品质饲草产品的生产，从而提高饲草产品的商标附加值，进一步提高饲草种植加工的经济效益。从饲草产品的精深加工角度看，苜蓿是百草之王，其营养价值高，是一种药食同源的食物，更难能可贵的是苜蓿中含有功能性营养成分，比如苜蓿黄酮、苜蓿素、苜蓿多糖、苜蓿皂苷、β胡萝卜素等。其中苜蓿黄酮、苜蓿素和苜蓿多糖具有较强的抗氧化、增强机体免疫力和抗感染等作用；苜蓿皂苷可以降低血清中胆固醇的含量。这些功能性营养成分都值得去开发。苜蓿可经功能性养分科学提纯精深加工后再返回养殖企业，取得双赢效果。在此基础上制定饲草种植、管理和加工等环节的一整套技术标准或规范，打造出一系列的饲草粗加工产品和精深加工产品，多途径增加饲草产业的经济效益，使饲草企业保持强劲的生产动力和长远的发展活力。

（二）畜牧产品向有机化和特色化生产方向发展

绿色产品与有机产品有很大的差异。有机产品的安全性和价值更高，更受人们欢迎。畜产品的有机认证中，实地检查评估是申报有机认证中的关键环节，也是申报成功的决定性因素。实地检查评估是依据有机生产技术准则等要求，对申请企业的生产过程控制体系、质量管理体系和追踪体系进行实地考察，包括对产地、生产、加工、仓储、运输和贸易等过程进行实地检查评估，必要时检查员采集环境中的水、土、气和畜产品样品，由检查员和申请人共同封样后送指定的质检机构检测。申报成功后每年都进行年度检测，颁发每年的有机食品认证证书。兹根据有机产品申报的要求，分析朔州市有机产品认证可能出现的问题：①资源化利用的粪污中总重金属超标问题。据报道，朔州市已有666个规模养殖场配套了粪污处理设施，配套率达到74%，每年有800多万吨优质畜禽粪肥还田，这些还田的畜禽粪污是否完全有机的呢？畜牧养殖业中饲料添加剂的过量使用致使畜禽粪便中的重金属等物质含量超标，尤其是猪和禽的粪污，因此，为取得有机畜产品的认证，首先要对还田的畜禽粪污进行定期检测，制定畜禽粪污资源化利用的质量标准，确保还田的粪污不会引起土壤的重金属污染等，做到饲料源头的有机化。②养殖环节中抗生素和驱虫等药物使用后的残留问题。2020年是我国减抗限抗的关键年，由于饲养过程中营养控制不当、管理不到位引起了各种疾病，在治疗过程中抗生素类药物、驱虫类药物的频繁使用都可能造成残留，畜产品中的残留问题是有机认证中的第二大问题。解决养殖环节的问题，要从多方面入手，包括牛羊营养的合理调控、生产环境的优化、中草药添加剂的使用、执行一些药物使用的停药期和加强生物安全防护措施等。在饲养过程中添加剂使用应严格按照《饲料添加剂安全使用规范》（农业部公告第2625号）和《药物饲料添加剂品种目录及使用规范》（2017修订版）中的要求进行，确保养殖各环节的有机化。③屠宰加工和存贮过程的问题。升级改造屠宰生产设备，创造良好的畜产品生产环境，杜绝在肉奶加工过程中有任何不当的处理，保证畜产品的质量安全，通过加强畜产品的常态化质量监测，保障产出环节的有机化。④对生产环境进行年度化监测问题。对空气、土壤、畜禽用水、饲草料和产品进行常态化监测，确保生产环境的有机化。根据《关于加强重大动物疫病防控和畜产品质量安全体系与能力建设的意见》（朔政发〔2019〕36号）严格疾病防控和质量安全监测。从有机畜产品认证的标准倒逼企业根据认证要求严格把控生产的每个环节，环环有据可依，环环有质量监测报告，通过有机产品的认证提高商品的附加值。

畜产品的特色化生产。朔州市发展的多样化种植业中，中草药、果蔬种植面积比较大，比如板蓝根、黄芪、玫瑰、油料作物向日葵、果蔬菜中的紫皮大蒜、沙棘，其中药材加工的副产品或者茎叶都是很好的非常规饲料资源。黄芪和板蓝根的须根、枝和叶，玫瑰加工后的下角料，紫皮大蒜的大蒜苗，沙棘加工后的果渣都含有一定量的功能性养分，比如黄芪副产品中的黄芪多糖、大蒜苗中的大蒜素、沙棘果渣中的沙棘黄酮等。这些副产品的饲料化利用可以改善牛羊机体的抗氧化功能，提高免疫力，提高牛羊肉的品质，改善牛羊肉的功能性营养成分。应加强这些区域的畜产品特色化生产，注册限量生产特色化的畜产品品牌，打造一个特色化畜产品系列，提高畜产品的附加值。

（三）加强畜牧业低碳养殖技术的研发

朔州市 2019 年畜牧生产目标：奶牛存栏 18.4 万头，羊饲养量 630 万只（其中存栏约 220 万只）。甲烷是饲料中碳水化合物在反刍动物瘤胃内发酵的一种副产物，根据联合国气候变化政府间专家委员会（IPCC，2006）对甲烷排放量的估算标准，体重 550 千克的奶牛和 50 千克的羊的甲烷年排放量分别为 109 千克 / 头 / 年和 5 千克 / 头 / 年，朔州市每年仅由奶牛和肉羊养殖带来的温室气体甲烷的排放量可达 37889 吨。在开展种草固碳的同时，还应加强畜禽低碳养殖技术的研发，引导企业实现低碳环保可持续发展。畜禽低碳养殖应从养殖各环节抓起：①从畜禽的品种入手，重视优良高产品种的选择和利用，在保持产量的基础上减少生产性能低的畜禽品种的饲养量，降低奶牛、肉牛和羊的年甲烷排放量。②对于肉羊基础母羊群应用高效高频繁殖技术，提高每只母羊的年生产能力，减少低产母羊的饲养量，降低基础母羊饲养的甲烷排放量。③应用营养调控技术充分挖掘畜禽遗传潜力，广泛开辟饲草料资源，以尽可能少的资源消耗，获取最多的畜产品。④从日粮营养调制角度，创造适宜的瘤胃内环境，合理调整日粮结构、改善饲料加工方式、利用甲烷菌抑制剂，最大限度降低反刍动物瘤胃甲烷菌数量，降低甲烷排放量，发展低碳型畜牧业；另外，严控奶牛和肉羊的营养代谢病发生率，降低由营养搭配不合理引起的畜禽伤亡及带来的温室气体排放。⑤从管理角度，科学饲养管理，建立高效、精准生产模式，加快畜禽周转速度，降低碳排放。⑥做好环境（温度、湿度、通风、光照等环境条件）监测与畜舍（空气中的二氧化碳、氨、硫化氢等气体）控制，给畜禽提供适宜的生活环境，提高碳循环利用效率。⑦做好畜牧场畜禽的保健工作和生物安全防护工作，控制畜禽主要传染病，减少普通病和寄生虫病，降低畜禽的疾病死亡率。畜禽死亡不仅是能源的极大浪费，也是二氧化碳的排放源，生产 1 千克肉至少排放 36.4 千克二氧化碳，一只畜禽死亡相当于排放了大量二氧化碳，因此严控疾病是提高经济效益和降低碳排放的重要措施。每个环节中都蕴含着科学研究和技术创新的问题，因此，应加强低碳养殖的技术研发，以创新技术推动草牧业的低碳良性可持续发展，建立低碳养殖各环节的标准或技术规范，做到每个环节都有标准可依，建立真正的低碳牛羊养殖产业集聚区的样板。

（四）打造朔州市草牧业信息共享网络工作平台

整合全省、全市乃至全国的信息，打造朔州市草牧业信息开放式交流的政府平台，开发一款惠及每一个饲草生产企业、畜牧养殖企业和屠宰加工企业的朔州市草牧业管理手机 App，形成生产的月报制。根据月报数据，各政府机关可以通过后台统计产业大数据，及时对草牧业发展作出科学规划和深度开发。

朔州市草牧业经四年的试点发展取得了显著成效，成功打造了全国北方草牧业发展的样板区。在发展的同时，还应继续加强政策、规划的研究，引领草牧业的科技创新，以创新赢发展、增效益，突出生态有机、低碳循环和愉悦生活（休闲旅游），打造出饲草有机种植、畜禽有机养殖、畜禽产品生产有机特色化、产品加工有机化为一体，“三产”完成融合的全国生态有机循环畜牧业新样板。

本文中涉及的朔州市草牧业相关的数据均来自朔州市政府网站的相关文件和报道。本文的建议是在对相关政府文件和报道理解的基础上成文的。由于时间仓促、水平有限，如有不当之处，欢迎批评指正。

执笔：

张春香　山西农业大学动物科学学院

乔　栋　山西省朔州市畜牧兽医服务中心

吴小叶　山西省朔州市平鲁区畜牧兽医中心

朔州市雁门关农牧交错带示范区建设现状及前景展望

编者按：朔州市位于雁门关外，地处北纬 39° 05′–40° 17′，属北方农牧交错带，是国际公认的草食畜牧业黄金产业带，畜牧产业基础扎实。近年来，朔州市紧紧抓住山西省雁门关农牧交错带示范区建设战略机遇，紧扣“以畜定草，草畜结合，以草促牧，以牧富民”的发展思路，把草牧业列入全市“2+7+N”产业体系，各项工作成效显著，畜牧业综合生产能力不断增强。2019 年，全市奶牛存栏 18.4 万头，肉羊饲养量 630 万只（其中出栏 410 万只），生猪饲养量 90 万头，鸡饲养量 430 万只。肉、蛋、奶类总产分别为 11.2 万吨、3 万吨、57 万吨。全市畜牧业总收入 85 亿元，农民人均草牧业纯收入 3500 元。全市奶牛存栏量、鲜奶产量、肉羊年出栏量、人均畜产品年占有量、农民年人均畜牧业纯收入以及畜牧业占农业总产值比重六项指标继续保持全省第一。

一、现状

草业已经成为农民增收致富的新兴产业。2019 年，全市全株玉米、苜蓿、燕麦草种植面积 85 万亩，是 2014 年的 4 倍多。生产全株玉米青贮 100 万吨、裹包苜蓿青贮 10 万多吨、燕麦草 3 万吨。草业销售收入 7 亿元，已形成了牧草种植、收获加工、贮运销售的全产业链条。牧草社会化服务龙头企业 156 个，日收割加工能力 7 万亩，除服务本市外，还服务本省的大同、运城以及内蒙、河北、甘肃等外省区。牧草产品除满足本地使用外，2019 年还向内蒙古草原地区提供了近 8 万吨，在“农种牧用”上迈出了新的一步。粮经饲结构比例由 2014 年的 77∶19∶4 逐步优化为 42∶23∶35，初步实现了农业结构调整和养殖业提质增效的双赢。每年一头奶牛可节约成本 1000 元；每出栏一只羊可节约成本 20 元；种植全株玉米每亩比籽粒玉米增收 200–300 元，种植燕麦草比食用燕麦每亩增收 150–200 元，种植苜蓿每亩可以实现纯收入 1000–1500 元，是玉米的 2 倍。

（一）肉类产业呈现规模化、集群式、全产业链发展态势。一是肉羊养殖坚持“牧繁农育”“自繁自育”两措并举，建成圈舍 240 万平方米。全市共有肉羊屠宰企业 22 家，年屠宰加工能力 600 万只，加工水平全国领先。主要产品有速冻分割产品 136 种，熟食制品 32 种。同时，拥有肠衣加工厂和羊绒、皮革加工厂、有机肥加工厂各一个，形成了较完整的产业链条。二是坚持奶牛公犊和品种肉牛育肥同步发展，年出栏肉牛 6.5 万头。建成肉牛屠宰企业 3 家，年屠宰加工能力 8 万头，产品销往北京、上海等多个地区。三是成功抗击了非洲猪瘟，保证了朔州一片净土，保护了生猪产业，引入大象集团、新希望集团和双胞胎集团，生猪产业发展迅速，能繁母猪存栏 6.4 万头。2017 年 9 月 18–19 日，北方农牧交错带农业结构调整现场观摩会在朔州成功举办。2018 年、2019 年成功举办了两届怀仁羔羊肉交易大会。

（二）奶牛业现代化升级改造迈出新步伐，已成为全国知名的优质奶源基地。建成现代化奶牛养殖场 154 座，饲喂优质牧草，鲜奶产量和质量实现了质的飞跃，奶牛日增鲜奶 3 千克以上，全市成母牛平均单产由 2014 年的 6.4 吨提高到了 9 吨以上，日产鲜奶 1300 多吨，鲜奶质量全国一流。成为伊利、蒙牛、光明、新希望、君乐宝等大型乳企的重要奶源基地。

（三）粪污资源化利用初显成效，走出了一条农牧循环的有机旱作农业发展路子。全市规模畜禽养殖场粪污设施配套、粪污综合利用均达到了国家要求。建成了 7 座有机肥加工厂，年产商品有机肥 10 万吨。全市 30 万亩蔬菜、100 万亩杂粮、100 万亩玉米使用有机肥，减少了化肥使用量、保证了农作物的产量、提升了农产品的质量。

（四）农牧交错带产业体系初具规模，在农区和牧区之间发挥了桥梁纽带作用。探索与牧区的交融互促，坚持“牧繁农育”的养殖模式，引进牧区牛羊幼畜进行育肥，发展肉类产业，同时也为牧区减轻了草场压力，保障了牧民收入。走“农种牧用”的发展路子，发挥农牧交错区种草优势，建设 10 万吨牧草储备基地，向草原地区提供优质饲草。培育加工龙头企业，每年向全国大中城市销售鲜奶和肉制品，发挥了交错区的桥梁纽带作用。

二、存在问题分析

（一）龙头企业对拉动畜产品的销售和生产的能力不强。以羊肉为代表的肉类产品和奶制品生产增长速度很快，羊肉产量从五年前的 10 万吨增加到了 13 万吨，鲜奶产量由 37 万吨增长到了 57 万吨，但常常受到销售不畅的困扰。如：全市自有的乳制品加工企业，仅有古城乳业一家，只能加工销售全市鲜奶产量的 20%，其余 80% 以原奶形式销往省外其他龙头企业。羊肉产品的附加值也不高，好东西卖不上好价钱。

（二）规模化、现代化程度还有待进一步提升。规模化和现代化是农业发展的必由之路，近年来，虽然加速了奶牛、肉羊养殖的现代化改造，但仍有近一半的奶牛、肉羊养殖场未达到现代化养殖标准，生产水平不高，成本居高不下。如：全市近 50% 的奶牛场奶牛日单产为 25–28 千克。

（三）草产业刚刚兴起，距好草喂好畜、产好奶、产好肉的目标还有很大差距。目前全市每年需求苜蓿干草 15 万吨，本土替代进口不足 30%。全市仍有近 80% 的肉羊养殖靠谷物饲喂，饲料转化率不高，产品脂肪含量过高，没有实现好草好料的科学配比饲用。

（四）农牧交错带科学的产业结构已基本形成，但在发挥农区、牧区间的桥梁纽带作用上才刚刚起步。牛、羊、草三大产业符合农牧交错带产业格局，也符合朔州市畜牧业发展方向，已形成了一个较完整的体系，但与草原的交融、与农区的交融才刚刚开始。如：全市每年仅向草原购买

200 万只羔羊育肥，数量不大，且冬、春季节为草原提供牧草的活动才刚刚起步，与大城市在农区的交融，特别是市场的开拓问题上，还有很大差距，鲜奶产品在全国占有率还很低。

三、对策建议

（一）强化龙头，树立品牌。支持金沙滩羔羊肉业、朔美羊肉业公司和古城集团做大做强，鼓励龙头企业在增加花色品种上下功夫，在培育开拓市场上下功夫，在宣传品牌上下功夫。集中力量打造“古城奶”“怀仁羔羊肉”“右玉羊肉”等一批叫响全国的知名品牌，扩大产品的知名度和美誉度，对在外地设点销售的企业给予奖励。同时再引进 1–2 家乳品加工龙头企业，减少原奶的输出，实现鲜奶就地加工转化，延伸产业链，增加产品附加值。

（二）建设基地，推广技术。按照大草场、大牧场、农牧循环、设施齐全、养殖现代的要求，建设现代化种植基地、养殖基地和储备基地。逐步推广自由散栏圈舍、TMR 日粮车间、现代化挤奶厅、智能化管理、粪污处理设施等现代化养殖技术，实现标准化养殖、现代化运行和智能化管理。

（三）调优结构，提升品质。逐步改变传统饲喂习惯，实现优质牧草替代谷物饲喂，优化日粮结构，增加优质青贮苜蓿、燕麦草的饲喂量，减少玉米等谷物的摄入，减少脂肪堆积，增加蛋白含量，提升肉品质量。

（四）架起桥梁，互通有无。依托农牧交错带的区位优势，充分发挥桥梁纽带作用，促进农区和牧区的融合发展，既是完善农牧交错带功能的客观要求，又是做强做大朔州市农牧交错带示范区的重要途径。

（五）多措并举，保障发展。一是成立朔州市雁门关农牧交错带示范区现代草牧业发展领导组，研究和协调示范区草牧业发展中的困难和问题。二是强化雁门关农牧交错带示范区现代草牧业发展专项资金的引领作用，撬动社会资本发展现代草牧业。三是深化产学研融合，依托高校和科研院所，重点解决种养技术、牧草收储、粪污处理等关键问题。四是加快制定牧草、饲料制作标准，肉牛、肉羊饲养标准和各种肉类的地方标准。五是加大招商引资、引智力度，积极引进高科技、高附加值的畜产品加工项目。

四、前景展望

今后五年，将进一步完善强化雁门关农牧交错带示范区建设功能，使草牧业在朔州“2+7+N”产业布局中的位置更加突出，在农业产业兴旺、农民增收上发挥更大的作用。到2025年，草牧业总收入达到200亿元，农村常住居民人均草牧业纯收入达到7000元，实现翻番目标。

（一）做大饲草产业，打造晋蒙地区百万亩优质牧草基地

一是“实施一个战略”，即实施优质牧草替代进口战略，力争五年内全市种草面积达到100万亩，其中：全株青贮玉米50万亩、苜蓿20万亩、燕麦草等其他牧草30万亩，完全满足全市养殖需要，并逐步替代进口牧草。二是“补齐三块短板”，即补齐储草库、节水喷灌设施和牧草机械短板，确保牧草种得好、收得回、贮得下。加大补贴力度，支持牧草种植加工企业建设10万吨标准化储草库，为10万亩优质高产苜蓿基地配套节水喷灌设施。用足国家农机补贴政策，切实加大对牧草种植、收割、加工机械的购置补贴力度。三是“建成5个5万亩优质牧草基地”，即建成朔城区、山阴县、怀仁县3个5万亩苜蓿基地；朔城区、右玉县2个5万亩燕麦草基地。四是打造10个服务能力满足100万亩牧草种植加工需求的牧草服务龙头企业，使草业总产值达到10亿元以上。逐步建成晋蒙地区优质牧草的种植基地、加工基地和贮藏基地。

（二）做优奶牛产业，打造全国知名的现代化奶源基地

以山阴县、应县、朔城区等川区玉米产区为重点，以建设现代化奶牛牧场为抓手，以做大做强山西古城乳品加工龙头企业为引擎，重点建设现代化奶牛场200座，培育10个万头高产奶牛核心群，奶牛饲养量达到20万头，鲜奶产量达到100万吨。打造年产百万吨鲜奶的全国优质、绿色、高效的现代化奶源基地。

（三）做强肉羊产业，打造全国高档羊肉基地

一是以怀仁县、应县牧繁农育肉羊产业基地和右玉县、平鲁区自繁自育肉羊产业基地为重点，推进扩量、提质、增效。到 2025 年，全市肉羊饲养量达到 800 万只，出栏 600 万只，建成全国高档羊肉基地。二是在川区牧繁农育肉羊产业基地上，重点建设 2 个年出栏 100 万只肉羊育肥基地、3 个年出栏 50 万只的肉羊育肥基地。建设优质肉羊繁育体系，引进湖羊母羊 2 万只，年推广优质种羊 15 万只。建设现代化、机械化和智能化肉羊圈舍面积 260 万平方米，育肥能力提升到 500 万只，推广全株青贮玉米和苜蓿饲喂育肥。三是在山区自繁自育肉羊产业基地上，建设生态型家庭羊场 2000 个，人工草场建植 20 万亩，把西部山坡区建成生态型有机肉羊基地，再现“风吹草低见牛羊”的草原风光。

（四）做好生猪产业，打造百万头生猪产业化基地

做好大象集团、新希望集团、双胞胎集团生猪项目落地服务工作。重点发挥好大象集团等生猪龙头企业的作用，鼓励支持地方社会力量与这些企业共建育肥场，进一步扩大合作规模。用 2–3 年时间，形成百万头生猪产业化基地。

（五）培育龙头企业，打造国内外知名企业品牌

一是建设肉羊屠宰加工龙头企业，屠宰加工能力提升到 800 万只。二是鼓励古城集团做强做大。三是做大做强 5 个草业龙头企业，牧草收获加工能力由目前的每日 1 万亩，提高到 2 万亩，做到既种得好，也要收得好。四是支持大象集团百万头生猪屠宰项目尽快落地，补齐生猪屠宰加工短板。五是建设肉牛屠宰加工企业，重点培育好现有的 3 家肉牛屠宰企业，年屠宰加工能力到达 8 万头，五年内培育 3–5 家在全国叫得响、有影响力的大企业。

（六）建好三大交易平台，助推全市草牧业发展提档升级

一是建设怀仁市肉类交易中心。争取用 2–3 年时间建成，与大同国际陆港畅通渠道，实现所有设定功能（集肉类展示展销、产品集散、产品交易、贸易洽谈、仓储物流、信息发布于一体）。二是建设右玉县西口活

畜交易市场。主要建设内容有检疫中心、牲畜棚舍、价格信息、交易中心等。建成后将会强化与草原的交流，为全市肉业基地建设提供源源不断的羊源和牛源。三是打造饲草交易平台。搭建一个智能化的朔州牧草网络交易中心，与牲畜交易市场共同构成一个完整的与草原双向交流的交易系统。

执笔：
兰世和　郭秀萍　李候梅　禹　波　兰慧芳　武彩萍　陈翠珍
山西省朔州市畜牧兽医服务中心

做大做强草牧业，推动朔州乡村产业振兴

编者按：实施乡村振兴战略是党的十九大提出的一项重大战略部署。要实现乡村振兴，产业兴旺是基础。草牧业是朔州市农业的支柱产业，是农民增收的主要来源，是乡村振兴、产业兴旺的重要驱动力。

一、当前全市草牧业现状

朔州市是山西省雁门关生态畜牧核心区，也是全国唯一整市推进粮改饲、草牧业试验试点市和北方农牧交错带农业结构调整先行区，经过15年的积累，形成了良好的草牧业基础，近五年来，朔州紧扣“以畜定草、草畜结合，以草促牧、以牧富民”的发展思路，草业发展、现代畜牧业发展、全产业链推进都取得了良好效果。

（一）畜牧业生产情况

1.奶牛业现代化水平提升，成为全国重要的优质奶源基地。2019年奶牛业贡献的销售收入达25亿元，为农民创造了近7.5亿元的纯收入。全市奶牛存栏18.75万头，奶产量近60万吨，均占到全省的50%以上。养殖现代化程度较高，18.75万头奶牛饲养在176家现代化奶牛养殖园区，全部实现了TMR日粮饲喂和卧床饲养。养殖水平大幅提高，营养结构由“谷物”为主向“优质牧草”为主转变，近三年全株玉米青贮等优质牧草的饲用，使鲜奶产量和质量实现了质的飞跃，饲喂优质牧草的奶牛普遍日增鲜

奶3千克以上，全市成母牛平均单产由2015年的6.5吨提高到目前的8.4吨左右，鲜奶的主要指标普遍超过了国家标准。拥有古城集团等六个乳制品加工企业，年加工鲜奶能力80万吨，形成了一个完整的奶业产业链条。

2. 肉羊产业链完整，成为全国重要的优质羔羊基地。2019年肉羊业贡献的销售收入达40亿元，为农民创造近8亿元的纯收益。全市肉羊饲养量630万只，年出栏430万只，分别占到全省的1/6和1/4，形成了以怀仁市为代表的牧繁农育肉羊产业体系和以右玉县为代表的自繁自育肉羊产业体系。现有标准化的肉羊小区建筑总面积240多万平方米，肉羊屠宰加工企业17个，年屠宰加工能力600万只，同时还拥有肠衣、皮革、羊绒和以羊粪为原料的生物有机肥加工产业，已形成了一个完整的肉羊产业链，产品畅销全国各地。

3. 生猪、蛋鸡、肉牛生产齐头并进，成为草牧业新的增长极。2019年，全市生猪饲养量90万头，比2017年增长近15%，特别是能繁母猪数量增加到了5.74万头，仅大象集团就增加了1万多头。生猪饲养量有较大突破，达到近100万头的水平。全市肉牛出栏5.1万头，总产值约7亿元；蛋鸡存栏228万羽，生产鲜蛋3万吨，总产值约7亿元。

（二）草业生产情况

全市耕地种草面积扩大到了85万亩，是试点初期的4倍多，为草牧业贡献了2亿元的收入。五年来，朔州市发挥草食畜发达的优势，引草入田，打通草畜通道，耕地种草、草畜结合取得了突破性进展，初步实现了农业结构调整和养殖业提质增效的双赢。粮经饲结构逐步调优，引领了北方农牧交错带农业结构调整工作，受到农业农村部的充分肯定。

1. 全株玉米青贮质量处于全国领先水平。全市种植面积达到了48万亩，青贮总量120万吨，是2014年的4倍多，占到全省的60%。

2. 苜蓿种植面积迅速扩大，发展势头良好。2018年全市种植面积达到了19万亩。机械装备水平、产业成熟度快速提高，全市现有各类苜蓿加工机械价值2000多万元，2019年累计达到3000多万元。苜蓿经营主体初步掌握苜蓿的种植、加工、收贮技术。

3. 燕麦草种植已经起步。2018 年种植面积达到了 18 万亩，1000 亩以上的达到了 35 家，种植、收割、贮存一套完整科学的技术体系正在形成。

（三）草畜产品加工业发展现状

龙头企业集群已经形成，产业带动能力较强。怀仁羔羊肉、右玉羔羊肉均获得原产地地理标志保护。羊肉系列产品种类达 120 多种，其中生肉种类 100 多种、熟肉种类 20 多种，产品通过电商平台等渠道远销我国京津、内蒙古、新疆等地区和部分伊斯兰国家，受到了广大消费者的青睐。

综合面上统计数据，从理性角度进行深层探讨，目前朔州市草牧业总体水平和体量可以用以下结论概括。

结论之一，在全市农业生产中，草牧业总收入要远远高于种植业总收入。2019 年全市草牧业总收入 80 亿元，占到农业总收入的 55% 以上，种植业（粮食、蔬菜）总收入 229 亿元。草牧业无论现代化程度还是发展水平都高于种植业。全市奶牛存栏量、鲜奶产量、肉羊年出栏量、人均畜产品年占有量、农民年人均草牧业纯收入以及畜牧业占农业总产值比重六项指标已连续多年保持全省第一。因此，做大做强草牧业，充分发挥其作为支柱产业的优势，将是朔州市实施乡村振兴战略的主要抓手。

结论之二，草牧业是农民创收的主要来源。农村常住人口草牧业纯收入 3000 元，是全省平均水平的 2.5 倍。

结论之三，以牧为主是朔州农业发展的现实和客观选择。

二、草牧业发展中存在的问题及制约因素

过去，发展畜牧业（现在叫草牧业）的主要途径是提高畜产品产出数量。这在市场供需矛盾发生根本变化的今天，潜力已释放殆尽。据调查了解、分析，当前朔州市草牧业发展中存在的问题及制约因素主要有以下六个方面。

（一）肉羊产业产品与市场要求产生了一定的距离。一是朔州市羔羊育肥品种以内蒙古羊为主，方式以谷物为主，均造成了肥羔羊易于堆积脂肪的结果。在调查中发现，每出栏一只羊，就要产 2 千克的尾脂和 3 千克

的其他脂肪，严重影响了育肥的效益和产品质量，5 千克的脂肪减少的销售收入就是 100 元，高脂肪胴体也不大受市场欢迎。二是以右玉和平鲁为主的山坡区自繁自育肉羊养殖基地建设严重滞后，基本上处于自发状态，发展速度缓慢。

（二）牧草产业发展仍不成熟，草畜通道还尚未完全打通。全株青贮玉米、苜蓿草、燕麦草三大牧草产业，除全株青贮玉米产业较成熟外，其他两大牧草产业起步晚，尚有短板。突出表现在苜蓿草虽然种植面积大，但受气候降水、加工调制技术等因素影响，存在利用率低的问题。燕麦草也受到了加工设备和贮存场所不足、运输成本高等多种因素的制约。

（三）畜产品加工龙头企业带动力不强。虽然朔州市畜产品龙头加工企业发展较好，但因规模小、市场占有率低，带动力不强。如乳制品加工企业古城乳业集团年销售额不足 10 亿元，蒙牛、伊利又要离开朔州，雅士利是以进口奶加工为主，对当地带动力不大。

（四）粪污治理和资源化利用受到了种养分离、资金短缺的双重影响。随着养殖业和种植业的规模化、现代化，农牧结构中种养分离，种地的不养牛不养猪，养殖的不种地，致使畜禽粪污与土地分离，成为粪污资源化利用的一个瓶颈。另外，粪污治理需大量的资金投入，微利的养殖业很难承受，特别是朔州市近年来奶牛养殖效益不佳，政策支持也较少，因此粪污治理和资源化利用工作压力大，推进困难重重。

（五）畜牧兽医服务队伍萎缩。基层防疫队伍人员短缺、老龄化，不能及时补充，与现代畜牧业的发展需求不适应。

（六）畜产品安全监管体系仍然不完善。存在机构不健全、人员和经费缺乏、监管技术手段落后等问题。

三、全面整合发展要素，推动草牧业做大做强

朔州市位处玉米种植、草食畜养殖黄金带，地域广阔，土地、饲草资源丰富。草牧业在朔州农业经济中占比大、现代化程度高、产业链条完整、产品美誉度高、销售网络广，草业异军突起，在调整种植业结构、农

民增收、养殖业提质增效中发挥着越来越重要的作用。通过科学谋划，倾力推进，草牧业完全可以在朔州市乡村振兴战略中率先实现现代化，率先成为产业兴旺的排头兵，成为农业农村的支柱产业。为此，全市将扎扎实实重点抓好以下工作。

（一）努力扩大销售渠道，提升草畜一体奶牛业现代化发展水平

目前，奶牛养殖成本居高不下，现代化程度较低。应从以下四方面着手解决面临的困难。

一是注重扩大销售渠道。各县区应学习山阴县的做法，采取引进来的办法，迅速扩大鲜奶销售渠道。

二是市政府要帮助古城集团，扩大学生奶销售范围，拉动销售量。

三是解决好现代奶业发展中的瓶颈问题——建设现代化挤奶厅。据了解，全市需新建、改建现代化挤奶厅 100 多座，总共需投资 2 亿多元。建议通过养殖主体“筹一点”、龙头企业“贷一点”、市县两级财政“支持一点”的办法，两级财政各支持 25 万元。

四是积极推动种养一体化，实施苜蓿、燕麦草替代进口战略，降低养殖成本。鼓励养牛场（园区）通过土地租赁、流转等方式，建设自给型优质牧草供应基地。据测算，全株青贮玉米、苜蓿、燕麦草等自给后，每千克鲜奶的生产成本能够降低 0.4 元左右，将显著降低养殖成本，提高养殖效益。全面开展苜蓿青贮行动，在保证种植者每亩获益 800 多元的基础上，让奶牛养殖者每头奶牛降低 1000 元的养殖成本。

（二）扩大牧繁农育规模，进一步提升肥羔羊产业水平

以怀仁市为代表、以牧繁农育方式建设的较大型的肥羔羊产业，是朔州的一大亮点和优势，但依然存在供给能力不足的问题，需扩大规模，进一步提升养殖的技术水平。

一是在饲养方式上，把营养供给以谷物为主迅速转向以优质牧草为主，开展去脂肪行动。据外地经验和朔州市近年来在怀仁市 4 个羊场的试验结果表明，采用优质牧草育肥方式，每只羊可减少胴体脂肪 2 千克左右，增加瘦肉 2 千克，每只羊可增加近 100 元的销售收入。

二是目前朔州的育肥羊源主要是体小、尾大，易于囤积脂肪，单胎的蒙古羊已经不适应现代化养殖和市场的需求。建议市县两级财政拿出资金对种羊场建设、新品种改良予以扶持。

三是大力发展山坡区家庭羊场。朔州市西北部山坡区土地广阔，牧草资源丰富，农村人口随城镇化逐年减少，该区域现有的农村居民主要收入来源是养羊业，约占70%。平鲁区养殖100只以上的家庭羊场有1800多个，右玉县几乎家家户户都在养羊，平均每户养羊20–30只。这些区域受交通不便、当地生物产量低等因素制约，目前不适宜发展规模化养殖业，家庭羊场是一个很好的选择。建议政府对家庭羊场的发展给予支持。市畜牧兽医服务中心将积极争取说服中央和省上制定扶持家庭羊场的措施和办法，例如棚圈建设、耕地种草、草场建设等。

（三）牧草产业的发展既关系到种植业结构调整，也关系到畜牧业发展

一是进一步打通草畜通道，市县两级财政应支持建设示范点和新的推广项目。如用优质牧草进行肉羊育肥的示范点建设。

二是迅速推广苜蓿青贮。苜蓿青贮是适应朔州市气候和牧草装备条件的一种苜蓿加工调制办法，而且营养保存完整，对牛羊的饲喂效果好。但苜蓿种植户和奶牛养殖户认识不够、担忧多，应给予补贴，迅速突破，使苜蓿成为种植业增收的一个新渠道和养殖业提质增效的新办法。

三是解决好燕麦草发展中的问题。①加强培训，使燕麦草种植户在认识上有一个大的提高，掌握相应种植加工技术。②设置一定的种植门槛，保证产草量、草质，保证种得好、产得好，保证种植者受益。③解决好燕麦草贮存、干制过程中因草棚短缺导致的坏草问题，对干草棚建设等予以扶持。

（四）切实加强龙头企业培育

奶业是朔州的一大支柱产业，受大形势影响，伊利和蒙牛在朔州的加工厂停止运行。近年来，古城集团虽有发展，但步子不大，建议相关县区加大招商引资力度，再引进一批乳制品龙头企业。同时切实保护和支持古城乳业发展，使其尽快迈上发展快车道。肉羊屠宰加工的核心是扩大知名

度，扩大销售渠道。鼓励肉羊屠宰加工企业参加各类型的展销活动，鼓励网络销售，怀仁市要把“怀仁国际博览会”抓在手上，及早谋划，充分向全国乃至世界展现“怀仁羔羊肉”的魅力。

（五）树立一批畜禽粪污治理和资源化利用典型

畜禽粪污治理和资源化利用既是环保要求，也是朔州农业实现循环发展的保证。目前，这项工作存在财政支持力度不大、养殖企业无力承受、畜禽粪污与土地分离的问题，建议市县两级财政予以支持，建设一批试验示范项目。同时，市委市政府要十分明确，畜禽粪污治理和资源化利用是各级政府的一项职责，必须层层传导压力。

（六）解决防疫、检疫人员短缺问题

一是建议各县区通过公开考试的办法择优补充人员；二是积极改革，参照山阴县推广自主免疫的办法。双管齐下，解决人员不足、工作压力较大的问题。

执笔：

乔　栋　山西省朔州市畜牧兽医服务中心

徐　永　山西省应县畜牧兽医服务中心

荆利军　山西省应县畜牧兽医服务中心

朔州市山阴县粮改饲调查研究

编者按： 山阴县地处山西省北部雁门关区域，属典型的农牧交错带，地理坐标位于东经 112° 25'−113° 04'，北纬 39° 11'−39° 47'，紧靠国际奶牛养殖黄金带。全县总面积 1651 平方千米，耕地 87 万亩。境内地貌呈南北山坡区、中间平川区特征，坡区土地贫瘠、植被稀少，川区土地肥沃，以玉米、谷类等作物为主体，实施粮改饲全株青贮玉米种植和奶牛养殖有得天独厚的优势条件。近年来，山阴县把推进农牧业产业结构调整作为解决“三农”问题的有效途径，以粮改饲政策机遇为调整种植业结构、推动粮食“去库存”的重要切入点和奶牛养殖业“降成本、补短板”提质增效的重要着力点。2019 年，全县耕地种草达到 16.85 万亩，其中种植粮改饲全株玉米 14.21 万亩，燕麦草 2 万亩，紫花苜蓿等多年生牧草 0.64 万亩，年末苜蓿保留面积达 2.5 万亩。全县共建成青贮窖 424 座，可贮草 43 万立方米。建成大型牧草加工企业 2 家，奶牛养殖园区转型升级改造 75 个，存栏奶牛 6.1 万头，占全县奶牛存栏的 71.5%，日产优质鲜奶 760 余吨，农业产业结构由粮经二元结构的 86∶14 调整为粮经饲三元结构的 61∶11∶28，实现了种养双赢紧密结合。2020 年上半年，我们通过进村入户走访、进入奶牛养殖园区实地考察等形式，对山阴县粮改饲实施情况进行了深入的调查研究，具体情况如下。

一、近年来山阴县粮改饲工作实施情况

2015 年，山阴县被农业部列入粮改饲试点县，当年动员农民调整种植结构，实现全株青贮玉米种植 10.5 万亩，收贮全株玉米 31.5 万吨。2016 年，全县种植全株青贮玉米 13.5 万亩，收贮全株玉米 40.7 万吨。2017 年，全县种植全株青贮玉米 16 万亩，收贮全株玉米 42 万吨。2018 年，在巩固农民调整种植结构的同时，引导奶牛养殖企业租赁、流转农民土地，开展集中连片种植全株青贮玉米，全县种植用作收贮青贮饲草的全株玉米、甜高粱 17 万亩，收贮青贮饲草 45 万吨。2019 年，积极推行以销定种模式，引导种植户协议种植全株青贮玉米、甜高粱等饲草，农户、种植大户与奶牛养殖企业在种前签订收贮协议，确保供需平衡。2019 年，全县耕地种草达到 16.85 万亩，其中种植粮改饲全株玉米 14.21 万亩，收贮优质青贮饲草 35.592 万吨，燕麦草 2 万亩，紫花苜蓿等多年生牧草 0.64 万亩，年末苜蓿保留面积达 2.5 万亩。

二、山阴县粮改饲工作的主要做法

（一）规划种植布局，实现全株玉米规模化种植

山阴县结合农业结构实际情况，以土地流转、订单生产、合作协议、产销对接、股份合作等方式，密切奶牛养殖企业与种植户的利益联结，实行了“以企带户”。一是在稳定和完善农村基本经营制度的基础上，坚持“依法、自愿、有偿”的原则，通过创新流转方式和流转机制，对具备条件的奶牛养殖企业积极引导其进行土地承包经营权流转，合理利用土地资源，实现集中连片优质全株玉米种植，优化产业结构，实现农民增收、奶牛养殖园区增效目的。二是不断完善奶牛养殖企业与农户的利益联结机制，支持奶牛养殖企业采取“企业 + 农民经纪人 + 种植户”模式，与农民经纪人签订种植、收贮和粪肥还田协议，带动农户种植全株玉米，确保种植户效益得到有效的保护。

（二）推广优质品种，带动粮改饲达产增收

要提高草产品的产量、质量，关键在品种，只有引进推广新品种，才能使农民种植的全株玉米在饲草产量质量上有竞争力，才能占领市场。为此，在综合前三年农户种植全株玉米产量及质量的基础上，当地选择适合本县地理、气候和土壤条件的青贮玉米品种进行了种植对比试验，面积达 200 亩，并在玉米蜡熟期组织种植大户、青贮玉米收贮企业现场观摩、现场比较产草量。通过对比试验，将种植大户、收贮企业认可的中地 88、豫青贮 23、强盛 103、晋单青贮 42 等 8 个优良品种作为全县今后重点推广种植品种。使全株青贮的利用率提高到 95% 以上，粗饲料的纤维消化率提高 11%。奶牛的日粮采食量逐步加大，奶牛产奶量提升了 5 千克左右。

（三）种养结合，保证粮改饲顺利推进

要实现种植业结构合理调整，关键是市场，只有与之相适应的市场需求，才能带动种植结构的改变。山阴县以推进农业供给侧结构性改革为主线，紧紧抓住粮改饲试点县的发展机遇，按照“调优结构、以畜定草、草畜结合、以草促牧、以牧富民”的发展思路，依托玉米种植面积大、饲草资源丰富的优势，着力推进以养带种的种植结构调整，积极构建种养结合、粮草兼顾的新型农牧业发展新模式，引导奶牛粗饲料应用向全株玉米青贮转变，增加奶牛养殖企业全株玉米青贮使用量，实现种养有机结合，保证粮改饲顺利推进，促进全县草畜一体化发展。2019 年，古城农牧公司、兴隆奶牛专业合作社等 9 个奶牛养殖企业，饲养奶牛 8600 余头，自有土地 2.5 万亩，全部种植全株玉米等优质饲草，实现了种养结合、以畜定草、草畜一体化发展新模式。全县 106 个奶牛养殖企业产奶牛全部饲喂上了青贮饲料，带动了川区农民种植青贮玉米的积极性。

（四）增加收获设备，提高全株玉米收贮质量

推进全株玉米从整地、播种、施肥、植保、收割全程机械化作业，构建高产、优质、高效的现代农业生产模式。

图 1　大型机械收割全株青贮玉米

目前，全县拥有各类牧草收获、加工机械 420 台（套）。全程机械化作业省时、省力、效率高，提高了农业劳动生产率，降低生产成本，优化了玉米种植模式，缩短了全株玉米的收割时间，为提高全株玉米青贮的质量创造了有利条件（见图 1）。

（五）发挥技术支撑，促进青贮质量提升

为了实现种草养牛良性循环，山阴县积极邀请省内外农业专家、教授，走进奶牛养殖企业，进行全株玉米收贮技术培训，对全株玉米的切割、压窖、益生菌的使用和封窖等各环节，对奶牛饲养环节青贮玉米科学饲喂技术，现场开展技术服务和指导，提升了全株玉米青贮质量，提高了奶牛饲养水平，改变了传统的奶牛饲养方式，引导奶牛养殖园区向牧场转型（见图 2）。转型后的奶牛牧场，通过科学化的饲喂和现代化的管理，减少了奶牛疾病的发生率，降低了养殖成本，实现了资源整合，增加了养殖收益，增强了养牛企业的市场竞争力和抵御风险的能力（见图 3）。

图 2　制作全株玉米青贮

图 3 奶牛吃食

三、粮改饲试点工作成效分析

从近年来实施粮改饲试点工作来看，农民增收、农业增效成果明显。

（一）经济效益分析

种植效益：将籽实玉米种植改为青贮玉米种植，收获全株青贮玉米平均亩产 3.0 吨，每吨收购均价 320 元，每亩地可比收获籽实玉米增收 220 元；坡区燕麦草种植较传统莜麦种植每亩可增收 60 元。按照种植 14.21 万亩计算，年可增加种植收益 3126 余万元。同时，粮改饲试点工作的实施，还帮助种植户节省了作物收获、运输、晾晒、储藏、脱粒等环节费用。

养殖效益：产奶牛饲喂青贮玉米后，所产牛奶的乳蛋白和乳脂率都显著提升，奶牛的发病率显著降低。经测算，较饲用黄玉米秸秆，每头牛日均多产奶 5 千克，每头奶牛一个泌乳期可增产 1.5 吨鲜奶，增收 2300 余元。

（二）社会效益分析

粮改饲试点工作的实施，在提高农业综合生产能力、调整种植业结构、合理调整粮经饲比例、增加农民收入等方面具有重要的作用，实现种植业节本增效、安全环保和可持续发展。同时，涌现了一大批新型农民经纪人，带动了专业化饲草机械收获、拉运以及农机市场等第三产业的兴起。每年可带动 1 万余户农户 4 万余人参与到产业链体系中来，从事种植、养殖、收购、运销。

（三）生态效益分析

粮改饲试点工作的实施，有效解决了玉米在籽实收获后的秸秆二次收贮问题，避免了秸秆焚烧引起的环境问题，而且通过玉米全株青贮实现了玉米种植、奶牛养殖的良性循环，消化了秸秆污染，达到了秸秆过腹还田的生态目的。

四、目前粮改饲存在的主要问题

一是粮改饲工作中，收贮企业融资难度大，收贮过程资金周转压力大，部分收贮企业适时收贮资金短缺、收贮困难。二是收贮企业收贮窖短缺。2013 年前建设的青贮窖多为楼板地下窖，已经不能正常使用，需返修；近年来建设的地上窖少，急需建设一批地上青贮窖。

二是全县目前可实现籽粒破碎达到 70% 以上的大型玉米青贮收割机械购入不足，造成全株青贮玉米难以适时收获完成。由于大型全株青贮玉米收割机械及其配套设备投入较大，需要政策扶持。

三、结语

我们认为，粮改饲试点工作的实施推广，促进了山阴县种植业由“粮、经”二元结构向“粮、经、饲”三元结构的调整，消化了本地过剩的玉米，为奶牛养殖提供了优质饲草，拉升了奶牛的养殖利润空间，增加了养殖效益，为全县农牧业循环发展奠定了坚实的基础。成绩已经显现，巩固仍在路上。政府及部门特别是业务部门应继续实施粮改饲扶持政策力度，促进雁门关区农牧交错带农牧业结构继续调整、进一步优化。

执笔：

丁　栋　山西省山阴县畜牧兽医服务中心

武彩萍　山西省朔州市畜牧兽医服务中心

发展饲草产业，建设现代示范区

编者按：随着社会经济水平的不断发展，人民对畜牧产品的数量需求不断增加，同时对产品质量要求也不断提高，由过去的“吃得上”变成现在的“吃得饱、吃得好”。传统的养殖方式已经无法满足庞大的市场需求。我国虽然拥有广阔的国土面积、丰富的耕地资源，但是随着耕地面积逐年减少和大量使用化肥导致土壤退化，粮食安全不容乐观。近几年国家加大“粮改饲”的推广力度，就是为了将部分粮食种植改为饲草种植，利用饲草种植成本低、产量大、对环境更加友好的优点，满足畜牧业的饲料需求，降低畜牧业对粮食的依赖，为我国居民提供更多的口粮，确保粮食安全。2015 年的中央一号文件提出：“深入推进农业结构调整，加快发展草牧业，支持青贮玉米和苜蓿等饲草料种植，开展种养结合模式试点。”这从政策上为发展现代化的饲草产业提供了依据和保证。

一、现阶段雁门关示范区饲草产业面临的问题

农民受传统观念的影响，对饲草产业缺乏足够的认识。由于雁门关地区总体上经济不发达、交通落后、消息闭塞，农民的教育水平较低，传统的小农经济自给自足的思想根深蒂固，因此农民没有形成现代养殖业观念，没有进行产业化养殖的意识，牛羊多以散养和圈养为主，饲料多以农作物为主、商品饲料为辅，没有专门种植饲草、加工饲草的观念，饲草种植对养殖业的贡献很低。这严重地制约了现代化的养殖业发展。

相关的政策支持配套还明显不足。雁门关示范区是典型的黄土高原丘陵沟壑地形地貌，全年降水量大于 400 毫米，人均耕地较多，具有很好的牧草产业发展条件，但是这些优势没有被利用起来。以笔者所在的地区为例，偏关县有大量的农村集体坡地林地，因为缺乏明确的政策法规支持，无法将这些宝贵的土地资源出租流转进行饲草种植，导致大量的农村土地白白地闲置在那里而无法得到有效利用。

饲草生产加工技术方式落后。雁门关示范区的饲草种植加工机械化程度较低，相关的机械、农机具的应用与其他种植加工业相比较明显不足，相关的机械设备少而昂贵，农民依靠个人力量很难承担，播种、收割、切割、运输等机械设备对饲草种植的贡献率不足。另外，饲草加工程度低，大多数饲草没有进一步加工，市场上有规模的饲草加工企业也比较少，导致饲草大多以原始产品进行投喂。极少数加工后的产品也因为缺乏足够的储藏场地设备和技术而导致不同程度的损坏，严重地影响了养殖效果，增加了养殖成本。笔者所在的偏关县，每年至少有 10 万亩张杂谷子种植面积，产生了大量的秸秆。研究表明张杂谷子的秸秆中有大量的蛋白质、纤维素、矿物质，其营养价值接近被称为“饲草之王”的苜蓿，如果能够很好地将这些秸秆加工利用，必然会产生巨大的经济效益，但是因为缺乏加工利用导致大量的秸秆被农民作为燃料使用，在造成巨大浪费的同时还产生了严重的环境问题。

结构单一，缺乏产业链条。近几年在国家政策支持下雁门关示范区的饲草种植加工有了一定的发展，但是总体上品种单一，没有影响力，没有形成饲草品种研究，优势饲草培育和推广，饲草加工、贮藏、利用等完善的产业链条和种植、销售、加工、使用等完备的饲草产业化市场，不利于饲草产业的长远可持续发展。就拿牧草运输来说，因为牧草产品没有像果蔬那样被纳入交通补贴项目，导致牧草的运输成本高，企业利润低，本地区的饲草产品大部分就地消化，无法像其他特色产品那样外销，产生较高的利润。

二、雁门关示范区发展饲草产业的有利条件

养殖户较多，饲草产品有广阔的市场。因为雁门关地区是山西省历史

上著名的牧区，境内农民普遍有养殖的习惯，特别是肉牛、肉羊等食草动物大量存在，对饲草产品的需求很大，饲草产品市场潜力巨大。

境内土地资源丰富，降水充足，有得天独厚的地理优势。雁门关地区人均耕地面积远远高于全国水平，同时拥有大量的闲置坡地和林区，有其他地区没有的土地优势。同时因为年降水量大于400毫米，可以使各种牧草健康生长。气候干燥又使得饲草加工贮藏更加方便高效，可以有效地节约成本。

原料来源充足。雁门关地区不仅是养殖大区，更是传统的种植大区，进行饲草加工的谷子秸秆、玉米秸秆等产量大、质量高，是非常好的加工原料，饲草加工所需要的原料可以得到很好的满足。

三、促进雁门关示范区饲草产业发展的有效措施

加强宣传教育，转变传统观念。要改善雁门关的饲草产业，必须观念先行，让更多农民认识到饲草的优点。使越来越多的农民积极主动地参与到饲草种植加工的行业中来。为此，雁门关地区的相关部门特别是农业畜牧部门必须加大宣传力度，让人们充分认识到饲草种植加工的好处，为农民加入饲草种植加工等产业提供良好的信息渠道，吸引农民积极主动地参与到饲草种植加工中，促进行业的进步和发展。

加强政策扶持，完善基础设施建设，提高补贴力度。因为农民职业素质较低，个人能力有限，仅仅依靠农民自身力量很难完成饲草产业这样复杂的项目，因此雁门关示范区的饲草种植加工业要想快速健康发展，离不开政府的扶持和引导。同时我们也应该看到雁门关地区是山西省传统的贫困地区，地方财政收入有限，很难大力度地支持饲草产业发展，争取国家级省级财政支持就刻不容缓。在财政支持的同时也应该出台政策法规支持鼓励地方发展饲草产业。例如，可以出台法律允许农村集体坡地林地出租流转，进行牧草种植，部分荒地可以作为饲草加工场所。针对饲草产品物流成本高的特点，可以将饲草产品纳入农产品交通补贴范围，免收高速公路通行费，降低运输成本，让饲草产品流通更加便捷。

加大农技推广力度，提高农民素质。饲草种植加工是一个复杂系统的产业，从业者需要一定的专业知识。另外，饲草产业又是一个新兴的产业，农民以前并没有接触到相关知识。所以，要想让农民能够很好地从事这项工作，必须进行相关的业务培训。各级政府的农业部门应该做好专业知识培训，向从事饲草产业的农民系统传授相关专业知识，必要的时候可以聘请专业水平较高的大学教授、科研院所专家深入一线，直接指导农户。

深化饲草加工，提高机械化程度。饲草产业要想获得较高的利润，必须要对原始农产品进行深加工。同时，传统的手工种植加工不仅使劳动者消耗巨大体力，而且无法满足日益增长的需求，提高种植加工的机械化程度是十分必要的。雁门关地区的农业部门应该加大引入适合本地区的各类机械设备的力度，在播种、培育、管理、运输、储存、加工等方面提高机械的使用率，提高饲草种植加工的质量和效率。鼓励农民以合作社形式进行联合生产，通过集资、贷款的方式购买现代化的机械设备。

推广特色品种，形成地区品牌优势。紫花苜蓿、青贮玉米因为种植简单、产量大、营养丰富，可以在雁门关地区很好地推广。各县区也可以结合本地实际情况种植加工适宜本地应用的品种，形成一批特色种植加工区域，争取在全国全世界闯出品牌。

建立完善产业链，创造良好市场环境。鼓励饲草研发，将“产”“学”“研”结合，加强种植加工技术的研究和推广，促进技术进步，丰富饲草品种。各级政府部门要加大招商引资力度，出台相关的优惠政策，吸引国内外优秀饲草企业进驻。加大市场服务管理力度，保护企业的合法利益，为饲草产业健康高效发展提供条件。

雁门关示范区在畜牧养殖方面具有得天独厚的优势，加强饲草种植加工业的发展，对促进畜牧养殖的发展具有重要意义。

执笔：

张　翔　山西省草原工作总站

忻州篇

忻州推进农牧交错带结构调整、大力发展现代羊产业的实践与思考

编者按：现代羊产业具有独特的生态效益、经济效益和社会效益。大力发展现代羊产业是推动忻州市雁门关农牧交错带农业结构调整，发展现代畜牧业的客观要求，也是全面实现乡村振兴，建成小康社会的重要途径。

一、忻州市羊产业发展优势分析

（一）养殖基础深厚。忻州是农耕文化和游牧文化的接合部，养羊在境内有着悠久的历史，养羊业一直以来都是忻州畜牧产业中最重要的组成部分。据不完全统计，全市羊发展数 800 万只，养羊户近 8 万户，按照全市 4888 个行政村计算，平均每个村至少有 16 户从事养羊产业。神池县很多农村 90% 以上农户都养羊，多则 200–300 只，少则 40–50 只，岢岚县人均养羊 8 只，忻州市的养羊业有非常深厚的群众基础。

（二）自然资源丰富。全市有天然草地 1048 万亩，其中可利用草地面积为 920 万亩；四边草地 196 万亩，草地面积占全市国土面积的 32%，是山西省草地总面积的 1/5，还有人工种草保留面积 200 余万亩；柠条等可利用饲草面积 200 余万亩；每年农业生产的可利用秸秆近 320 万吨，丰富的饲草饲料资源，为发展养羊业提供了可靠的基础和保障。

（三）区域及政策优势突出。忻州市地理位置优越，南接太原，北倚内蒙古，西临陕西，地近京津，高速公路畅通便捷，全市 14 个县（市、区）

全部通高速。同时全市 14 个县（市、区）已经全部纳入雁门关生态畜牧经济区，这给忻州市畜牧业特别是羊产业带来了新的发展机遇，中央、省和市高度重视羊产业的发展，出台了一系列强牧惠农政策，并在土地、金融、保险等方面予以支持，这一系列的举措和保障措施将有力促进忻州市羊产业的发展。

（四）羊产业是富民产业。农村现阶段耕地种植面积恒定，土地收益有限，大力发展羊产业是忻州市农村经济发展重要的抓手。调研了解，家庭养殖能繁母羊一只，以两年一周期计算效益，一胎双羔（多者有三羔、四羔现象）、两年三胎，产羔 6 只，6 月龄羔羊体重 60 斤，每斤售价 13 元，总售价 4680 元。支出成本母羊日喂料 0.3 斤、两年饲料成本 219 元，人工费两年合计 400 元 / 头，防疫费用两年 10 元，添加剂等 4.32 元，水、电等费用 30 元，合计成本 663.32 元；羔羊日均喂饲料 0.2 斤，6 个月出栏饲料成本 6 只 216 元，人工费 6 只合计 450 元，防疫费用 30 元，添加剂 6.48 元，水、电等费用 20 元，羔羊饲养成本 722.48 元；因此饲养一只母羊，两年收入 4680-663.32-722.48=3294 元，平均一年收入 1647 元。再以养殖小区架子羊育肥为例。实行 3 个月育肥，一年育肥 4 批，每批 1000 只。收入情况主要是活羊出售，出栏保底体重 90 斤，每斤平均 14.5 元，合计 522 万元；羊粪收入大约 1.2 万元。合计收入 523.2 万元。支出包括：（1）人工费用：技术管理员 2 人，共 4 万元；牧工 3 人，2.5 万 / 年，共计 11.5 万元；（2）架子羊成本：50 斤 / 只 ×15 元 / 斤 ×4000 只 =300 万元；（3）饲料：90 天 ×2.5 斤 ×1.5 元 ×4000 只 =135 万元；（4）饲草：90 天 ×1 斤 ×0.2 元 ×4000 只 =7.2 万元；（5）水、电、药品等：每只平均 3 元，共计 1.2 万元。合计成本 454.9 万元。因此，纯收入为：523.2-454.9=68.3 万元。由此可见，养羊本身利润非常可观，养羊业本身就是一个投资小、见效快的朝阳产业，是忻州市农村加快小康社会建设中的富民产业。

大力发展羊产业符合忻州市畜牧业发展的要求，更符合农村经济发展的需要，符合广大养殖户的心愿，是增加农民收入、全面建成小康社会的重要抓手。

二、忻州市羊产业发展存在的主要问题

（一）能繁母羊基础薄弱，限制了忻州市羊产业的快速发展。很多养殖户不注重选备后备母羊，大部分羔羊直接出售，造成适龄母羊比例偏低，因而种群扩大相对迟缓，羊源受到严重威胁，这将直接影响忻州市羊产业的扩大发展。

（二）良种化程度低，体系建设相对落后。目前全市取得种畜禽生产经营许可证的种羊场有 17 个；开展羊人工输精工作的站（点）不足 10 个，大量的羊品种改良工作依靠养殖场户来进行，整体的良繁体系建设滞后。

（三）规模化程度相对较低，饲草料结构单一。全市养羊户众多，但是规模养羊户只有 1.8 万户，产业以散养为主，传统饲养方式占据主导，繁殖率和肉羊增重速度低，影响产业健康快速发展。在饲喂上，饲草料结构单一，很少有养殖户专用的羊饲料，

（四）产业链条短，缺少龙头带动整个羊产业向前发展。目前，忻州市主要以出售活羊为主，链条短缺严重制约了忻州市羊产业的发展。

（五）草地建设滞后。全市草地“三化”严重，不仅严重破坏了草地生态环境，而且严重制约了草地牧业发展。

三、进一步推动养羊产业发展的思路与对策

（一）科学规划，合理布局，推进忻州市羊产业发展。要加强对羊产业的领导、组织、协调作用，按照统一规划、统一标准建设的原则，推进羊产业发展。政府要成立羊产业发展领导小组，负责羊产业政策、措施的贯彻落实，指导羊产业的发展工作，协调、组织有关部门搞好羊产业发展全程服务。要结合“十四五”规划的制定实施，科学系统地规划羊产业发展，加快转变发展方式，重点从抓基础、扩数量、提质量、打品牌入手，打造完善羊产业链，推动羊产业集群化、集约化、高标准、高质量发展。

（二）研究制定帮扶政策，加大资金扶持力度。各级政府在加大财政奖补资金扶持的同时，应协调金融机构，把支持畜牧业开发作为信贷支持

重点，研究制定贷款担保的政策和方式，更有效地引导和鼓励金融机构对畜牧业的开发给予资金支持，同时充分调动社会各界发展畜牧业生产的积极性，促进社会资金注入养殖业和加工业。各县（市、区）要出台土地流转和畜牧用地的优惠政策，同时各地土地部门要及早规划储备养殖用地，以保障畜牧业的持续稳定发展。

（三）培育扶持龙头企业发展，延长忻州市畜牧业产业链条。加大招商引资力度，充分应用大企业的工业化理念和资金、管理优势，运用现代肉羊产业发展模式，建成一批产业布局合理、辐射带动能力强的包括饲料种植加工、肉羊屠宰加工、皮毛绒加工等在内的龙头企业，培植一批具有市场竞争力的名牌产品，真正把资源优势变成产品优势和产业优势。同时大力发展畜牧合作组织，加强经纪人队伍建设，积极引导忻州市龙头企业、农村能人领办农村合作经济组织，壮大经纪人队伍，有效提高农民进入市场的组织化程度，促进肉羊产业化经营。

（四）大力发展规模化、标准化养殖，走现代畜牧业的发展路子。各县（市、区）应根据自身的资源优势优化养殖模式，大力发展规模养殖，一是东六县大力发展标准化园区养殖模式，积极推进标准化创建、规模化生产、企业化管理的规模健康养殖，培植高科技、高标准、示范带动能力强的大型现代化养殖园区。二是在西八县大力推行规模养殖、家庭养殖、公司加农户的养殖模式，推广神池“投母还羔”发展模式，促进羊产业快速发展。三是在山区积极探索发展家庭牧场养殖模式，设施养殖和放牧相结合，不断提高母畜良种化程度，打造忻州市的良种畜禽种源基地。四是在饲草料资源丰富的县区，大力推进育肥羊场、屠宰加工厂、饲草料加工厂、经纪人队伍的建设，形成以养殖促屠宰、以屠宰促加工、以加工带养殖，种养加一条龙的羊产业发展链条，全面提高养羊户的经济效益，促进忻州市肉羊产业的大发展。

（五）加强羊良种繁育体系建设，提高畜种畜群质量。良种繁育在羊产业发展中起到至关重要的作用，一要狠抓地方优良品种的保护与利用。二要加快优良种羊的引进和扩繁，降低种羊成本，提高供种能力。三要抓好杂交改良技术的推广和利用，加快忻州市良种羊繁育改良速度。四是在加大推广“晋岚绒山羊”这一品牌的同时积极培育和打造具有本地特色的优势羊品牌，最终形成独具特色的在全省乃至全国有影响的晋西北肉羊和晋岚绒山羊繁育基地和种羊输出基地。

（六）强化草业体系建设，推进羊饲草、饲料产业发展。一是大力调整种植结构，抓好人工草地建设。试验推广籽粒苋，同时种植玉米等一茬多收作物和多年生牧草。积极发展饲草种植，推进羊饲草、饲料产业。二是抓好天然草地治理。加大围栏育草力度，搞好天然牧坡的保护和管理，建立合理的轮牧休牧制度，实施划区轮牧，尽快恢复草地原貌。三是抓好饲草、饲料的开发利用。开发利用农作物秸秆、柠条、饼粕、糟渣等饲料资源，通过青贮、氨化等技术提高饲草利用率，多途径增加饲草饲料来源。

执笔：

周春雷　山西省忻州市生态畜牧站

繁峙县探索种养结合的农业循环经济发展模式

编者按：随着科学技术的不断发展，农业经济也在不断的进步当中，而在我国的农业发展中，最引人注目，同时也最能全面促进生态保护和快速提高经济效益的就是农业循环经济。当前，在建设社会主义新农村、推进实施乡村振兴战略过程中，应将其与农业循环经济相结合，在循环经济的基础上，通过转变传统的农业发展方式，以种养结合的手段来实现农业和畜牧业的可持续发展。

畜牧业是农业经济的重要组成部分，在农业循环经济发展中，畜牧业起着承上启下的作用，是实现资源重复利用、循环利用的核心。在畜牧业生产中，畜禽粪污的治理和科学利用，是实现农业循环经济资源投入“减量化”、废弃物再利用“资源化”和污染排放“无害化”目标的关键环节。随着农村产业结构的调整，规模化畜禽养殖业的迅猛发展，对环境造成了较大污染，对农业生态环境的危害也日益严重。在这种形势下，如何转变经济方式，促使经济效益和生态保护和谐发展，便成为当前畜牧业发展中急需解决的问题。应该坚持以“优化结构、控制总量、适度规模、生态安全”为原则，在着力推进畜牧业供给侧结构性改革的同时，首先充分考虑环境承载能力，优化畜牧产业结构，在实现养殖标准化、设施现代化、粪污处理无害化、废弃物利用资源化的基础上，构建种养结合的绿色发展机制。当前，应该以生态循环绿色发展方式为主导，通过实施种养结合的农业循环经济模式，有效地解决畜牧业当前所面临的问题，最终实现农业的健康持续发展。

一、种养结合农业循环经济的作用

（一）促进现代畜牧业的发展

通过种养结合农业循环经济形式，畜牧业的畜禽出栏量、肉蛋奶类总产量等都得到显著提升，进而使畜牧业的总产值得到增加，这使其在农业总产值中所占的比重直线增加。以繁峙县为例，2019 年全县规模化饲养量占到畜禽总饲养量的 75%，畜牧业总产值达到 63472.5 亿元，占到农业总产值的 58.8%。同时，通过“三品一标”认证的特色畜产品不断涌现，如省名优品牌“繁裕源”兔肉、全省唯一的活牛供港澳基地万锦肉牛育肥场以及已通过评审认定的繁峙地方标准“黄芪肉牛肉驴”的创建，形成了具有地域特色的自主品牌，在市场上受到了人们的普遍认可。特别是繁峙县万锦肉牛育肥场供港澳的活牛年交易量为 1500 头左右，年创外汇 400 万美元。

（二）探索实践，凝练新型机制模式

在畜牧业发展过程中，围绕畜禽粪污处理和资源化利用，各级各地积极探索、不断实践，形成了许多比较成熟的机制模式，如粪污全量收集还田利用模式、粪污专业化能源利用模式、固体粪便堆肥利用模式、异位发酵床模式、粪便垫料回用模式、污水肥料化利用模式、污水达标排放模式，以及北方“四位一体”、南方“猪—沼—果”、平原农牧林复合等生态

图 1　繁峙牧原农牧有限公司沼液储存池

农业模式。繁峙县因地制宜，构建种养结合、农牧循环的可持续发展新格局。全县积极推广投入小、见效快的粪污全量还田、粪便堆肥利用和有机肥生产等多种畜禽粪污处理模式，使全县畜禽粪污得到有效处理和利用。2019 年全县规模养殖场畜禽粪污处理设施装备配套率达到 95% 以上，大型规模养殖场畜禽粪污处理设施装备配套率达到 100%，畜禽粪污综合利用率达到 87.95%，畜禽粪污资源化利用量达 697140.13 吨。

（三）创新农业经济，增加农民创收

种养结合式农业循环经济的发展实现了农业与畜牧业的共同发展，畜牧业可以为农业提供绿色肥料，减少了农业种植中化肥和农药的使用量，大大降低了化肥农药的污染，有效地节约了农业生产成本；同时农业种植又可以为畜牧业提供饲料保障，实现了两者之间的良性循环，既增加了农民收入，又提升了农业和畜牧业的经济效益，达到了“双赢”的目的（见图 2）。

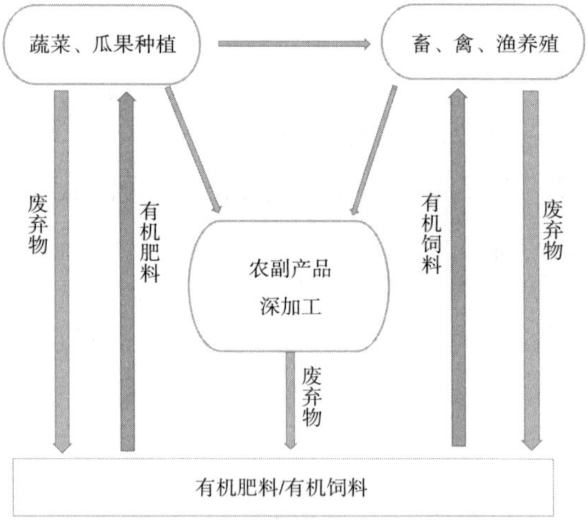

图 2　种养结合式农业循环经济体系

（四）改善生态环境，提升经济效益

畜牧业在发展过程中，会产生大量的污水，这对生态环境造成非常严重的影响，而种养结合农业循环经济的发展，使畜牧业的污水排放量大大减少，甚至有的畜牧业已经实现了零排放，使生态环境得到了有效改善。

图 3　繁峙县火星有机肥科技有限责任公司年产 2 万吨有机肥生产线

同时，在以往的农业生产过程中，长久大量地使用化肥，会对土壤的发展极为不利，长此以往会造成土壤板结和农作物减产的现象。以繁峙县为例，针对畜禽粪污等养殖废弃物治理难、资源利用率低等问题，并结合全县的实际情况，将畜禽粪污进行集中收集，生产成生物有机肥，然后用于农业种植。通过实施以“废弃物治理—资源化利用—改良土壤”的生态循环农业模式，在促进当地生态环境改善、减少化肥使用量、增加农作物亩产量、显著增加农民收入的同时，也为当地畜禽粪污的综合利用和全县农业循环经济及有机旱作农业的发展提供了一条新途径。2019 年全县推广使用生物有机肥 1.5 万吨，减少化肥使用量约为 4500 吨。

二、种养结合的农牧业循环经济发展模式

（一）为畜牧业的发展提供科学依据

以实现经济可持续发展，构建和谐社会为目标，以国家和地方环境保护法律、法规为依据，结合区域生态建设要求，通过调整优化畜牧业生产布局，实现畜禽养殖废弃物资源化利用，促进畜牧业生产与生态环境全面协调发展。在选择养殖区时，要结合本地种植业产业结构和布局，进一步科学测算本区域内畜禽养殖粪污土地承载能力，合理确定养殖规模总量，调整优化畜牧业生产布局，推进区域内养分平衡管理，促进种养结合、农牧循环发展。

（二）为养殖场规模化发展、产业化经营提供保障

对于申请规模化建设的养殖场，要进行严格的土地审批制度，一般实

行三级审批制度，分别为村审、乡（镇）审及县审，三级审批全部通过后才能开始规模养殖场的建设。新建、改建、扩建的养殖场要严格执行“三同时”制度，做好环评报告或备案，完善其他有关手续。新建或改扩建畜禽规模养殖场要依法进行环境影响评价，配套与养殖规模和粪污处理工艺相适应的粪污消纳用地，重点针对粪污处理工艺和污染防治措施，确保污染物达标排放。在选址时，要确定选址的科学性及合理性，在综合考虑环境影响的基础上实现规模化发展；在建设时，要保证建设的全面性，从而保证建设的质量。

（三）构建种养循环发展机制

科学编制种养循环发展规划，实行以地定畜，促进种养业在布局上相协调，精准规划引导畜牧业发展，以发展生态循环农业、促进果菜质量效益提升为目标，以果菜优势产业区、核心产区、知名品牌、“三品一标”生产基地为重点，支持引导农民和新型经营主体积造和使用有机肥，实现节本增效、提质增效。引导农业可持续发展试验示范区，现代农业产业园区率先实现农牧循环发展。在有条件的地方，通过建设畜禽粪污集中处理中心，引导养殖场户粪污在就近就地还田利用的基础上，采取分户收集、集中处理的方式，解决散养密集区粪污处理问题。同时积极整合各级各类政策项目，积极培育第三方治理企业和社会化服务组织，探索市场化治理模式，调动全社会力量参与畜禽粪污处理及资源化利用，构建畜禽粪污收集、存储、运输、处理和综合利用的全产业链条，实现畜禽养殖废弃物资源化利用新突破。

（四）提升产品质量，实现标准化发展

在种养结合的过程中，一定要保障产品质量，对所有的畜产品做到免疫处理，免受病疫危害，同时建立完善的服务体系，方便畜产品的病疫检测，实现畜产品的标准化生产。如果有独特的地理优势时，也可在发展种养结合的方式时引入旅游业。将农业同旅游业有机结合起来，可创造出全新的产业结构，农旅文体融合链通过优化资源配置，可提升产业效益。

三、当前种养结合农业循环经济中存在的问题

（一）循环经济发展比例较低

科学技术是第一生产力，现代农业的发展依赖于不断创新的科学技术的支持，种养结合循环经济工程体系同样需要先进的农业综合配套技术来支撑。然而，目前传统种养方式依然盛行，许多方法已经脱离社会发展轨道，农民文化素质较低，各种技术知识匮乏，大多数种养模式技术配套集成率不高、应用面不广，很大程度上影响了模式的推广应用及农业效益。同时，养殖业和种植业虽然同属于农业，但两者有许多不同的地方。推行种养结合，同时组织好畜牧业生产和种植业生产，使两者达到有机结合，还存在一定的难度。

（二）资金不足制约发展

目前，各地区各级政府财政有限，财政长期处于紧张状态，更多的资金用于急需解决的民生问题上，因此，没有多余的资金用于发展此种经济。与此同时，农户自身资金有限，无法依靠自身力量发展。此外，农户缺乏融资渠道和途径。综合多种因素，导致这一经济模式在发展过程中，受到资金不足的制约，处于停滞不前的状态。想要发展此种模式，则要给予足够的资金支持，这也是此种经济发展模式发展完善的前提条件。

四、当前和今后种养结合循环经济重点发展的领域

（一）大力发展节约型农业

推进传统耕作制度的改革，提高耕地、草地、林地等的综合利用效率；推广节水型资源化利用，大力发展节水农业，推广膜下滴灌等旱作节水技术；优化配置肥料资源，合理调整施肥结构，大力推进有机肥生产和使用；科学配制饲料，提高饲料利用效率，规范饲料添加剂使用，加强饲用抗生素替代品的研发和使用，逐步减少饲用抗生素用量。

（二）推进产业链循环

构建农业循环经济产业链。推进种养结合，农牧结合，养殖场建设与

农田建设有机结合，按照生态承载容量，合理布局畜禽养殖场（小区），推广农牧结合型生态养殖模式；重点推广农林牧复合型模式，如“畜—沼—菜”“畜—沼—果”“畜—沼—苗”等多种循环经济模式。

构建复合型循环经济产业链。大力推进农产品精深加工和高效物流冷链等现代物流体系建设。支持集成养殖深加工模式，发展饲料生产、畜禽养殖、畜产品加工及精深加工一体化复合型产业链。推进种植、养殖、农产品加工、旅游等循环链，形成跨企业、跨农户的工农复合型循环经济联合体。构建粮、菜、果、畜、渔、林、加工、能源、物流、旅游一体化和一二三产业联动发展的现代复合型循环经济产业体系。

（三）推进农业废弃物资源化利用的成熟模式

当前养殖废弃物主要的处理技术模式有以下几种：（1）建设投资较大、运行成本较高的厌氧沼气工程，通过建设大型沼气工程，对粪污进行彻底处理，合理利用资源和保护环境。（2）以沼气为纽带，将养殖和种植有机结合的“四位一体”典型生态农业模式。（3）采取固液分离，好氧发酵制造有机肥。（4）成本较低的将粪物简单处理还田的农牧结合方式。

五、加快发展种养结合农业循环经济的对策

（一）强化政府宏观调控机制

1. 完善政策。要通过政府宏观调控，形成有利于促进种养结合农业循环经济发展的体制条件和政策环境。各地结合实际进行规划计划，建立组织协调机制，完善系列扶持政策等，为现代化农业稳步发展奠定重要基础。依据不同区域的资源环境条件、产业基础和循环经济发展潜力，统筹规划，合理布局，加快形成重点突出、特色鲜明的循环经济区域发展格局。同时，农业循环经济发展涉及资源、人才、技术、财政等多部门、多领域，必须建立统一协调的领导组织，制定明确区域、分类指导、模式可行的实施方案，并配以一系列扶持政策，特别是加强地方财政、人才技术、金融保险、疫病防控等机制建设，为推进种养结合农业循环经济发展提供强有力的保障。

2. 调整农业产业结构。现阶段，我国大部分地区的农业结构都是种植业比重远大于牧畜业。同时，畜牧业内部的产业结构也不合理，主要体现在以下两点：一是耗粮型畜牧业的结构占有比，远远大于食草型畜牧业结构的占有比重；二是从人均占有比重分析，猪肉占有率大，而牛羊肉占有率小。针对此种现实情况，发展特色农业、加快产业结构调整，已成为当前各地政府在农业发展中迫切需要解决的问题。此种经济发展模式能够切实实现资源共享，并且可以形成优势互补，同时能够循环发展，引导农民逐渐走向从畜到沼到肥到粮食的一体化循环模式，从而迈进资源节约以及环境友好的农业发展致富之路。一方面，能够减少放牧对生态环境的破坏，缩短生态修复周期；另一方面，能够在原有“粮食—经济”结构上，构建更为高级的“粮食—经济—饲养—经济”结构；更为重要的是，还能够促进以草类为主要食物的畜牧业的发展，切实减少对粮食的需求量，缓解粮食紧张的态势。由此可见，此种养殖模式值得被大范围、大力度地推广和应用，它是提高资源利用率的有效方法，也是促进种养平衡、加强农牧互动的重要举措，更是构建生态循环的畜牧产业体系的重要路径。

3. 加快科技进步，提高技术水平。科学技术是发展农业循环经济的重要支撑。政府应重点组织开发有重大推广意义的资源节约技术、替代技术、再利用技术、资源化技术、系统化技术等。支持建设农业循环经济信息系统和技术咨询服务体系，并开展信息咨询、技术推广、宣传培训等，构建种养结合式农业循环经济机制，发展生态化农业经济，保障农业生态经济效益的充分实现。

（二）构建促进农业循环经济发展的激励机制

1. 政府推动投资体制改革，调整和落实投资政策，加大对农业循环经济发展的资金支持力度。把发展农业循环经济作为政府重点建设的领域之一，对一些重大项目予以资金方面的补助、贷款贴息等的扶持，以解决农业生产者资金不足的难题。

2. 积极培养养殖户的生态观念；广泛传播生态意识，使其树立正确的生态价值观、绿色生产观和低碳经济观。尤其是让养殖场（户）转变观念，切实树立对生态环境负责的态度。政府各级部门应组织开展宣传教育和培训活动，普及和推广 3R（减量化、再循环、再利用）观念，提高人们对畜禽养殖废弃物资源化利用和无害化处理的认识。

（三）壮大龙头企业，提升产品品质

坚持标准化养殖，是提升畜牧业循环经济发展质量的重要基础。通过龙头企业的示范带动，实现畜禽养殖的规模化、产业化发展。借助龙头企业的专业化、高标准畜禽养殖队伍，实现农业经济产业化发展，推动区域范围内畜牧业的整体提升。基于种养结合式农业循环经济的基本原则和方式，发展可持续性农业经济，提升农业、畜牧业的有机发展水平，提升农产品的品质和质量，实现多渠道共赢式发展。通过建立完善的现代畜牧业服务体系和促进种养结合式农业循环经济发展，为农村产业发展提供支持。

发展种养结合农业循环经济，转变农业发展方式，是实现乡村振兴目标的大势所趋、必由之路。要想农村经济又好又快地发展，一方面是提高农业生产水平，另一方面就是提高畜牧业发展水平。而种养结合的生产方式在提高畜牧业生产水平的同时，也提高了农业生产效益。

执笔：

左东胜　山西省繁峙县畜牧兽医中心

神池县培育杜湖高繁种羊大品牌，谱写畜牧业扶贫新篇章

编者按：近年来，从中央到地方进行着火热的脱贫攻坚战。如何巩固扶贫攻坚成果，进而全面实现乡村振兴？全国人大代表、忻州市委副书记朱晓东说："要将脱贫攻坚与乡村振兴战略密切结合，关键是要将脱贫纳入产业发展之中，在发展产业的同时实现脱贫，真正从输血走向造血。"忻州市神池县不断积极探索产业扶贫新路，凝心聚力打好雁门关农牧交错带示范区建设和精准脱贫组合拳，走出了一条让农民脱贫致富、持续稳定增收的新的切合神池实际的路子。

一、神池县概况

神池县地处晋西北丘陵区，位于东经111°－112° 18′，北纬38° 56′－39° 24′，地处管涔山的西北麓。境内海拔在1320米至1600米之间，属于温带大陆性季风气候，年平均降水量471.5毫米。神池县总面积1472平方千米，山地和丘陵约占88%。其中，农耕地93万亩，人均耕地11.5亩，草坡70万亩。年农作物种植面积70万亩，年人工种草保持在20万亩左右，可利用农作物秸秆2亿多千克。

神池县总人口10.4万人，其中农业人口8万人，非农人口2.4万人，全县约2.8万户，其中养殖户约1.98万户，占总户数的73%。

二、神池县雁门关农牧交错带示范区建设成效

截至 2018 年底，神池县猪、牛、羊、家禽饲养量分别达到 6.51 万头、3.81 万头、87.7 万只、36 万羽。较 2010 年实现了羊饲养量翻一番，畜产品总产量翻一番，农村居民人均牧业可支配收入翻一番的三个翻番目标。

通过雁门关生态畜牧经济区建设项目的实施，辐射带动了神池县畜禽标准化规模养殖的发展。全县累计建成畜禽标准化养殖场（区）61 个，100 只以上规模养羊户 4270 户，肉羊规模化养殖比重达 41%。养殖户养殖模式不断趋于标准化、规范化、科学化，畜产品质量安全水平不断提升。

三、神池县助力养殖业推进措施

重点推进一项工程，创新两链双驱模式，构建三大体系，实现四个突破。

（一）一项重点工程

通过三年努力，实施“23615”肉羊改良扩繁工程。“2”就是向养殖农户发放杜湖一代杂交公羊 2000 只，三年可配种繁育改良优种羔羊 60000 只。“3”就是通过向养殖农户发放妊娠湖羊和杜湖一代杂交种母羊 30000 只，可扩繁优种羔羊 60000 只。“6”就是通过人工授精改良本地寒本母羊 60000 只，一胎双羔可生产杂交优种羔羊 120000 只。“15”就是到 2020 年全县养殖数量达到 150 万只，为全县脱贫摘帽、为农民稳定增收打下坚实基础。

（二）两链双驱模式

采取“两链联动、内外双驱”的产业扶贫模式。“两链”：一是以贫困户为主体，以家庭养殖为基础，以专业合作社为纽带，户内生产，社内服务，服务跟进，利益共享的养殖链；二是政府推动，龙头企业支撑，金融保险助力，有效规避风险的保障链。两链联动可以确保贫困户增收。

1. 养殖链是指在养殖扶贫项目村鼓励村支部书记或村委主任、致富带头人、养殖大户牵头，成立养殖专业合作社，吸收有养殖意愿、条件和能力的贫困户、种养大户参加，其中成员中贫困户要达到 60% 以上，抱团取

暖、互帮互助，建立新型合作主体。通过合作社将优种羊精准发放到户，贫困户实施家庭养殖、合作社向社员提供“六统一、一监督”服务：统一引进和推广肉羊新品种新技术；统一实施品种改良；统一疫病防治，开展技术指导、咨询、培训、交流服务；统一推荐饲草料和药品；统一销售产品，提供法律、法规、文化、市场等信息；统一申报“三品一标”，提升产品市场品牌。指导监督社员科学养殖，避免宰杀、出售或变相出售良种肉羊。近距离跟踪服务，及时提供疫病防控、养殖技术指导和市场销售等服务，实现科学、安全、健康养殖，实现养殖利益最大化。

2. 保障链是指由政府以奖代补扶持购买妊娠湖羊、杜湖杂交一代良种羊，各乡（镇）人民政府牵头，由合作社组织实施将羊只精准发放到户。山西晋神五和畜牧科技有限公司既要保障全县种羊供应，还要和畜牧中心联合组建技术服务团队，以乡（镇）畜牧兽医中心站为主，为全县养殖户提供产前、产中、产后技术服务指导，为畜牧产业扶贫提供技术保障。养殖户连续饲养两年以上，经乡、村两级监督验收，正常养殖的，所领养良种羊以奖代补奖励给养殖户；验收不合格的，政府扶持的购羊资金转为本人信用贷款，由信用社负责收回，为养殖扶贫提供可持续发展的保障。

3. “双驱”：就是通过落实扶贫政策的外部给力，以实实在在看得见摸得着的当下的利益驱动，充分调动养殖农户的养殖积极性，引导养殖户实现从家长（家庭养殖）到社长（合作社养殖）、从社长到到场长（养殖场）的转变，逐步扩大养殖规模，有效激发贫困户发展生产的内生动力。政府对表现突出的合作社给予1万–4万元奖励，第一批发放到贫困户中的妊娠母羊，2018年所产羔羊到3月龄或4月龄时公司回收，每市斤分别按18元、16元计，如果肉羊市场价格高于或等于此价，回收时在市场价的基础上增加2元/斤。每领养一只母羊可回收一只羔羊，领养多只时按公母羔比例1∶1回收，一方面用于持续滚动发展，另一方面打消群众卖羊难和贱卖羊的顾虑。

（三）三大体系

1. 防疫检疫支撑体系是羊产业发展的根本前提。坚持“预防为主”和“强制免疫”，突出“五强制两强化”综合防控，突出重点，优化服务，强化管理。一方面抓网络。构建县乡村三级防疫检疫网络，县有动物疫病检验监测室，乡有畜牧兽医中心站，村有动物防疫室，设备要齐全，人员要到位。另一方面抓源头。严格执行跨区域调运种羊检疫审批备案制度，严格落实免疫、检疫检测、隔离观察等全程监管措施，严格实施产地检疫和屠宰检疫，建立疫病追溯体系和畜产品网格化监管体系。加强兽药、饲料等投入品关键环节的使用监管。切实保障了全县羊产业的健康发展和畜产品的安全。

2. 科学养殖支撑体系是羊产业发展的关键环节。坚持标准化养殖小区和家庭适度规模两种模式发展，育肥和“羊源”并重。一方面抓布局。全县共划分为平川区、半山区、山区三大养殖区域，义井、东湖、贺职、龙泉、八角五个平川乡镇为标准化养殖小区区域，重点发展高繁母羊，同时促进肉羊育肥；大严备乡、龙泉镇温岭片、贺职乡韩家洼片、东湖乡小寨片半山区为家庭适度规模与规模养殖场相结合区域，突出发展肉用绵羊；虎北、太平庄、烈堡、长畛四个山区乡镇为划区轮牧、围栏补播、围栏养殖区域，重点发展肉用山羊、肉用绵羊。另一方面抓品系。采用高效育种、高效繁殖调控和平衡营养调控等技术，经过杂交改良、横交固定、选育提高三个阶段，在培育新品上不断取得新突破，形成二年三胎、一胎多羔的滚雪球式扩群模式，初步形成具有神池特色的羊产业繁育体系。

3. 品牌营销支撑体系是羊产业发展的强力引擎。品牌是羊产业发展的生命线，营销是羊产业发展的发动机。一方面打造“杜湖高繁种羊”品牌。不断放大神池羊肉国家地理标志认证效应，积极开展“杜湖高繁种羊”品牌认证，进一步提升知名度和竞争力，走品牌化、市场化路子，促进畜牧业向高产、优质、高效的增长方式转变。另一方面打造营销团队。加快养羊合作社的组织建设步伐，本着“民办、民管、民受益”，“引导不参与、支持不干预、服务不包办”和“谁有能力谁牵头、谁能办好谁去办”的原则，引导农民广泛开展畜牧业生产、畜产品加工销售等方面的合作，形成多主体参与、多类型组建、多模式发展的格局。

（四）四个突破

一是杜湖杂交羊全覆盖的突破。就是要通过几年的努力，到 2020 年底，让全县的羊品种基本改良为杜湖杂交羊，实现养殖数量和品种改良的双重突破，迈出全县肉羊养殖革命性发展的关键一步，确保羊产业健康发展，有效增加农民收入，助力脱贫摘帽决战决胜。二是抗风险水平的突破。通过品种改良，提高肉质皮质毛质，最大程度提升抗市场因素导致价格波动的能力。三是神池羊肉品牌打造的突破。充分发挥地理标志认证优势，尽快注册吸纳以神池要素命名的羊肉品牌，提升知名度和竞争力。四是贫困户实现增收的突破。通过积极鼓励引导示范推广，加大力度帮扶有养殖意愿的贫困户发展养羊业，力争人均养羊纯收入突破 5000 元。

神池的羊产业经过不断发展壮大，已经进入了一个崭新的发展阶段。县委、县政府规划到 2020 年总量突破 150 万只，羊业总产值达到 20 亿元，农民人均养羊年纯收入突破 5000 元，进一步优化羊产业内部三次结构，做大一产，做强二产，做活三产，让养羊业成为农民收入稳定增长的第一工程。具体要建设四大基地、实现四个转型：

（1）建设三晋最大的肉用羊基地，实现由传统养殖向信息化养殖模式的转型。进一步加大扶持力度，新建 30 个 5000 只肉羊育肥场，全县标准化肉羊育肥场达到 80 个。加强信息化管理，建立羊档案，完善羊系列产品可追溯体系，确保畜产品安全。

（2）建设三晋最大的杜湖羊良种繁育基地，实现由数量扩张到质量提升的转型。进一步加快杜湖羊良种扩繁步伐，力争几年内，全县良种扩繁场达到 10 个，通过跟踪服务、定向培养、杂交提纯，输出种羊 50 万只，带动忻州市雁门关生态畜牧经济区乃至全省畜牧业发展，着力打造面向晋西北、吕梁山区的国家级杜湖种羊输出基地。

（3）建设三晋最大的羊肉系列产品深度开发基地，实现由养殖大县向加工大县的转型。积极内引外联，通过招商引资新上年屠宰 100 万只羊加工项目，不断延伸产业链条，在精细化羊肉分割、高品位羊肉包装的基础上，深度开发羊肉系列产品，研发羊肉速食食品和方便食品，使其直接上餐桌，引进提取羊血 SOD 等高端技术，带动配套饲草饲料加工，不断提升附加值，增加税收，拉动全县以及晋西北地区羊产业的快速发展。

（4）建设三晋最大的羊产业休闲观光基地，实现由一业富民向多元发展的转型。坚持走产业和文化互动之路，立足生态环保，大循环，大发展。精心挖掘神池羊产业历史悠久的文化底蕴，继承民间养羊、爱羊，政府重羊、扶羊的光荣传统，将神池杜湖羊品牌打响全国，并赋予丰富的文化内涵，着力包装以羊产业休闲、体验、观光为重点的旅游文化，开发山多坡广、高原风光的特有自然资源，山顶风车长转，山坡牧童羊群，平川繁育基地，多元发展，循环发展，跨越发展，全力打造全省养羊大县、高繁母羊输出县、生态畜牧观光旅游县。

四、结论与展望

产业扶贫是脱贫攻坚中的重要举措，且难度较大。畜牧业在我国农业农村经济发展中占有十分重要的地位，在实施产业扶贫中发挥着不可替代的作用，是贫困地区尤其是深度贫困地区赖以生存和发展的基础产业，大力推进贫困地区发展现代畜牧业，是实施产业精准脱贫的有效途径。

神池县政府作为山西省养羊重点县，在助力产业扶贫方面具有明显优势。相比其他产业，畜牧业生产周期短、投入少、见效快，具有自身的产业优势，猪、鸡及肉羊、绒山羊等产业可以实现当年投产、当年见效。其中龙头企业带动特色畜牧业发展是农户脱贫的关键保障。

此外，以往贫困地区畜牧业养殖规模小而散，生产组织化程度低，因远离城市，生产与市场脱节，难以形成生产规模和产业优势。而现代畜牧业是以标准化、规模化、信息化为基本特征，产业体系相对完备、生产体系相对先进、经营体系相对完善、产业链条长、与市场结合紧密，以现代畜牧业带动贫困地区经济发展，不仅能脱贫，还能富民强县，能变当地的资源优势为经济优势、市场优势和产业产品优势。

执笔：

徐利芳　山西省忻州市生态畜牧站

吕梁篇

吕梁市（雁门关区）草地资源、草牧业现状及管理对策

编者按：近年来，随着我国社会的快速发展，吕梁市畜牧产业发展迅速，为了全面推进吕梁市雁门关区畜牧产业的发展，本文着重分析吕梁市雁门关区草地资源及饲草饲料的生产现状，并有针对性地提出推动饲草饲料生产发展的对策，以促使吕梁市畜牧产业得到可持续发展。

一、基本情况

（一）全市草地资源情况。吕梁市位于山西省中部西侧，因吕梁山脉纵贯全境而得名，吕梁市国土总面积3201.72万亩，天然草地面积722万亩，300亩以上面积627万亩，天然草地面积占国土面积的23%。根据近三年的草地生态监测结果，吕梁市天然草地年可产鲜草162.45万吨（平均亩产225千克），折合干草48.7万吨，天然草地载畜能力约为70万羊单位。人工种植多年生牧草保留面积11万亩，可产鲜草22万吨，折合干草6.6万吨，草地载畜能力9.4万羊单位。人工种植一年生牧草（青贮玉米）10万亩，年可产鲜草30万吨，折合干草9万吨，可载畜13万羊单位。全市年可产农作物秸秆289.64万吨，可收集秸秆275.43万吨，用作饲草的农作物秸秆有57.5万吨，可载畜82万羊单位。

图 1　雁门关区岚县天然草地

图 2　雁门关区方山县天然草地

（二）雁门关区牧草产业发展情况。2019 年吕梁市雁门关区种植青贮饲草玉米等一年生牧草 8 万余亩，苜蓿等多年生牧草保留面积约 11 万亩。约有 7 万亩青贮玉米通过青贮、黄贮等进行利用。有大型的青贮玉米收割机 15 台，主要用于全株玉米的收割，部分规模草食畜养殖场都配备自用的切草机或揉丝机，配备有小型打捆机大约 100 台。有专业化牧草加工企业 2 家，有饲草收储机 3 台，饲草打包机 4 台，辅助机械 6 台套，饲草收储打包一体机 1 台，年可加工饲草 18000 吨，其余都是养殖户自行加工，小规模生产。吕梁市雁门关区的粮改饲工作从 2017 年逐步开展，2019 年已完成粮改饲全株玉米收贮 6 万余亩，收贮 18 万余吨。其效益受到养殖户的肯定，但受地域条件限制、收贮成本偏高、养殖数量分散等影响，粮改饲工作开展依然缓慢。

（三）雁门关区饲料生产情况。吕梁市雁门关区有少量的养殖户开展颗粒饲料的加工饲喂，将优质的饲草加作物秸秆再配合微量元素等多种营养物质混合加工成颗粒饲料直接饲喂家畜。90% 的饲草只作简单的收割、晾晒、打碎等加工。

（四）国家和省级饲草饲料政策执行情况。吕梁市严格执行国家和省级的饲草饲料优惠补贴政策，雁门关区部分县采购优质种子免费给有意愿进行粮改饲的种植户试种，以通过高产高效调动其粮改饲的积极性。为了推动种植业结构调整，促进青贮玉米、苜蓿、燕麦草、甜高粱、黑麦草和构树等饲料作物种植，收获、加工后饲喂草食家畜，实现本地草畜平衡。

图 3　饲草加工企业加工饲草饲料

图 4　临县粮改饲草地

（五）饲草饲料机构、职能、人员等情况。吕梁市雁门关区 6 个县（区）都设有牧草饲料工作站，但从业人员较少，人员普遍老龄化、技术落后，难以适应目前的养殖形势。

二、饲草饲料发展存在问题

（一）饲草退化严重。自 2008 年 12 月 31 日《山西省封山禁牧办法》实施以来，吕梁市雁门关区农牧民大多在林线以上的亚高山草甸类草地和低湿草甸类草地放牧，该类草甸可载畜 4.4 万羊单位。而在该区域内放牧的大部分是周边的牛、马养殖散户，约有 1.5 万头，折合 7.5 万羊单位，常年放牧。导致该类草甸超载过牧，退化严重。其他四类草地位于林线以下，且林草混生，属于禁牧区，该区域的牛羊养殖户大都为 50 头以上的规模养殖户，以舍饲圈养为主，故这四类草地综合植被盖度高，草地退化、沙化较低。

（二）饲草产量低。养殖户认为青贮玉米是饲草而非粮食作物，经常选用地力不足土地种植，导致植株长势弱、产量低。青贮技术主要以个户单独青贮为主，青贮池小不适宜大型机械设备作业，青贮饲料不能均匀充分压实，饲料营养价值损耗较大。

（三）产业化程度低。牧草收割机短缺，价格比较贵，成本较高，大部分小型养殖户无力购买。同时，牧草种植土地连不成块，很难在适合机械化生产的地块租赁到成片的土地，牧草收割比较困难，机械化程度低。

三、对雁门关区草地资源管理及饲草饲料发展的建议

（一）调整禁牧政策。完成草地确权和草地资源清查工作，取消禁牧政策，以草定畜，实行分区轮牧，实现草畜平衡。

（二）实施围栏封育，改良“三化”草地。根据草地“三化”程度，通过实行草地围栏封育、禁牧、休牧、划区轮牧，适当建设人工草地和粮改饲基地，大力推行舍饲圈养等途径，逐步恢复草地植被。

（三）加强部门协调，确保草地生态效益、经济效益、社会效益得以彰显。草地作为一种自然资源，与土地、耕地、林地等自然资源有密切的联系，作为一种社会资源，又与经济社会发展方面密切相关。这就需要相关行业、部门、地区加强合作、协调一致。通过加强与土地管理部门的合作，规范征占用草原的审批程序，通过加强与林业部门的协调，逐步减少或杜绝在草原上毁草种树的行为，放开成年林地（包括退耕还林地）的禁牧令，通过加强与纪检、监察、工商以及公检法部门的合作，强化对非法占用草地的办案力度，确保草地生态不受破坏。

（四）建立健全各级草原监理机构，配备草原监理技术人员，加大草地的执法力度，打击在草地上违法采集野生植物及其他非法占用草地行为，确保草地的生态平衡。

（五）因地制宜，调整农业种植结构。综合考虑土地资源的实际状况，在坚持土地利用产出率最大最优的基本原则下，因地制宜调整耕地种植饲草，坚持以养带种、为养而种、以养定种，合理确定种植规模，有序推进粮经饲三元结构调整。

（六）草畜平衡，配套发展。根据本地饲草资源供应能力和分布区域，科学规划草食畜发展数量，科学确定重点养殖区域，积极引导草食畜养殖场户配套建设草料基地，合理利用天然草地，及时调整养畜数量，实现草畜配套发展。

执笔：

高泽峰　山西省吕梁市农业农村局

白志宇　山西省吕梁市农业农村局

岚县粮改饲推广发展调研

编者按： 2018年是岚县脱贫摘帽的关键之年，岚县紧紧围绕“农业供给侧改革、科技助力产业扶贫、培育农业产业新动能”的工作思路，以“一村一品一主体”为抓手，瞄准建档立卡贫困户，坚持产业扶贫项目精准到村、到户，坚持扶贫与扶志、扶智相结合，围绕畜牧产业粮改饲推广，着力培育一批带动性强、能增收的特色扶贫产业，不断提高贫困户的科学素质和生产技能，增强贫困户依靠科技脱贫致富的积极性和主动性。

一、岚县基本概况

（一）地理位置

岚县位于吕梁山北端，属晋西北黄土高原丘陵沟壑区，东邻静乐，西邻兴县，北接岢岚县，东南、西南分别与娄烦县、方山县接壤，南北长约66.5千米，东西宽约42千米，总面积1512平方千米。

（二）地貌状况

全县地势北高南低，平均海拔1415米，最高2275米（于家贤），最低1131米（曲立）。岚县地势由西北向东南倾斜，境内群山环绕，主要山脉有野鸡山、大万山、烧炭山、簸箕山等，皆属管涔山支脉。自古以来由于自然变化和人类开发，破坏了天然植被，引起了严重的水土流失，把较平整的黄土高原切割成起伏不平、沟壑纵横、残垣断峁、支离破碎的地貌特征。该区土地贫瘠，植被稀疏，季节性雨量集中，粮食产量低而不稳。

（三）气候特征

岚县属北温带大陆性气候，为中纬度半干旱、半湿润地区。特点是春季干旱多风，冬季寒冷少雪，夏季雨量集中，秋季短初霜早。年平均降水量为504.9毫米，年均气温6.8℃，极端最高温37℃，极端最低温-35℃；年有效积温2864℃，无霜期130天，最长156天，最短106天；在每年的9月上旬出现早霜，次年5月上旬出现晚霜；岚县冬、春、秋受北方寒流影响，易产生西北偏西大风，夏季受南来的副热带太平洋高压影响，东南风占优，且风力较小。全年日照总时数为2579.2–3283.1小时，历年平均为2866.1小时，日照百分率65%。按照各种植物生长发育对气候光照的要求，岚县全年甚至每个月都属高照，所以光能资源充足，完全可以满足林木生长的需求。

（四）土壤条件

岚县土壤的成土母质，主要是第四纪马兰黄土及其沉积物与洪积、冲积物，山地自然土壤其母岩多为花岗片麻岩、砂页岩、石灰岩等。地带性土壤以地表黄土覆盖，土层较厚，根据土壤母质，可分为4个土类，15个亚类，44个土属，82个土种，土壤有机质含量加权平均值为0.85%，全氧含量0.05%，速效磷含量9.4ppm，速效钾含量82.5ppm，土壤结构不良，保水保肥力差。

（五）水资源状况

岚县境内以野鸡山、板楞山、大万山分水岭为界，分成汾河、黄河两个流域，北有蔚汾河，经大蛇头、界河口、兴县汇入黄河，流域面积209.94平方千米，多年平均径流量1264.8万立方米/平方千米；岚漪河由河口乡向北经岢岚县流入黄河，流域面积152.76平方千米，清水流量0.108立方米/秒；南有岚河和它的三大支流，即上明河、普明河、衬会河，在东村汇合经社科乡注入汾河，流域面积1061.47平方千米，占全县总面积的70.1%，多年平均水量7146万立方米，径流模数为6.3万立方米/平方千米；全县水资源总量1.1169亿立方米，人均占有量678立方米。

（六）社会经济状况

全县12个乡镇，18万人，其中农业人口15.4万人，是国家扶贫开发工作重点县，截至2016年底，全县共有贫困村90个，占行政村总数的53.9%；贫困人口3.17万人，占农业人口的20.6%；2016年，地区生产总值完成27.69亿元，财政总收入3.25亿元。

二、粮改饲实施情况

（一）政府推动

2018年岚县粮改饲科技示范项目启动，总投资60万元，坚持产业扶贫项目精准到村、到户，采取“企业＋村委＋农户”的合作模式，推广种植2000亩青贮玉米，覆盖王狮乡、普明镇、顺会乡、大蛇头乡和土峪乡等5个乡镇8个村，农户和合作社做好种植与田间管护，乡镇与岚县祥泰草蓄开发有限公司签订收购合同，对青贮玉米按订单回收。同时，在中国农科院北京畜牧研究所专家的帮助下，在岚县河口乡和顺会乡开展青贮玉米选种试种。经过产量测算，初步筛选了适合岚县种植的优质饲草品种，有京科青贮516、大京九23、大京九26等6个青贮玉米品种，为岚县下一步推广粮改饲种植提供了科学依据。

（二）市场引导

在县政府的大力推动下，2018年岚县粮改饲取得了很大成功。2019年，农户对种植饲用玉米有了一定信心，饲草加工企业也比前一年准备得更加充分，岚县粮改饲在全县范围内得到大面积推广，全县共计完成粮改饲5024亩，达到了历史新高（见表1）。

图1　优先饲草品种大京九23

表 1　2018 年、2019 年粮改饲实施对比　　（单位：亩）

2018 年实施情况			2019 年实施情况		
乡镇	村	亩数	乡镇	村	亩数
王狮乡	王狮村	817.8	王狮乡	敦厚村	400
	阳坡坪村	206		史家庄村	285
	沙洼村	30	普明镇	祁家庄村	166
普明镇	刘家庄	235		普明村	785
土峪乡	陈家庄	221.8		马家庄村	260
顺会乡	戌子村	201.4		瓦窑村	450
	于湾村	88	顺会乡	戌子村	551
大蛇头乡	木会村	200		牛湾子村	400
			大蛇头乡	大蛇头村	355
			社科乡	井峪堡村	150
			梁家庄乡	高家坡村	500
			土峪乡	陈家庄村	482
				胡琴舍村	160
			岚城镇	东河村	80
合计		2000			5024

（三）案例分析

2018 年，岚县在政府的支持下，在 5 个乡镇 8 个村推广种植了饲用玉米，并由饲草加工企业订单回收，种植户在体验订单农业的同时，也实实在在地感受到了订单农业给自己带来的好处，在不降低收入的情况下，还给农民腾出了大量外出务工的时间。

2019 年，在上一年成功经验的激励下，饲用玉米种植在全县 8 个乡镇 14 个村大面积铺开。农民种植意愿和养殖企业、饲草加工企业生产方式和生产能力得到了充分释放，极大地推动了岚县“粮改饲”的推广，共计完成饲用玉米种植 5024 亩，青贮全株玉米 1.5 万吨，为岚县及周边养殖场提供了优质饲草。种植户、加工企业、养殖户正逐渐向产、加、销的高效化农业之路迈进。

三、粮改饲实施效果

（一）农牧结合日趋紧密

图 2　种养结合，种养双赢

通过粮改饲项目的实施，促进了牧草产业发展，推进了饲料作物产业与畜牧业发展紧密衔接，促进标准化规模种植和养殖水平明显提升，综合生产能力显著增强；饲料作物优质高产技术与草食畜禽标准化饲养技术逐步推广普及；饲料作物生产与利用水平明显提高，节粮增产、节粮增效、节地增收效果显著增强；实现了种养结合，种养双赢，发挥了良好的社会经济和生态效益，已成为推动岚县草食畜牧业转型发展的关键举措。预期的经济效益、社会效益、生态效益也基本实现。

（二）农户增收明显

种植青贮玉米平均亩产 3 吨，每吨 300 元，每亩收入 900 元。与原来的籽粒玉米收割相比（毛利润 1080 元），全株青贮玉米可减少收割、运输、晾晒、脱粒、储藏等环节费用 300 元 / 亩。因此，通过种植青贮玉米，每亩可增加收入 120 元。

（三）实现发展共赢

在实现农户增收的基础上，饲草加工企业也实现了增收壮大。通过实施“粮改饲”创新了发展模式、拓宽了发展思维、培育了市场需求，粮改饲的实施给岚县饲草加工企业培养出一批熟练的生产能手，更大胆投入资金拓宽饲草品种，从加工青贮、黄贮作物秸秆到加工柠条等，丰富了岚县的饲草资源。

龙头种养企业增产增收，实施全株青贮饲喂以后，优质饲料改善了营养结构，养殖成本降低 10%，平均养殖一头羊多收入 30 元，通过项目实施，为养殖场提供优质稳定的青贮饲料，有效扩大了养殖业的利润空间。初步建立起种养专业合作社与市场、农户与企业（技术服务人员）、农户与市场等利益连接机制和技术服务体系；实现土地资源的合理配套，加快农业生产向良性化方向发展，为实现农业可持续发展奠定基础。

图 3 青贮玉米收获现场

图 4 饲草加工企业生产的青贮玉米饲草

（四）创新发展模式

推行“市场 + 公司（合作社）+ 村委 + 农户”的产业发展模式，完善了“农户 +”的模式，提高了农户的科学素质和生产技能，增强了农户依靠科技脱贫致富的积极性和主动性。

（五）促进作物种植转变

项目实施促进了玉米资源从跨县域销售转向就地利用，从而推进粮食作物种植向饲草料作物种植转变，对加快岚县构建种养循环、粮饲兼顾、农牧结合的新型农业生产结构，促进岚县畜牧产业现代化进程起到积极作用。

（六）促进生态改善

通过实施粮改饲项目，减少了玉米秸秆随意堆放，更破解了因秸秆焚烧污染环境、影响交通等一系列问题。

四、存在的问题

虽然培育了一定数量的“粮改饲”种植户、饲草加工利用的草食畜养殖场和加工厂，但是整个“粮改饲”利用还是缺少规划和布局，产业集中度不高，机械化生产程度低，草产品工业化加工少，产品质量不稳定，未真正激活青贮、黄贮草产品市场化大流通。“粮改饲”种植地块小，面积分散，大型机械很难正常工作，机械化推广和使用效益低。

五、意见建议

（一）加大粮改饲基地建设力度

树立发展饲草加工就是发展畜牧业的思想，引导广大养殖场（户）转变观念，走种草兴畜、以种促养的现代畜牧业发展之路。积极引导饲草加工厂、草食畜养殖场通过流转土地，集中土地资源、科技、人力、财力发展区域化、规模化饲草料生产基地。

（二）增加对加工机械的补贴

通过政府对大型饲草加工机械的补贴，引导生产企业装备国内外先进适用的饲草生产收获加工机械，提升饲草生产机械现代化水平，促进饲草工厂化生产，提高市场化利用水平。

执笔：
邸文奇　山西省岚县畜牧兽医局
高小军　山西省岚县畜牧兽医局

交城县加强草地建设，大力发展粮改饲，促进畜牧业可持续发展

编者按：草地资源是交城县农牧民群众赖以生存的基本生产资料，而畜牧业则是交城县农业农村经济的支柱型产业。高度重视草地保护与建设，对于促进本地区养殖产业健康可持续发展，维护当地社会秩序稳定，维护生态安全，加快地区经济发展，提升农牧民群众生活水平，都具有积极作用。

一、引言

最近几年，由于草场利用不科学，盲目扩张养殖数量，过载放牧，使得天然草地呈现不同程度的退化现象，乱采乱挖等破坏草原现象时有发生。草原生态系统的逐步恶化，天然草地产草量和载畜量逐年下降，不仅会严重制约本地区畜牧养殖业的健康发展，影响农牧民经济收入，而且直接威胁到一个地区、一个国家的生态安全。因此，加强草地保护建设，大力发展粮改饲产业，促进交城县畜牧业可持续发展，势在必行。

二、交城县域经济及畜牧业发展情况

（一）县域基本情况

交城县位于山西省中部，吕梁山东麓，晋中盆地西缘，是吕梁的东大门。全县总面积 1822.1 平方千米，其中耕地面积 24.6 万亩。交城县辖 6 镇

4乡，148个行政村，总人口216万人，其中农业人口16.1万人，城镇人口5.5万人。交城县整体地势为西北高、东南低，海拔在750米至2830.7米之间，山多川少，山区面积占92.8%，平川面积仅为7.2%。地广人稀，牧坡广阔，拥有天然牧坡草地面积44.41万亩，具有发展草食畜得天独厚的优势。

（二）畜牧业发展现状

交城县山多坡广，畜牧业资源丰富，属于亚高山草甸亚类。山区水草丰盛，拥有天然牧坡草地面积44.41万亩，其中万亩以上天然草场8个，年产草1.2亿千克。平川农副产品充足，年产各类秸秆6万吨，粮食4.2万吨，麸皮、沼渣等农副产品充足。2019年底全县猪存栏达到4.01万头，出栏6.76万头；牛存栏2.59万头，出栏1.44万头；羊存栏4.28万只，出栏4.74万只；鸡存栏96万羽（其中：蛋鸡56万羽，肉鸡40万羽），出栏214.48万羽；肉、蛋、奶产量分别达到1.24万吨、0.69万吨、0.22万吨。全县牧业总产值达到7亿元，人均牧业纯收入达到833元。

三、加强天然草地保护的重要性

（一）构建天然的生态环境屏障

草地是十分重要的自然资源，既是当地群众生存发展的基本条件，也是陆地生态系统的重要组成部分，在调节陆地气候环境保持生物多样性，防止水土流失、保持水土和维护生态平衡方面，都发挥着十分重要的作用。有研究结果表明，天然草场在防风固沙、涵养水源、保持水土方面不逊于森林系统。天然草地资源一旦遭受破坏，将会导致严重的水土流失，加剧风沙侵袭。目前，山西地区草地植被主要集中在干旱和半干旱地区，交城县山区庞泉沟自然保护区林草混生带对维护当地生态环境发挥着十分重要的作用，可以说草原生态环境直接影响到当地群众的发展，更关系到生态环境的保护和改善。

（二）有利于经济实现可持续发展

习近平总书记指出绿水青山就是金山银山，深刻地阐明了自然生态环境的重要性。草地系统是发展畜牧业的重要生产资料，同时在草原生态系统中还包括大量用于生产中草药、食品、纺织品、油料、纸张、化妆品等多种经济植物，具有多重经济效益。近年来随着国家对生态环境保护力度重视程度不断加大，在生态环境建设和农业产业结构调整过程中，草业正成为可持续发展农业中全新的经济增长点。优质牧草体内富含丰富的蛋白质和营养元素，它是草食动物主要的营养来源。同时，草原生态系统中太阳能、风能、天然气、地热资源、水资源十分丰富，同时还富含特有的矿藏，因此，做好草地保护和建设工作，对促进我国国民经济实现可持续发展具有十分重要的作用。因此今后在草原利用过程中，要坚持科技和高效益，尽最大可能发挥出草原的最大效益。

四、草地保护存在的主要问题

（一）草原生产能力持续下降

草原是发展畜牧产业的重要物质基础，只有切实做好草原建设，加大草原保护，才能实现草原生态系统的可持续发展，为畜牧业发展提供更多的牧草资源。从目前草地利用和保护现状来看，地区草地资源生产水平相对较低。由于农民群众不能科学地利用草原，使得草地生态系统被严重破坏，草地畜牧承载量不断加大，都超过了草地的承载能力。畜牧业长期发展过程中，掠夺式的开发使得草地逐渐退化，沙漠化现象严重。致使本来生产能力较低的草地生态系统日益衰退，优质牧草数量逐渐减少，低质量牧草和有毒杂草逐年升高。根据近年来交城县山区天然草地草产量的监测结果，2000 年天然草地亩产鲜草是 453 千克 / 亩，2013 年监测下降为 257 千克 / 亩，单位面积草产量显著下降，载畜能力明显降低，呈现过牧—退化—再过牧—再退化的恶性循环。为了有效攻克上述难题，促进地区畜牧业健康可持续发展，必须加强草原生态环境保护和建设。

（二）草地生态环境进一步恶化

交城县庞泉沟镇东坡底乡、会立乡林草混生带是华北地区宝贵的资源，是汾河一级支流文峪河的发源地。生态系统一旦遭受破坏，将会威胁我们周围生态环境。草地生态环境遭受破坏，将会导致气候干燥，降水量减少，风沙会借助大风的推力，逐渐向前移动，使得大片的草地资源沙化、荒漠化。草地地面覆盖量减少的同时，又会导致地下水位下降，土壤蓄水能力变差，水资源逐渐枯竭，草原鼠虫害显著增多，进一步加剧草地生态环境恶化和草地退化。草地生态系统进一步恶性循环，不仅会影响地区畜牧产业发展，而且会直接威胁一个地区乃至国家的生态安全，对国家经济建设、经济可持续发展都产生极大不利影响。

五、加强草地保护建设的对策建议

（一）构建完善的基本草地保护制度

在构建基本草地保护制度过程中，应该把人工草地、改良草地、重要放牧场、割草地以及草地自然保护区等具有特殊生态保护作用的草地划归为基本草地，并实施严格的保护制度。任何单位和个人都不得采取任何理由擅自征用、更改基本草地使用途径。县级政府部门和农业部门应该高度重视，切实履行好各方面责任，对草地进行科学划定、保护、监督、管理。按照国务院制定的相关规章制度，严格执行基本草地保护制度。

（二）构建平衡化的草畜制度

结合本地区草原在某一时期所提供饲草饲料的量，来确定最佳的放牧量，实现草畜生态平衡，避免草原超载放牧威胁地区生态环境。农业部门应尽快制定草原载畜标准和草原平衡管理办法，进一步加强对草原生态平衡的管理和调控。省级农业部门和畜牧业行政主管部门负责本地区平衡化草畜制度的严格落实。县级农业部门和畜牧业行政主管部门负责本地区平衡化草畜制度具体实施和管理工作，定期对辖区内的草地资源进行有效核实，调查草地资源的承载能力。乡镇级地方人民政府要进一步做好宣传工作，在促进本地区畜牧养殖产业健康可持续发展的同时，还要进一步增强农牧民群众的生态环境保护意识，积极鼓励农民群众利用农作物秸秆开展饲料生产，对畜禽品种进行有效改良，有效控制草地放牧量，解决草原超载问题，实现草畜动态平衡。

（三）科学统筹、合理划分禁养区、限养区

为了进一步提高草地资源的利用效率，在交城县地区应该积极推行划牧轮牧制度，有效保证牧草健康生长，在较短时间内，恢复草地生态系统应有的覆盖率。一般情况下，可以在春季牧草返青期和秋季牧草结实期，实行季节性休牧，加速草地生态系统植被恢复。在草地生态系统脆弱地区、草原植被退化严重地区，实行围封禁牧。各个地区要强化指导，有计划有目的地开展草地资源利用，划定轮牧区、限牧区和禁牧区。各级政府和行政主管部门要从实际出发，结合本地区草原生态系统实际情况，制定切实可行的轮牧、禁牧方案。确保实行严格的轮牧、休牧、禁牧制度，在较短时间内恢复本地区草原覆盖率，加速草原生态系统恢复，真正实现草原利用可持续化。

（四）大力发展粮改饲产业，促进可持续发展

“十三五”规划建议提出要实施“藏粮于地、藏粮于技”战略，就交城县农牧业发展而言，1 亩青贮玉米就等于增加 3 亩耕地，经济效益明显。因此，种植青贮玉米，进行粮改饲发展，同时推进规模养殖，推广合作社经营模式，推广企业加农户的合作经营方式，在企业实现利益的同时，可成片带动农牧民发展现代畜牧业，增加收入。当前，交城县草原生产力低下，传统放养型畜牧业受到了极大的限制，要想持续发展畜牧业，就必须从传统种养方式向现代农牧业发展方式转变，从以种植为主的生产方式向种养结合、以养带种、草畜一体转变，积极推进粮改饲和秸秆转化进程。要调动养殖企业和种植农户的积极性，鼓励引导企业和农牧民专业种植、生产饲草料，加快饲草产业建设。

总之，我们应该以资源环境承载力为基础，以提质增效为目标，因地制宜，遴选适合当地环境的优质牧草品种进行推广种植，加大先进青贮技术推广应用，促进草畜业的规模化、产业化、现代化发展，全面助力乡村振兴战略的实施。

执笔：

米海兵　山西省交城县农业农村局

交城县牛羊产业发展报告

编者按： 近年来，随着国家“创新、协调、绿色、开放、共享”发展理念以及畜牧业供给侧结构性改革的不断深入，交城县委、县政府把肉牛产业确定为发展县域经济的支柱产业，作为产业结构调整和“三农”工作的突破口，因此，牛羊产业提质、增效、安全、平衡发展，已成为从业者工作中的重要课题。为适应现实需求，笔者对牛羊产业进行了调研，现将调研情况报告如下。

一、交城县牛羊产业发展现状

交城县是山西省雁门关生态畜牧经济区肉牛养殖重点县之一，全县面积 1822.11 平方千米，其中山区面积占全县面积的 92.8%，平川面积占国土面积的 7.2%，森林面积 150 余万亩、牧坡草地 100 万亩，森林覆盖率 54%，林草丰茂，发展草食畜牧业具有得天独厚的优势。且近年来，政府采取一系列积极措施以创造更好的条件。

（一）封山禁牧

根据《山西省封山禁牧办法》的要求，交城县人民政府颁发《关于进一步加强封山禁牧工作的实施意见》，从 2016 年 9 月 1 日起对全县区域内的林地实行封山禁牧。

在实际工作进行中，坚持统筹规划、以封为主、疏堵结合、禁牧与圈养、恢复生态和农民脱贫致富相结合。对实行集中舍饲圈养者给予奖补，制定长期饲草饲料补助、圈舍补助、青贮窖补助等补贴办法，对放牧养羊户给予出栏补贴，积极引导养殖户由原始粗放式放养向科学集约化养殖转变。

经过封山禁牧补贴政策的实施，交城县从2016年9月至2017年3月期间，全县出栏羊近9万只，存栏量由原来的9.85万只下降到3.45万只，淘汰了在山区对草坡破坏性大的山羊和平川的散小养殖户，指导养羊户进行产业升级，这对山区林业生态、水土保持、植被恢复等有积极的意义。

（二）加快产业结构调整

发展养牛业。交城县牧坡草场资源、地下水资源丰富，没有污染，是生产无公害牛肉的最佳地域，养牛业是交城山区的传统产业，产业基础十分扎实（见图1）。因此，为巩固封山禁牧的工作成果，交城县结合山区畜牧业发展和产业扶贫的特点，大力引导扶持肉牛养殖，积极为羊改牛和新养牛户提供经营渠道、技术支持等，并为贫困户购买母牛提供资金物资补贴等。截至2019年11月，肉牛存栏达到2.55万头，比2016年的2.3万头增长了0.25万头，增长率达到10.87%。

图1 交城山自然养殖环境

同时以粮改饲为突破口，把粮改饲补助政策与脱贫攻坚有机结合起来，鼓励农户调减籽粒玉米种植面积，发展青贮玉米、苜蓿等优质牧草种植；并鼓励交城县鑫源鑫畜禽养殖有限公司、交城县金苑农牧专业合作社、交城县鑫泷种植专业合作社等大型龙头企业通过扩大种植面积、订单收购牧草等方式，激发农户种植优质牧草的积极性，推动全县粮改饲进程。至2019年全县粮改饲面积达到1.2万亩，比2016年翻了一番，年收储青贮玉米等优质牧草4万吨。

未来一到两年，交城县将克服山多川少、人多地少、土地不集中连片、难以形成大规模的牧草种植区域等一系列困难，加快优质牧草的试验推广，扩大山区种草面积，鼓励平川育肥企业通过流转土地或订单收购等方式调动农户种植饲草的积极性，粮改饲面积争取达到1.5万亩，为交城县肉牛养殖提供坚实的物质基础。

（三）推广优良品种

2017年，交城县山区山羊淘汰80%左右，因此，相关部门积极扶持肉羊良种企业适度规模发展，引进品种自行培育，实现批量繁育；充分尊重动物习性，圈养设施提供足够的运动场，使草食畜可保持天性、增强体质。同时，舍饲养羊严格执行预防为主、防重于治的方针，定期做好消毒、驱虫、免疫接种等防疫保健工作，保证健康生产。截至2019年11月，全县羊存栏5万只左右，养殖品种以绵羊为主。

在肉牛品种上，近年来试验推广了西门塔尔、夏洛莱、安格斯、金色阿奎丹等多个肉牛优良品种；在液氮、精子的供应上全部免费；在人工冷配上，财政给予补助政策，每头补助100元；在公牛结扎上，每头补助30元，极大地调动了养殖户人工改良的积极性，年改良肉牛数量由2016年的2600头提高到现在的3300头，可带动农户额外增收600余万元。

（四）加快基础设施建设

2016年以来，为改善农村人居环境，转变肉牛养殖模式，彻底改变人畜混居的落后局面，有效提高人民群众健康水平，交城县在山区农村大力开展人畜分离工程建设，县财政予以每平方米圈舍200元的奖补。截至目前，全县已经奖补资金720余万元，建成人畜分离小区26个，建设圈舍面积3.6万余平方米，可以解决8000余头肉牛的圈养问题，为产业发展提供了坚实的基础保障。

同时大力发展龙头企业，使其起到带头示范作用。交城县鑫源鑫畜禽养殖有限公司是交城县目前最大的肉牛育肥企业，公司累计投资8000余万元，建成高标准牛舍 7 栋，饲草料储存池 4 座，饲料库、办公区等附属设施全部配套，消毒通道、参观通道、监控系统等环境控制和防疫设施设备完善，饲草料加工搅拌运输、粪便清运等全部实现机械化，公司存栏肉牛能力 3000 头，年出栏能力达到 5000 头，年销售收入 7000 余万元（见图 2、图 3）。在龙头企业的示范带动下，兴建起金苑农牧、恒盛农牧、谷满仓等一批肉牛规模养殖场，肉牛规模养殖场数量由 2016 年的 28 个发展到现在的 42 个，规模养殖数量由 2016 年的 4000 余头发展到 2019 年的 6000 余头。

图 2　交城县鑫源鑫畜禽养殖有限公司生产区

（五）加快畜禽粪污整治

首先，政府开展专项整治行动，以集中收集发酵、就近还田利用为主要模式，本着因地制宜、经济实用、因场施策、分类指导的原则，督促规模养殖场户配套建设“三防”堆粪棚和尿液、污水收集池，累计完成 140 户规模养殖场户的粪污处理设施建设任务，完成 1 个散养密集区粪污集中收集点建设任务，粪污处理设施配套率达到 95% 以上，资源化利用率达到 85% 以上。

其次，高效使用奖补资金。有关部门根据规模养殖场的养殖规模、占地面积、粪污处理方式等，科学确定每个规模养殖场配套粪污处理设施的规模。在资金奖补上，县里对中央、省、市下达的粪污处理资金进行了统筹整合，本着资金最大化、最高效利用的原则，按照配套建设设施规模确定奖补标准，先建后补、以奖代补，堆粪棚每立方米奖补200元，尿液、污水收集池每立方米奖300元，经环保、农业（畜牧）部门联合验收后奖补到养殖场户，已累计奖补资金400余万元。

图3　交城县鑫源鑫畜禽养殖有限公司有氧发酵罐

（六）打造“交城山”特色品牌

交城县是“中国天然氧吧”，山区饲养的肉牛可谓“吃的是中草药，喝的是矿泉水，呼吸的是负氧离子”，品质优良，符合市场与消费者对于高品质牛肉的需求。县政府将“交城山”注册成为交城县的农产品大品牌，优质肉牛均能以“交城山”冠名。同时，交城县的鑫源鑫、金苑农牧等饲养肉牛于2018年通过无公害农产品认证。

二、交城县牛羊产业发展中存在的问题

（一）规模养殖发展缓慢

一直以来，交城县山区牛羊业散养户居多，大都沿袭传统放牧方法，管理粗放，靠天吃饭。好多养殖户年龄偏大，多年赖此维持生计，要从根本上改变固有的观念和固有的养殖模式存在很大困难。近年来，尽管有的养殖场规模有所扩大，但仍摆脱不了基础薄弱、设施简陋、生产落后的局面。牛羊产业的科技含量低，加上饲料、人工费用的不断上涨，导致饲养

成本提高，严重挤压着牛羊产业的利润空间，因而使得规模养殖发展非常缓慢。

（二）养殖水平较低，缺乏先进管理经验

单一舍饲养殖模式中，牛羊会出现运动不足、营养单一现象，而部分农户缺乏饲料营养均衡搭配意识，导致母畜体质下降，流产，仔畜体弱，生长缓慢。且集约化饲养易导致牛羊的群体性疾病频发，如群发性疥癣、寄生虫、痘症等。同时反刍动物采食量大，全年圈养，势必会增加养殖成本。

单一的放牧则会使牛羊养殖难以量化，且易发生畜群拉稀、中暑、中毒等。并且，山中气候无常，导致牛羊放牧不规律，不利于其生长。

（三）生态环境对畜牧业的制约

一直以来，牛羊依赖于无偿利用荒山、荒坡的饲草资源，随着我国城镇化的飞速发展，农业生产不可避免地受到挤压。平川地区能够提供给牛羊的牧草资源逐渐缩小，并且有限的几处河滩不时还要受到工业和居民生活垃圾等有害物质的污染，给牛羊生产带来日益严重的危害。

三、促进交城县牛羊产业健康发展的建议

（一）充分发挥职能部门的作用

畜牧部门应该充分利用所拥有的信息和专业力量，及时发布本县的存栏、疫病、防治措施等有效信息，正确引导整个产业健康有序发展。应该一改过去静等养殖户找上门或者任其自由发展的行业旧规。

（二）加强检疫监督

动物检疫是畜牧业的第一道门槛，随着牛羊产业规模化、集约化的发展，基层检疫工作越发重要，对此，山西省

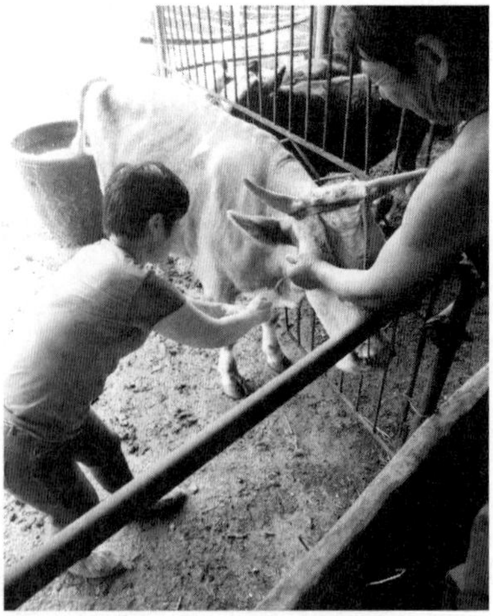

图 4　肉牛抗体检测

动物卫生监督所原所长杨国义有很形象的说法：基层检疫缺人手，少手段，无经费，基础差，素质低，机制不健全，规章不配套。因此，在实际生产、流通当中，基层检疫常常处于一种空档期，不能充分发挥其应有的作用。恳请相关部门予以重视。

（三）重视环境污染治理

社会各项事业发展到今天，所带来的负面效应也日益突出。环境污染给养殖业带来的危害越来越大。而养殖业随着集约化、规模化和标准化的不断提高，粪污以及伤亡畜禽处理造成的环境污染近年来也逐渐显现。从长远来说，从事畜牧业如果不解决环保问题，将寸步难行。所以，业内人士必须足够重视，及早规划。相关部门更应提前出台有效措施，防微杜渐，为畜牧业健康发展保驾护航。

（四）采取“舍饲＋放牧”养殖方式

近年来，牛羊在圈养的基础上进行放牧养殖，有效地解决了农牧和林牧矛盾，同时也很好地弥补了单独圈养和放牧两种饲养模式间存在的缺陷。根据各个季节气候和草势生长情况，采取相应的放牧技术，尽可能地减少消耗。春季气候寒冷、潮湿、雨水多，放牧时应选择背风向阳、地势干燥的阳坡地，晚出牧，早归牧，确保羊群不吃露水草，避免畜群拉稀，中午不回圈留牧。夏季气温高，天气炎热，雨水、雷电和蚊虻多，放牧时间主要是早晚，中午在树荫下或回圈休息，供应充足饮水，注意防中暑、雨淋、雷电和蚊虻。秋季牧草结籽，营养价值高，放牧的重要任务是在夏膘的基础上抓好秋膘，育肥后冬季出售或储积体脂过冬。早秋无霜时放牧要早出晚归，尽量延长放牧时间，晚秋有霜，最好晚出晚归，中午留牧，并酌情在放牧后补饲，提高增重率。

执笔：

岳家彩　山西省交城县夏家营镇畜牧兽医站

岳建国　山西省交城县动物疫控中心

岳　茂　山西省交城县天宁镇畜牧兽医站

关于吕梁市雁门关农牧交错带示范区建设的思考

编者按：近年来，吕梁市紧紧围绕国家实施乡村振兴战略和北方农牧交错带建设的有利机遇，以推进农业供给侧结构性改革为主线，以绿色发展为方向，重点调优种植业结构，做强做大饲草产业，夯实草食畜生产基地，推进一二三产业融合发展，雁门关农牧交错带建设取得了一定实效。

一、吕梁市雁门关农牧交错带基本情况

吕梁市雁门关农牧交错带涉及交城、离石、方山、岚县、兴县、临县6个县区。辖区面积1.22万平方千米、农业人口142.43万人、耕地面积418.52万亩，分别占全市的54.86%、48.12%、53.7%。辖区内具有丰富的饲草饲料资源，草地面积412.9万亩，其中人工草地31.4万亩。该区域经济发展滞后，临县、兴县是国家级深度贫困县，其余4县为省定贫困县。

二、吕梁市雁门关农牧交错带示范区建设情况

（一）强化组织领导，启动雁门关农牧交错带建设。根据农业农村部《关于北方农牧交错带农业结构调整的指导意见》和省农业农村厅相关文件精神，吕梁市启动实施了雁门关农牧交错带建设，成立了以分管市长为组长的雁门关农牧交错带示范区建设工作领导组，多次召开会议，对雁门关农牧区建设进行专题研究部署，并明确部门职责。每年都以政府文件印

发雁门关农牧交错带行动计划，做到领导到位、责任到位、措施到位、工作到位。

（二）强化顶端设计，编制完成了吕梁市雁门关农牧交错带建设规划。吕梁市按照整体设计、目标衔接、务实管用的原则，聘请山西农业大学王广斌教授编制了《吕梁市雁门关农牧交错带建设规划》，努力打造吕梁雁门关生态农业发展的特色功能区和生态带。

（三）依托优势产业，调优种植业结构。吕梁市按照供给侧结构性改革的要求，进一步调优种植业结构。一是以兴县、临县为重点，种植无公害、绿色、有机杂粮 75 万亩；二是以岚县、方山、临县、兴县为重点，种植脱毒优质马铃薯 80 万亩；三是以临县为重点，发展食用菌 2000 余万棒；四是以方山、交城为重点，发展中药材 2.1 万亩；五是区域内年调减籽粒玉米 3 万亩。

图 1 青贮玉米收割现场

（四）实施草畜结合，全面启动雁门关区粮改饲工作。从 2017 年开始，市财政先后切出 1048 万元（2017 年 100 万元、2018 年 468 万元、2019 年 480 万元）资金实施粮改饲工程，三年来累计完成粮改饲任务 14.5 万亩，共有青贮秸秆 50.75 万吨，着力构建草食畜全产业链条，涌现出了一批草畜一体化加工企业。临县几年来每年完成粮改饲 2 万亩，主要种植品种为青饲玉米、高粱草、黑麦草等，收贮青贮 6.6 万吨，并发展了以临县朝阳农牧有限公司、临县欣盛林牧开发有限公司为首的收贮大户，其中临县朝阳农牧有限公司通过流转周边农户土地集中连片种植 4000 余亩，欣盛林牧开发有限公司通过流转周边农户土地集中连片种植 2000 余亩，通过集中种植、集中管理、集中收贮，全程实现了机械化作业。

图 2　岚县祥泰草畜开发有限公司青贮玉米加工、制作成品

（五）加强生态保护，实施退耕还草项目工程。2017 年吕梁市率先在全省启动了新一轮退耕还草工程，全市退耕还草 6.8 万亩，其中雁门关六县区完成退耕还草 4.12 万亩。通过实施退耕还草项目工程，该区域林草植被覆盖率提高了 3%，为发展草食畜牧业打下了坚实基础。

（六）提质增效，夯实草食畜牧业。一是推广标准化养殖技术，三年累计完成建设牛、羊标准化规模养殖场 100 个，带动了辖区的牛羊舍饲养殖水平提升 10% 以上。二是开展牛羊提质增效工程。肉牛方面，吕梁市累计已投入 751.1 万元实施肉牛提质增效工程。其中：新建市级液氮精液储存库 1 个，新建或改造人工授精改良点 50 个，购置高端肉牛冻精 10000 支，累计改良黄牛 89220 头，建设了以交城县、方山县为主的肉牛养殖集中区。肉羊方面，先后引入湖羊种母羊 10000 只、杜泊种公羊 345 只，推广杜湖杂交品种，建设了以临县、兴县、岚县、离石为主的肉羊育肥基地。三是延伸肉羊产业链条。扶持交城县老农民食品有限公司建成年屠宰 30 万只肉羊的屠宰加工项目，延伸雁门关区域内的肉羊产业链条。

（七）提升产品品质，促进绿色循环发展。一是开展畜禽产品“三品一标”认证。三年来，鼓励引导有条件的 15 个畜禽规模养殖场开展无公害产品认证，提升辖区内特色畜牧产品的市场竞争力，扩大雁门关区的特色产品品牌市场占有率，促进产业高质量发展。二是开展规模养殖场粪污处理设施建设。以种养结合、农用有机肥、农村能源为主要利用方向，开展规模养殖场粪污整治，三年来雁门关六县区累计已完成对 186 个未配套处理设施规模养殖场的粪污整治，辖区内规模养殖场粪污处理设施配套率达到了 90% 以上，畜禽粪污综合利用率达到 80% 以上。三是发展种养循环经济。如岚县祥泰草畜开发有限公司，引导农户种植绿色马铃薯、玉米和养殖肉羊，再进行玉米秸秆青贮利用、马铃薯茎叶利用、肉羊快育肥、种羊良种繁育、羊粪处理后还田利用等技术的配套应用，建立起“青贮饲草、养殖肉羊、粪变肥田、绿色土豆、绿色肉羊”的发展模式，促进种、养和谐发展，实现“草多—羊多—肥多—粮多—钱多”的良性循环，形成种植—养殖—加工的绿色循环经济模式。

（八）依托特色产业，助推一二三产融合发展。自 2017 年以来，吕梁市围绕“一乡一特一园区、一村一品一基地”建设，依托特色优势产业，着力构建农业生产与二三产业交叉融合的现代产业体系。方山县马坊镇，依托该镇的肉牛养殖产业，初步形成了以母牛养殖和肉牛育肥为主，酿酒酒糟 + 玉米秸秆 + 黄芪茎叶喂牛、牛粪还田种植高粱 + 青玉米 + 中药材黄芪、酿酒高粱、青玉米 + 中药材黄芪饲草加工，饲养“生态功能黄芪牛”的“种养加、产供销”为一体的农业循环产业发展模式，助力农民增收。2019 年，该镇还争取到中央财政关于农村一二三产业融合发展强镇建设项目奖补资金 1000 万元。目前，该项目已启动，项目建成后可直接带动投资 2000 多万元，为雁门关农牧区农业农村经济发展做出显著贡献。

三、存在问题

（一）种植业结构调整难度大。吕梁市雁门关农牧交错区是全市小杂粮、马铃薯的传统优势产区，种植面积大，产品品质好，政策扶持力度大，农民种植积极性高，致使粮改饲项目实施难度大。如岚县是吕梁市马铃薯主粮化县，全县有耕地 76 万亩，其中：种植马铃薯面积就达 40 万亩；兴县全县耕地面积 118 万亩，其中小杂粮种植面积就达 80 余万亩，加上退耕还林 20 万亩，全县无地可调。此外，产业结构调整中还存在着水资源缺乏、水土流失严重、土壤肥力下降、坡耕地面积较大、抵御自然灾害能力较差和农户市场信息缺乏、跟风思想比较严重等现象。

（二）龙头企业发展滞后。目前吕梁市雁门关农牧交错区种植、养殖产业链条较短，制约着产业结构的进一步优化和升级。辖区内目前虽然有兴县山花烂漫、兴县清泉醋业、岚县康农薯业等几户较大的农产品加工企业，但畜产品加工企业只有交城老农民这一户肉羊屠宰加工企业，其他经营主体基本停留在初级产品阶段，产品附加值较低。在产业链顶端，资本、市场、技术等资源没有得到充分整合利用，市场竞争力不强，企业缺乏对农户和基地的带动力，“企业 + 基地 + 农户”的运行机制没有完全确立，产业化经营水平不高。

（三）良种繁育体系还有待于进一步完善。目前市、县两级的肉牛良种繁育体系基本建成，初步形成了以市级液氮精液储藏库为依托，以 50 个改良点为载体，以 100 个改良员为中坚力量的繁育改良体系，但部分群众对肉牛改良的认识程度不高，致使品种退化，草食畜牧业不能在高起点、高品质基础上发展。

（四）草畜一体化进程缓慢。随着国家对草业发展、粮改饲、退耕还草的政策扶持力度不断加大，农户也逐步认识到优质牧草是实现草食型畜牧业的优势条件，种草积极性大增，但是全市仅有岚县祥泰草畜开发有限公司、临县朝阳农牧有限公司、临县兴盛林牧开发有限公司等几个较大的草产品加工企业。同时，草畜脱节和发展不平衡，有的地方草多畜少，有的地方畜多草少，大部分牛羊养殖户没有自己的饲草料基地，且多年来大力推广的青贮、氨化等秸秆加工利用技术受群众饲养条件和饲养规模的限制，在零散饲养户中难以普及应用，制约了草畜一体化进程。

（五）动物疫病防控及卫生监管体系有待进一步加强。新一轮机构改革之后，基层畜牧兽医站人事全部归乡镇管理，对基层防疫检疫工作造成了冲击，弱化了基层动物防疫体系队伍，给重大动物疫病防控和畜产品质量安全带来了隐患。部分县还存在人员缺编，经费短缺，兽医实验室监测工作、畜产品质量安全监管快速检测工作因物资缺乏难以落实等情况。如，交城县乡镇畜牧兽医站仅有畜牧兽医人员 26 名，平均每站不足 3 人，而且从事着防疫、检疫、统计、执法等多项职能，难以满足日益繁重的工作需要。11 名黄牛改良技术人员中仅有 5 人为在职人员，1 人为购买服务人员，1 人为村防员，4 人为退休人员，青黄不接，肉牛产业发展出现人才危机。

四、发展建议

（一）继续实施粮改饲进程。加大对粮改饲工程的扶持力度，加快优质牧草的试验推广，扩大青贮玉米、苜蓿等种草面积，鼓励牛羊育肥企业通过流转土地或订单收购等方式调动农户种植饲草的积极性。

（二）加快特色养殖基地建设。依托辖区内生猪、肉牛、肉羊等优势产业，通过“一乡一特一园区”“一村一品一基地”建设，扶持建立以家庭牧场为主的养殖园区 15–20 个，通过园区将畜牧业生产、加工和销售等各个环节有效整合、有机衔接，全力构建畜牧业全产业链条。

（三）开展肉牛提质增效工程。加快肉牛优良品种的引进和试验推广，加大黄牛改良力度，争取年改良黄牛达到 1.5 万头以上，提高肉牛良种覆盖率，加大政策和法规宣传力度，转变群众落后的生产习惯，完善产业扶持政策，促进肉牛产业提质增效。

（四）加快草食畜牧业建设。积极引进与推广优质苜蓿、饲料玉米等优质高产饲料作物，大力开发利用秸秆资源，推进草食畜标准化生产，建设草畜一体标准化示范场 5–10 个，草食畜养殖场配套建设与养殖规模相应的饲草基地，支持部分粮农转型草农，推行社会化服务体系模式，引导饲草收获服务组织签署青贮玉米购销合同。同时，大力推广应用青贮（玉米全株青贮）技术，搞好试验示范，加快秸秆资源开发利用的进程。

（五）推进畜禽粪污资源化利用工作。围绕源头减量、过程控制、末端利用三个环节，以种养结合、生产农用有机肥等为主要处理利用方式，全力推动畜禽粪污资源化利用。积极引入社会资本建设粪污集中处理中心，鼓励生产有机肥、沼气等粪污资源化利用产品，逐步提高辖区内粪污资源化利用率。

执笔：

白志宇　山西省吕梁市农业农村局

高泽峰　山西省吕梁市农业农村局

实践推进

大同篇

围绕五个强化，推进交错带建设；狠抓六大重点，加快供给侧改革

编者按： 农牧交错带核心示范区建设是国家破解农业供给侧结构性改革难题的重要举措，为此，山西省政府把雁门关农牧交错带建设列入省级农业发展三大战略之一。近年来，大同市针对农业供给出现的畜产品市场疲软、产品过剩、畜牧业效益下降等问题，适时调整发展思路，转变发展方式，由数量高速型发展向高质量、高效益方向转型，努力降低生产成本，提高养殖科技含量，全市畜牧产业稳步发展，效益质量明显提升，走出了一条以畜牧业为主的大同特色农牧交错带建设之路。连续五年在全省考核评比中名列前茅。

一、主要经验和做法

（一）强化顶层设计，构建农牧协调发展蓝图

大同市委、市政府将农牧协调发展作为推动农牧交错带建设的主导思路，高度重视农牧交错带核心示范区建设。一是强化组织领导。市委主要领导多次做出重要指示，并主导推进有机旱作农业发展。市政府负责同志经常听取进展情况汇报，多次召开协调会、推进会分析形势，研究解决矛盾问题，推动工作有序开展。市农委多次召集县区农委、畜牧部门负责人研究部署深入推进农牧交错带建设及农业结构性调整具体举措。各县区和有关部门都将示范区建设纳入年度目标，深入动员发动，精心谋划组织，大同市上下形成了“狠抓建设、调优结构、突出特色、良性发展”的共识。

二是开展政策宣讲。为配合工作，大同市精心组织了中央一号文件和农牧交错带核心示范区建设政策精神及农业供给侧改革政策宣讲，培训市县乡三级干部2.2万人次。每季度组织对全市9个农业县区的农牧交错带建设情况进行督查指导，及时查漏补缺，解决问题，保障各项工作顺利进行。举办全市农业农村基层干部培训班，有力促进了“三农”政策进村入户。三是抓好顶层设计。按照农业农村部、省委和省政府要求，编制出台了《大同市农牧交错带示范区建设规划（2016–2020年）》《大同市推进雁门关农牧交错带示范区建设工作方案》《大同市农牧交错带建设农业结构调整实施意见》《大同市2016年粮改饲工作指导意见》《大同市特色农业扶贫行动计划》，进一步明确了2020年实现粮经饲各占1/3的“三三制”建设蓝图。

（二）强化粮改饲，推进草业振兴发展

大同市将草业振兴作为推动农牧交错带建设的关键举措，深切把握粮改饲战略机遇，着力抓好种植业结构调整，推进“一减两增”，即粮食作物减，饲草作物和经济作物增，优化三元结构。在实践摸索中挖掘出以四方为代表的产业联盟模式、以中地为代表的龙头带动模式、以首创为代表的中介服务模式、以锦丰为代表的低产田种草模式、以双江为代表的配送收贮模式等五种粮改饲种草模式。在稳定粮食产能的基础上，2016年大同市粮食作物播种从380万亩减至2018年236万亩，降幅达37.9%；经济作物从70万亩增加至110万亩，增幅达57.1%；饲草料种植面积从30万亩增加至134万亩，增幅达346.7%。全市累计种植优质苜蓿基地面积10万亩，打造出南郊区御河、十里河交汇处集中连片苜蓿基地和天镇县中地牧业公司两个连片种植的万亩苜蓿精品基地，并在全省率先推广苜蓿青贮（平地堆贮）新技术，吸引朔州等地前来参观。实现了“五大突破”：苜蓿连片种植面积突破万亩；累计苜蓿种植面积突破10万亩；苜蓿单次平地堆贮量突破万吨；苜蓿生产投入突破亿元；粮改饲参与人数突破万人。在2017年云冈、阳高、浑源、天镇4个试点县区的基础上，进一步实现了粮改饲的整市全覆盖。

（三）提高质量，推动畜牧业上档升级

大同市将畜牧业提质增效、上档升级作为推动农牧交错带建设的主要动能。一是创新“十百千”工作法。为强化技术推广力度，创新提出“十百千”工作法，即以“十大现场会”为主体，围绕建设重点，2014年起每年召开不少于10次技术推进现场会，每年对100个园区进行科学扶持，利用5年时间培养千名技术骨干。二是积极推进科技兴牧。围绕1315科技兴牧工程（“十三五”期间全市每县/区成立1个民营畜牧科技咨询服务公司、全市建成300个标准化科技示范养殖场、培养千名畜牧兽医技术骨干、建500个人工授精点）和“123”科技兴羊工程（培育一个好的杂交组合，实现双胎，单只基础母羊增收300元），狠抓“五项技术”（以人工授精推广为核心的良种繁育技术、以全株青贮为核心的饲草饲料科学利用、以TMR机应用为核心的机械化生产、以标准防疫为核心的疫病防控技术和以分娩隔离为核心的分群饲养技术）、“五种模式”（肉羊特色高端品牌模式、中型科学饲养模式和短程育肥模式、肉牛家庭牧场育肥模式、自繁自育规模良种模式和循环有机农场模式）等实用技术的体系化推广。在蒙牛举办的“呼大乌朔”奶牛规范化管理评比中，大同市连续四年名列第一，南郊区奶牛单产达到全省最高，奶牛、猪、肉牛、肉羊规模场人工授精率分别达到100%、97%、70%和55%以上，良种覆盖率分别超过了95%、95%、55%和65%。三是大力实施“十百千万”畜牧振兴工程。将“十百千万”产业提升工程作为大同市推进畜牧业提档升级、转型发展的核心力量。“十”就是建设十大畜牧标杆园区，带动全市畜牧产业规模化；“百”就是每年对一百个场（合作社）进行标准化改造和建设，针对提质增效和提档升级进行扶持，“十三五”期间在全市规划打造八个百万牛羊大县，带动全市畜牧产业区域化；“千”就是“十三五”规划建设上千个达到“五化”要求的场（合作社），培养出千名畜牧技术骨干，每年新建提升规模场（小区）不少于200个，带动全市畜牧产业标准化；“万”就是“十三五”期间发展上万个家庭规模养殖场，带动全市畜牧产业集约化。以大型产业园区为引领，以规模场为升级主体，带动千万家庭牧场走上养殖科学、管理先进、环境友好的发展道路。经过多年努力，大同市畜牧业提质增效成果显著，截至2019年底，肉、蛋、奶产量分别达到16.6万吨、7.3万吨和26.2万吨，分别同比增长3.33%、13.22%、11.57%；奶牛和肉羊饲养总量、增幅及园区标准化程度均居全省前列；2019年全市畜牧业总产值达到了73.6亿元，占到了农业总产值55.3%，实现了历史性突破。

（四）强化支撑，做优做强特色优势产业

大同市将特色产业作为推动农牧交错带建设的核心优势，充分发挥首都后花园的区位优势和环京津都市圈农畜产品供应基地及保障地的供给优势，按照“一县一业”的发展模式，做优做大做强特色产业。一是叫响“大同好粮”区域品牌。2017–2019年，连续三年市财政拨出6000万元专项扶持资金，与中国农科院等科研院所和全国杂粮首席专家刁现民、任贵兴等开展合作，建立杂粮技术研究中心，并在广灵举办了中国·大同杂粮产业暨有机旱作农业发展研讨会。天镇县国家级杂粮出口质量安全示范区、通航粮贸40万美元出口项目、浑源县7.7万亩渗水地膜谷子（黍子）基地等一大批高标准项目迅速兴起。二是加快中药材产业崛起。浑源县加快黄芪龙头企业基地壮大培育，依托国新能源和安瑞公司建设10万亩道地药材“种收加销”一体化基地。2019年8月底，全市新增面积5万亩，总面积达到39万多亩，中药材品种达到20多种，覆盖全部10个县区。三是做精做强小优产业。立足地方资源优势，整合资金集中建设大同黄花、广灵食用菌、阳高鲜食杏、近郊观光采摘4个小优特色产业发展基地。云州区建设2万亩国家级黄花种植加工标准化示范区，带动全市黄花种植面积达15万亩；“大同黄花”被农业部确定为全省六个市级“区域公共品牌”之一；阳高“杏花节”在北方地区打响了知名度，小优产业发展势头正劲。

（五）强化项目带动，努力打造两大畜牧产业集聚区

大同市将产业龙头作为推动农牧交错带建设的主抓手。按照“项目支持、产业集聚、龙头带动”思路，重点规划打造2个集生产、加工、物流、研发、服务为一体的市级畜牧产业项目集聚区。一是年销售40亿元的现代奶业产业集聚区。以四方高科、伊利、中地等奶牛养殖园区为核心，以大同

百草、田园牧歌千叶、首创、农医生等饲草加工销售企业为支撑，依托牧同乳制品加工企业，辐射云冈、新荣、阳高、天镇、云州区5县区31个乡镇，产值40亿元。打造存栏15万头、年加工25万吨鲜奶的现代奶业产业园区。二是年销售60亿元的现代生猪产业集聚区。以正大、双胞胎、大伟嘉三个百万头生猪全产业链、生猪产销基地为中心，以阳高、天镇、浑源、云州区6个生猪屠宰加工企业为支撑，辐射天镇、云州区2县区10个乡镇，3县共计20个乡镇，形成年出栏200万头生猪生产加工基地，年产值60亿元，产品通过新发地、万昌物流等仓储物流配送体系销往全国各地。依托“十百千万”工程，大同市重点规划建设了生猪和奶业两大产业集聚区，涵盖饲料饲草生产、畜牧养殖、产品加工、仓储物流、销售推广、循环生产全产业链条，目前两大集聚区已具雏形。

二、发展中存在的问题

（一）产业协同发展机制不完善

现代畜牧业需要各部门高度协作，统筹推进，但目前高效统筹的领导机构还不健全，农、林、环保、工商、水利、扶贫、农机供销等各个部门间协作机制尚未形成，工作冲突、重复和空白等问题仍然存在。技术服务体系不完善，没有形成科技－商业运作的成熟机制，畜牧科技体制机制创新不足，牧草种植技术、畜禽养殖技术和优良品种推广仍需加强，特别是农科教结合不紧密，科技支撑产业发展的针对性和有效性不强。

农村电子商务发展动能不足，畜牧业信息服务平台建设相对落后，农村电商综合服务网点布局不到位，推进农村电子商务发展力度不大，从网上很难推销大同市优质畜牧产品。

（二）畜牧产业发展不平衡、不持续

一是县区间发展不平衡。左云县肉羊、云冈区奶牛等具有地域特色优势的“一县一业”已初具雏形，左云县雁云白羊、边塞牧羊精品羊肉、云冈牧同乳业全产业链等品牌在全省乃至全国都有一定影响力，但有些县区还在多头并举，没有形成真正引领县区畜牧产业发展的拳头产业和产品。二是产业

链条不够完善。由于过去长期受“重数量，轻质量；重饲养，轻加工；重规模大场，轻家庭农场；重发展速度，轻服务保障”的片面发展观影响，导致农牧产业经营层次单一，产业链条不长不精，供给结构不合理。三是品种繁育改良有差距。人工授精作为繁育改良主要手段，虽然大同市奶牛、猪的人工授精率达到了 98%、95%，但羊的人工授精除左云、新荣全面展开外，其他县区还处于点状推广。

（三）加工龙头企业成长滞后

畜产品加工企业不大、不强、不全，表现在加工龙头企业少，深加工产品少，品牌知名度低，带动力弱，产地初加工发展滞后等问题。牧同是大同市最大的奶业加工项目，但日加工能力仅 100 吨，只能消化本集团四方牛奶，全市其余 60% 的牛奶还主要靠外销。北鑫生态牧业、边塞牧业肉羊这两个主要加工企业年加工能力不足全市羊饲养量的 10%，肉牛加工现在全市还没有一家具备深加工能力的企业。

（四）草业发展瓶颈多

以牛羊为主的草食畜牧业是大同市的优势，而目前大同市草业发展存在诸多瓶颈。一是认识不高，观念不强。目前大同市仍有相当一部分县区的干部群众思想停留在使用差地、旱地种草，养殖业是副业的认识水平上，还没有树立起“好地种好草，好草养好牛（羊），好牛（羊）产好奶（肉）”的新理念。二是牧草企业土地流转难，部分农民受传统观念影响，难离土离村，导致牧草企业插花种草，难以集中连片，无法扩大规模，影响机械化作业。三是苜蓿种植限制较多。苜蓿灌溉配套要求高，大同市大部分县区山坡、旱地多，缺水严重，种植条件差，配套喷灌提水、节水等机械设备匮乏，影响苜蓿发展。四是苜蓿、燕麦要求条件高，从收割到压扁、晾晒，国产机械质量还未过关，草的质量与进口苜蓿还有差距。五是草加工企业不多不强。目前全市饲草加工企业虽有 19 家，但投资少，多针对玉米秸秆饲草粗加工利用，基本处于不盈利或亏损状态，各类加工机械设备仅有 99 台（套）。六是草畜矛盾突出，企业合作意识不强。作为山西北部重点草食畜养殖大市，全市牧草种植面积仅有 50 多万亩，畜多草少，草畜生产不配套，优质牧草缺口较大。

（五）畜禽废弃物治理压力大

发展草食畜已成为培育农村产业、增加农民收入的重要途径，随着草食畜饲养量增加，农业环保、畜禽粪污治理越来越引起各方面的关注和重视，再加上禁养区、限养区的划定，环评更加严格。目前畜禽污染治理压力很大，已经成为制约畜牧产业发展的主要瓶颈。

（六）畜牧兽医体系严重弱化

改革前全市乡镇兽医中心站缺岗近30%，边远乡镇人员短缺问题尤为突出。在职人员中又以非专业人员居多，第一学历为畜牧兽医专业的仅占8.2%，基层骨干年龄老化问题突出，50岁以上者占到38%。特别是当前机构改革，乡镇兽医中心站人事、工资、考核三项权力下放乡镇政府便民服务中心，有的乡镇1个兽医人员都分不到，出现了人散门关、防火不防疫、无专职人员防疫现象，严重影响疫情防控。

三、今后推进的对策

（一）解放思想，转型发展

推进畜牧业转型发展和农牧交错带建设，首要的工作就是要转变干部群众的思想观念。市、县、乡都要抓住当前畜产品市场紧俏这一千载难逢的机遇，将这两项工作作为当前“三农”工作和农民脱贫致富达小康的重要工作来抓，全市形成大同农业发展潜力在畜牧业，农民脱贫收入翻番离不开畜牧业，建设雁门关农牧交错带、全面建成小康社会必须抓住畜牧业，没有畜牧业现代化就不能实现农业现代化的共识。要在全市广泛开展大调研、大讨论、大总结活动，进行战略思路上的大谋划，搞好思想认识上的大培训。以规划为统领引导产业发展，以产业为平台整合发展资金，以项目为纽带集聚生产要素，以农牧交错带建设统领“三农”工作，彻底将思想观念从过去的保粮、增粮、考核粮食中解脱出来。要强化目标考核，将农牧交错带建设、畜牧业发展作为县、乡政府考核的重要内容，纳入政府目标责任管理，设置专项考核，层层分解任务，逐级落实责任，强化督查落实。

（二）因地制宜，做好县乡规划

各县区、各乡镇承担交错带的具体建设，但面临的问题不一，解决问题的思路和目标也会有很大差别，要结合各县区、乡镇的实际情况，深入基层，“走出去，请进来”，调查研究，因地制宜、分区施策，科学谋划本县区、乡镇结构调整的思路举措，不断细化县区、乡镇农牧交错带示范区结构调整规划，并按照具体实施进度和最新发展动向，不断进行细化和修订。要坚持群众路线和政策引导，准确把握农业供给侧结构性改革的适应性和灵活性，创新思路和方法，更好地发挥政府的引导作用和市场的主导作用，扎实有效推进交错带建设、畜牧业发展。

（三）加大力度，推进“十百千万”畜牧振兴工程

大力实施“十百千万”畜牧业振兴工程，将“十百千万”产业提升工程作为大同市推进畜牧业提档升级、转型发展的核心工作。“十”就是建设十大畜牧标杆园区，带动全市畜牧产业规模化；“百”就是建设百万牛羊大县，每年对一百个场（合作社）进行标准化改造和建设；“千”就是建设上千个达到“五化”要求的场（合作社），培养出千名畜牧技术骨干，带动全市畜牧产业标准化；“万”就是规划发展上万个家庭规模养殖示范户。

（四）努力提升产业质量和科技含量

虽然大同市近年来科技兴牧很多方面走在全省前列，但县区之间并不平衡，特别是农户养殖差距更大。今后必须增加科技推广普及投入，统筹规划引进一批优良品种，推广一批适用技术，创建一批科技示范点，培训一批科技致富带头人，总结推广一批先进典范。要继续强力推进、普及被实践证明行之有效，符合大同市实际的“123”科技兴羊工程、牛羊草食畜“五项技术”。

（五）推动项目建设，增强畜牧龙头带动能力

“以两山一盆地”为产业骨架，继续推进奶牛、肉牛、肉羊集聚区建设，重点抓住核心区、推进扩展区、搞好辐射区，逐步打造完善的产业链，做大做强特色优势品牌、产品加工龙头和草业服务组织与草业龙头。

通过产业集聚区带动全市产业龙头发展，确保重点项目顺利落实。奶牛产业集聚区，力争3年内产值达到40亿元；生猪产业集聚区，力争3年内产值达到60亿元；每县一个草牧业（牛羊）产业集聚区，产值3年内达到10亿元，其中，肉牛、肉羊、草业集聚区建设要有跨越式发展。

要坚持草畜结合，以草促牧，发展规模化、标准化养殖，做大做强草业和草食畜牧业。重点打造全市30个草业加工龙头企业（养殖合作社），发展青贮玉米、燕麦草、草高粱等一年生牧草和苜蓿等多年生牧草55万亩，青黄贮100万立方米，其中苜蓿青贮2万立方米；并努力发展柠条饲用，为拓展草业闯出新路，为建设千万牛羊大市、畜牧强市提供饲草保证。特别要制定优惠政策，加大肉羊、肉牛深加工项目招商力度，力争近期完成年加工100万只羊、10万头牛加工企业招商。

（六）坚持农牧循环绿色发展

深入推进农牧交错带综合产业协同发展，大力实施“种养结合，适度规模，循环发展”战略，结合设施种植业的发展，着力抓好种植园区与草食畜规模养殖场、有机肥加工厂有效衔接，实现粪污就近发酵、就近加工、就近还田，避免面源污染。继续推广农业循环模式，加快提升畜禽粪污资源化利用能力，大幅提升循环农业普及率，基本实现农牧业废弃物资源化利用和无害化处理。

（七）强化基层兽医队伍建设

认真落实国办发〔2019〕31号《关于加强非洲猪瘟防控工作的意见》，高度重视基层防疫机构队伍建设，采取有效措施建立健全动物卫生监督机构和动物疫病预防控制机构。巩固加强工作队伍，确保基层防疫工作有专门机构和专职人员。针对乡镇兽医中心站专业性强、技术性强的特点，应借鉴乡镇卫生院体制，取消划归乡镇政府便民中心，继续维持现状，人、财、考核由县畜牧兽医中心（局）管理。

执笔：

高　飞　山西省大同市农业农村局

发展草牧业，推动雁门关农牧交错带建设

编者按：农牧交错带是由种植业为主的农田生态系统与畜牧业为主的草食家畜草原生态系统相互耦合形成的独特区域。大同地处温带大陆性季风气候区，受季风影响，四季鲜明，温差较大，且水资源十分贫乏。

三年来，大同市坚持走种养结合、龙头带动、草畜结合、绿色发展之路，大力推进雁门关农牧交错带的建设。2019 年，在阴山、恒山两大养殖优势区推进 8 个百万只养羊大县建设，在中部盆地 3 个县区推动生猪和奶业发展；阳高正大百万生猪养殖全产业链项目、广灵海高现代化牧场、平城天和牧业奶牛养殖园区、灵丘佳农肉牛养殖项目持续建设，浑源双胞胎猪业和大伟嘉公司项目落地开工；11 个肉羊、肉牛（奶牛）畜牧标杆园区，70 个养殖场提升工程建设全面铺开，推进 1100 个家庭牧场选优提升。上半年，全市牛、羊、猪、禽类饲养量分别达 27.4 万头、305.53 万只、109.52 万头和 711.39 万羽。

这些丰硕的成就极大地推进雁门关农牧交错带示范区建设，打造出雁门关农牧交错带核心区，其中草牧业起了至关重要的作用。

草牧业的三合一结构中，草业是基础产业，是不可缺少、不可替代并决定整个产业的规模、质量和效益的关键产业部分。饲草饲料是畜牧业发展的物质基础。为缓解人畜、草畜矛盾，以及草场超载过牧等问题，实现

农畜联动、草畜结合，必须扩大饲草种植规模，积极引进优质饲草新品种，推广高产栽培技术及饲草加工技术，不断扩大饲草种植规模。

根据国际国内经验，草业发展与高效的畜牧业发展是密切相关的。近年来，大同市人工草地的种植面积逐步增加，有力推动了畜牧业发展，带动了雁门关农牧交错带建设。

一、发展草牧业的主要途径

为了进一步推进草牧业发展，大同市围绕以下几点开展工作。

第一，转变干部群众的思想观念，树立“以草兴牧”的思想意识，将草牧业发展和雁门关农牧交错带建设紧密联系起来。

第二，草牧业要想取得突破，必须注重科技支撑。大同市对农民及养殖户加大科技投入，培育和推广牧草良种，对培育和引进良种给予补贴，通过宣传引导，鼓励农民种好地种好草，通过围栏封育、划区轮牧、松土、施肥、补播等改良土壤，提升机械化利用率，提高饲草质量。学习关键技术的主要内容为:（1）高产优质牧草品种的选择。（2）退化草地的恢复与提升。（3）优质高产人工草地的栽培技术。（4）草田轮作与保护性耕作技术。

第三，要想发展草牧业，全市范围内必须扩大青贮玉米、苜蓿和燕麦等高养分饲料的种植面积。玉米是世界公认的饲料之王，全株玉米青贮是“粮改饲”的主要内容，大同市农牧交错带充分利用草地家畜资源和玉米的饲料资源发展高效畜牧业。青贮苜蓿最近几年也发展起来了，主要针对奶牛养殖区域。燕麦干草发展也很迅猛，比往年有大幅提高。人工草地大量提供饲草饲料，合理优化种植业结构，促进形成农牧交错带的粮、经、饲三元结构，改善了农业和产品的结构性缺陷。如果要把饲草作物全面地发展起来，除了要有市场、有潜力外，还需要考虑如何提高土地利用效率，其技术模式是关键。大同市大部分地区种植玉米，发挥玉米适宜环境的作用，收获青贮。

第四，发展草牧业，提倡“草粮轮作”，利用豆科牧草的根瘤菌固氮特点，这样既可以合理利用土地资源，提高土壤肥力，又可以大幅度增加草粮产量，还能够扩大地被覆盖，加强农牧交错带防风固沙、涵养水源、防止水土流失的生态安全功能，同时保证牧草和饲料作物稳定和持续高产。

“草粮轮作”主要目的是为牲畜提供高产、优质的饲草、饲料。蛋白质是家畜所必需的营养物质。“草粮轮作”不仅可以栽培豆科牧草或作物，而且还可以种植混合牧草。这样，就可以大大提高干草和放牧饲草中蛋白质的含量，使牲畜获得丰富的蛋白质营养。因此，牧草种植的年限较长，面积较大，而粮食及经济作物栽培年限较短，面积也较小。

二、发展草牧业的优势

种植饲草作物，发展牧草产业，对连年耕作导致产量递减、土壤毒化、病虫害严重的农田改良和规模饲养下优质饲草缺乏导致家畜生产性能低下、疾病增多的防治都有益处；盐碱地许多土地在种植 3–5 年牧草后即可以种粮食，改土效果明显，经济效益显著。

扭转土地用途、发展草牧业，可以极大地减少劳动力。牧草产业生产与利用的特点是加工制作干草、青贮或者放牧利用，二者需要的劳动力数量都较少，如制作青贮或干草，需要相当的机械投入就能保障产品的质量和产量。

发展草牧业，扩大草地植被，对涵养水源、保持水土、防风固沙、净化大气、调节气候具有不可替代的作用。

三、发展草牧业的推动力——“粮改饲”

大同市将草牧业振兴作为推动农牧交错带建设的发展新动能。国家提倡的“粮改饲”，引领草牧业转型发展。大同市粮改饲试点工作自启动以来，始终坚持“政府引导、因地制宜、种养结合、为养而种”的原则，扎实推进，大力扶持农民及养殖户种植饲草玉米、苜蓿及燕麦。

2016 年，云冈区、阳高县、浑源县、天镇县 4 县区享受国家和省级粮改饲试点优惠政策。2017 年全市粮改饲工作全面铺开，推动了草牧业向“草牧结合、循环生产”的战略转型。2018 年，大同市调减籽粒玉米 30 万亩，耕地种草 55.63 万亩。2019 年大同市“粮改饲”合计完成 17.22 万亩，其中青贮玉米 15.42 万亩，青贮苜蓿 1.2 万亩，燕麦 0.6 万亩。通过项目的实施，有力促进了大同市草食畜牧业的规模化、产业化、现代化发展，这也为雁门关农牧交错带的建设做出了巨大贡献。肉牛规模养殖场青贮使用普及率达 95% 以上，肉羊规模养殖场青贮使用普及率达 75% 以上，青贮、黄贮、微贮规模养殖场成倍增长。全市由粮经二元向粮经饲三元结构转变的趋势明显加快，已初步形成粮经饲统筹发展的格局，为农牧交错带建设打下了良好基础。

四、发展草牧业的进展

坚持草畜结合，以草促牧，发展规模化、标准化养殖，做大做强草业和草食畜牧业。重点打造全市 30 个草业加工龙头企业（养殖合作社），发展青贮玉米、燕麦草、草高粱等一年生牧草和苜蓿等多年生牧草 55 万亩，青黄贮 100 万立方米，其中苜蓿青贮 2 万立方米；并努力发展柠条饲用，为拓展草业闯出新路，为建设千万牛羊大市、畜牧强市增强饲草保障。全市畜牧业达到以畜定草、草畜结合、农牧循环发展的新格局。

2018 年大同市百草公司、天镇县千叶草业两个公司连片种植苜蓿均突破万亩；苜蓿平地堆贮、裹包青贮突破万吨；草业龙头企业生产投入突破亿元；草牧业和粮改饲收益农户突破万户。在全省率先开展苜蓿青贮、裹包青贮新技术，同时还吸引了朔州等市派人前来参观学习。

2019 年度大同市实施耕地种草 55 万亩，其中主要种植青饲玉米 4.5 万亩、青贮玉米 18 万亩、饲料化玉米 24 万亩、苜蓿 4.45 万亩。其余饲草有草高粱 0.45 万亩、草谷子 0.7 万亩、燕麦（草莜麦）2.4 万亩。全市玉米种植面积大约 200 万亩。现在大同市共有 50 多台青贮收获机和 150 多套秸秆打捆机械设备，拥有大型的牧草龙头加工企业，典型的有广灵县双江草业有限公司、大同市百草农牧产业发展有限公司。

五、发展草牧业的社会效益、生态效益及经济效益

（一）社会效益

近年来，国家在北方长城沿线生态脆弱区建设农牧交错带，优化粮经饲三元结构，是调结构转方式、推进农业供给侧结构性改革的重要部署。大同市从2016年被农业部列入北方农牧交错带核心示范区后，紧紧围绕农业供给侧结构性改革，开拓思路，积极探索，勇于创新。草牧业推进草畜配套和产业化，实现好草产好肉、产好奶，满足消费者对更绿色、更丰富、更优质、更安全的草畜产品的需求，增强畜产品竞争力，提高供给结构的适应性和灵活性，提升农业供给体系质量和效率。草牧业的发展对畜牧业产生显著的社会效益，稳步推进了雁门关农牧交错带建设。

（二）生态效益

草牧业在雁门关农牧交错带的建设中，取得了显著的生态效益。饲草具有很强的固土、涵养水分和培肥地力的作用。发展草牧业，遏制了生态环境的恶化，逐渐增加了植被覆盖，修复了生态环境，对绿色发展起到了引领作用。同时，草牧业的发展顺应了草原生态文明建设和畜牧业绿色发展的大趋势，为着力打造农牧结合、种养结合的生态循环发展模式提供有力支撑，有利于实现农村牧区生产、生活与生态的有机结合，协调发展。

（三）经济效益

发展草牧业是一个让养殖户和龙头企业投入少、风险小、见效快的发展模式，成为当地更多农民的自觉选择。草牧业大幅度提高了农牧业经济效益和农民的收入，助推脱贫效果显著，有助于挖潜力、提质量、增效益，有利于农牧民脱贫致富奔小康，显现了强大的经济效益。

六、结语

发展草牧业是一条生态修复、以草兴牧、农牧结合的致富之路，有很

广阔的空间，我们必须按照国家要求，大力实施创新驱动发展战略，推进草牧业经济结构和模式调整。只有大力发展草牧业，才能推动雁门关农牧交错带的可持续发展。

执笔：

刘彦清　山西省大同市饲料牧草工作站

武志军　山西省大同市畜牧兽医科学研究所

李晨华　山西省大同市饲料牧草工作站

逆势而上，健全畜牧兽医体系；争创一流，努力打造畜牧强区

编者按：大同市是全国农牧交错带核心示范市，是雁门关农牧交错带建设重要区域，工作繁重、任务艰巨。大同市云州区经过近年来的努力，全区畜牧兽医工作发生了翻天覆地的变化。2019 年 6 月 14 日大同市非洲猪瘟防控暨畜禽粪污治理工作现场（云州）推进会后，市农业农村局向各县区、市直有关科站发出号召：认真学习借鉴云州区经验，争创一流，努力开创全市“三农”工作新局面。

近年来，云州区的畜牧兽医工作在区委、区政府的正确领导和上级业务主管部门的支持指导下，以脱贫攻坚为统领，以增加农民收入为目标，扎实推进转型升级，稳步推行规模健康养殖模式，不断规范畜禽养殖场管理，切实加强重大动物疫病防控、畜产品质量安全监管和畜禽粪污治理及资源化利用等工作，发展生态畜牧业，全区畜牧业实现了平稳、健康、可持续发展。

一、主要做法

（一）加强班子建设，带好队伍

基层畜牧兽医体系是动物防疫工作的基础。2017 年底获悉区委拟对区直部门进行人事调整后，区畜牧兽医服务中心党支部主动向区委申请调任两名优秀同志充实到中心领导班子，配齐了领导班子；同时，又按要求完

成了支委会换届，对班子成员细化分工，责任到人，做到人人有事干、事事有人做，提高了班子成员工作积极性、增强了工作责任感，领导班子形成和谐团结的良好工作氛围，班子战斗力明显提升。在脱贫攻坚工作中，领导班子组织党员职工深入帮扶贫困村，和帮扶村党员一起召开“支部主题党日”活动，坚持讲学习、讲政治、讲正气、讲修养、讲道德、讲廉耻；在日常工作中，对同志们工作上严格要求，生活上关心帮助，凝聚人心，充分调动干部职工的干事创业积极性，确保干部职工始终保持思想上、行动上与支部齐心、同步，积极主动地投身到服务全区畜牧兽医发展的工作中。

（二）深化兽医体系改革，创新工作机制

基层畜牧兽医体系是实施科教兴牧战略，促进农民增收的重要力量。云州区畜牧兽医主管部门在人力、财力和物力上积极争取上级支持。一是通过申请新调入大学生 11 人，及时补充了防疫力量；通过协调，区人社部门报批招人计划（包括已协调批准 13 名充实动检队伍人员），有效缓减了乡镇畜牧兽医站人员不足、老龄化问题；二是根据工作需要，2017 年在全区 175 个村每村配置一名动物防疫员的基础上，重点区域又增加 8 名动物防疫员，全区现共有村级动物防疫员 183 名；三是在区财政十分紧张的情况下，为村级动物防疫员每人每月增加 100 元补助，村级动物防疫员每人每月工资补助达到 200 元，并且从 2017 年 7 月开始补发；四是为全区区乡两级 60 多名畜牧兽医人员争取到防疫津贴每人每月 350 元，并从 2016 年 1 月开始补发；五是争取、协调、帮助 18 名同志晋升中级畜牧（兽医）师，4 名同志晋升副高级畜牧师；六是积极改善基层畜牧兽医站办公条件，增加工作经费，对 10 个乡镇畜牧兽医站进行了不同程度的维修或改造，配备办公桌椅，完善各项规章制度，储备了消毒液、消毒设备等防控物资，三年累计拨付到乡镇站重大动物疫病防控等各种工作经费 200 多万元。

通过努力，全区形成了区、乡、村梯次相连，横向到边、纵向到底的基层畜牧兽医服务体系；全区基层畜牧兽医体系做到了有机构、有编制、有人员、有经费、有办公场所的“五有”标准，为全区畜牧业持续健康发展提供了有力保障。

（三）提高人员整体素质，增强服务效力

以畜牧科技推广队伍建设为核心，突出抓好基层畜牧技术人员能力素质提升，加强对畜牧兽医技术人员的岗位教育、知识培训及更新，采取异地研修、集中办班和现场实训等方式，分层分类分批开展培训。三年来区乡村三级畜牧兽医技术人员外派参加省市级专业技术培训23次，区级集中培训26次，受训5000多人（次），使技术人员的理论水平得到提高，实践动手能力得到增强，新技术推广速度明显加快、推广服务效果明显提升。

（四）强化动物防疫体系建设和阵地建设，提高动物防疫监督管理机构能力和水平

一是整修区级办公楼室内外，配备新的办公设施设备，配套会议室、档案室、仪器室、应急库等，办公环境焕然一新。二是改造中心化验室100平方米，配置实验工作台桌、酶标仪、洗板机、多单道移液器、三目显微镜、高精准电子天平、生化恒温培养箱、离心机、消毒柜、药品阴凉柜及配套耗材20多台（套）；2018年购置禽蛋药残检测设备1套；2019年招标购置检测非洲猪瘟病毒PCR仪1台。三是建设完善了区中心、倍加造和党留庄三个重大动物疫病防控应急储备库，可覆盖全区，能方便机动快速应急；2018年申请25万元应急储备资金，紧急采购补充了防护服、口罩、扑杀器、大型消毒车、发电机、消毒液等应急物资。四是在区疫控中心、倍加造镇站、周士庄镇站、许堡乡站、党留庄乡站新建20立方米冷库5座，配备冰柜和冰箱等冷藏设备21台；为村级动物防疫员配备冷藏包183件，配备112升的冰箱183台；达到了全区防疫员人手一个冷藏包、一个小冰柜，真正做到了全冷链建设。五是创新动物卫生监督工作，产地检疫改“一所”承办模式为“一所加十站”承办模式，2018年为各乡镇畜牧兽医站配齐了台式电脑、打印机等设备，全区生猪产地检疫工作全面正常开展；考虑到官方兽医人员入户按程序现场检疫确认合格后，再返

回乡镇站出票，大量的时间奔波于乡村养殖场户和乡镇之间，鉴于非洲猪瘟防控任务重和产地检疫人员少的缺点，结合“改革创新，奋发有为”大讨论活动，区畜牧兽医主管部门争取资金，又为10个乡镇畜牧兽医站配备笔记本电脑10台，改“入户检疫返站出票模式”为“入户检疫现场出票模式”，改“两点奔波服务”为“一站式服务”，提高了工作效率，方便了养殖户和经纪人。六是屠宰检疫和监管工作不断加强，规范辖区内三个屠宰场工作流程标准化生产，严把“进场关”，规范生产环节，派驻官方兽医做好屠宰检疫工作；三个屠宰场都提前配置了检测非洲猪瘟病毒PCR仪等设备，按要求开展非洲猪瘟病毒检测；采取日常监管和突击飞行检查等方式加强对屠宰场监管，中心领导经常带队夜晚或凌晨深入屠宰场飞行夜查，重点对入场、瘦肉精抽检、屠宰和票证查验等环节进行检查，对官方兽医人员到位情况进行督查，确保畜产品质量安全。

二、主要成效

近年来，云州区坚持把发展生态畜牧业作为实现县域经济可持续发展的切入点和农民增收的主渠道来抓，在推进全区畜牧产业发展上，主要取得了以下成效。

（一）周密部署，有序开展，重大动物疫病防控取得阶段性胜利

2017年打赢H7N9防控战，及时开展四次H7N9禽流感应急处置行动，对五场一村的69180只家禽进行了扑杀。上级对云州区的应对及时、处置果断、防控有力给予肯定，7名同志被省市评为防疫工作先进个人。

2018年非洲猪瘟防控工作取得阶段性胜利。2018年8月以来，全区累计召开非洲猪瘟防控工作会议13次，有序安排部署全区防控工作，严防死守，确保不发生不扩散。落实防控责任制，制定了《大同市云州区非洲猪瘟防控工作方案》。强化重点防控措施，先后开展隐患排查、生猪调运与屠宰监管、冷库和冷冻生猪产品清理、餐厨剩余物专项治理、宣传培训等五项行动。区指挥部办公室按照防控预案，做好应急储备，组建了防控应急预备队。9月28日接受省级非洲猪瘟防控工作督查，11月15–16

日接受市级防控非洲猪瘟督查组督查，对全区防控非洲猪瘟工作给予了肯定。

2019年以来全区无重大动物疫病发生，动物强制免疫先打后补在天佑、峰硕、椿林、恒升等规模养殖场试点开展三年，效果初见成效。

2020年兽医社会化购买服务初步试点，进一步强化养殖场户防疫主体责任，在聚乐、周士庄、倍加造、西坪和瓜园等乡镇开展，通过公开招标第三方，承担试点乡镇散养户动物强制免疫等任务，包括对养殖户开展重大动物疫病强制免疫、建立免疫档案、填写免疫记录、统计上报各类动物防疫信息、协助开展动物疫病调查、圈舍消毒灭源、参加重大动物疫情的扑灭等兽医服务。

（二）以创建国家农产品质量安全县为契机，进一步加强畜产品质量安全监管

结合畜产品质量安全专项整治工作的总体统筹部署，通过例行检查、专项整治活动和抽样、突击飞行夜查屠宰场等方式对全区的养殖场、饲料及兽药经营单位、生鲜乳收购站、屠宰场等进行监管。美运亨昌、天佑、亿鸿和丰硕等四大规模养殖场先后取得无公害鲜蛋产地认证，盛荣翔鸡场正在申报，2017年和2018年云州区顺利通过全省农产品质量安全示范县和全国农产品质量安全示范县的验收，2020年全区试行食用农产品合格证制度。

（三）畜禽环保工作情况

2016年底，全区养殖场建有粪污处理设施的不到10家，全区在畜禽环保方面基础差、底子薄、欠账大的情况下，全面开展畜禽粪污综合治理工作，三年累计治理72个规模养殖场配套建设粪污处理设施，其中2017年治理16个，2018年治理35个，其中包括建成天佑、盛荣翔、亿鸿和峰硕四个有机肥生产基地，2019年治理21个。圆满完成上级下达的畜禽养殖废弃物治理和资源化利用的80%任务。建成10个畜禽无害化处理收集点。2018年5月31日大同市“绿色发展，我爱家园”畜禽养殖废弃物治理和资源化利用宣传月活动开工仪式在云州区召开；

2019 年 6 月 14 日大同市非洲猪瘟防控暨畜禽粪污治理工作现场推进会在云州区召开。

（四）结合乡村环境整治战略，推进标准化养殖小区建设

近年来全区结合脱贫攻坚工作开展乡村环境整治，乡村集中开展硬化、美化、亮化，而放牧牛羊早出晚归，粪便随地抛洒，畜粪堆积不规范，严重影响乡村环境，乡村畜禽粪污综合治理急需推进。为此，建设人畜分离的标准化养殖小区十分必要，有利于乡村环境污染控制，优化农村格局，实现人畜分离，改善村容村貌，改善生态环境和人居环境，维护生态安全，建设村容整洁的新农村。经过调研规划，先后编制出台了《大同市云州区乡村环境整治标准化牛羊养殖小区建设方案（讨论稿）》《大同市云州区乡村环境整治标准化养殖小区建设实施指导意见》。目前峰峪乡杨庄村肉羊标准化养殖小区、周士庄镇三条涧村肉牛标准化养殖小区和吉家庄乡西浮头村肉羊标准化养殖小区已建成，农户已入驻。

（五）其他工作

围绕脱贫攻坚，做好畜牧产业扶贫工作。派出 32 名（3 名常驻）同志帮扶盘道村、渔儿涧村贫困户 171 户，累计帮扶金额 16 万元；2018 年 9 月 15 日和 2019 年 1 月 9 日组织两次公益捐助活动，向两村村民赠送包括米、面、油、月饼和牛奶等约 3 万元物资和捐赠大型幼儿娱乐设施一套、衣服等物资若干。

全区 45 个规模养殖场，通过收购青贮玉米和玉米等饲草料 3077.8 吨、土地流转 404.05 亩、与 97 户贫困户签订协议贷款委托养殖、无偿提供粪肥 1707 立方米及用工 80 多人等方式，带动贫困户 450 多户，折合帮扶资金 3348749.6 元，户均增收 7442 元。2018 年 9 月 13 日区一届人大常委会二次会议对畜牧产业扶贫工作落实情况综合评价基本满意。

另外，化解了历史原因导致的信访矛盾 5 起 11 人；开展绵羊子宫角人工授精 1000 多只；派员参加首届大同市动物防疫职业技能竞赛，于洁同志获二等奖。

三、发展思路

鉴于当前环保形势和全区的特殊区域地理位置，云州区的畜牧业发展面临严重挑战，为此云州区畜牧业的发展思路将不再是做大，而是从五个方面着手，提质增效、增加农民收入，把全区畜牧业做精、做细、做强。

1. 引进良种、开展新技术推广，用有限的空间创造出最大的效益；

2. 做好重大动物疫病防控工作，确保不发生重大动物疫情，为畜牧产业保驾护航；

3. 抓好畜禽环保工作，做好畜禽粪污处理和资源化利用工作，做好无害化处理工作，推动有机肥代替化肥，变废为宝；

4. 加快“三品一标”认证，致力于绿色、有机和无公害畜产品发展，提质增效；

5. 致力于实施品牌战略，打造“麻地沟”羊肉、“恒升”奶业、“天佑”禽蛋等云州品牌，推行食用农产品合格证制度，确保畜产品质量安全。

执笔：

王建军　山西省大同市云州区畜牧兽医服务中心

动物防疫对雁门关示范区建设的影响

编者按：重大动物疫病严重危害畜牧业生产和公共卫生安全，做好重大动物疫病的预测、预警和防控工作，是促进畜牧业增效、养殖户增收、农民脱贫攻坚的重要措施，也是确保雁门关农牧交错带示范区建设稳步发展的重要保障。

一、雁门关农牧交错带示范区之灵丘县畜牧业发展现状

2002年以来，按照山西省委、省政府提出的发展雁门关生态畜牧经济区战略构想，灵丘县在上级部门的关怀和大力支持下，紧紧围绕省委、省政府“农牧结合，以牧为主”的雁门关农牧交错带示范区建设发展战略。县委、县政府按照“大力发展牛羊、稳定发展猪鸡”的发展思路，找准自身在雁门关农牧交错带示范区的定位，制定了“两免一补”即免费防疫、免费改良、对养殖小区给予补贴的推动政策，经过近20年的发展，已由传统粗放式畜牧业向现代化高效畜牧业迈进，全县畜牧经济增长态势良好，各项工作取得了良好成效。

（一）草地建设成就斐然。全县拥有天然草地220万亩，人工草地15万亩，发展畜牧业具有得天独厚的自然条件。为了充分发挥这一优势，灵丘县近年来积极推行草畜平衡制度。按照“以草带牧、先草后牧、以草定牧、划区轮牧”的草原畜牧业发展战略，加强天然草原保护，加大人工种草力度，推进全县种植结构由“粮＋经”二元结构向“粮、经、饲”三元

结构的转变，大力推广青贮饲草，支持一些牛羊养殖场户建设青贮窖，同时调动社会力量收储干玉米秸秆，打成干草捆，既解决了牲畜的饲草来源问题又缓解了焚烧秸秆的环保压力，通过过腹还田，实现有机循环发展，为全县畜牧业的可持续发展奠定坚实的基础。

（二）良种繁育体系建设日臻完善。灵丘县从1982年开始进行黄牛改良，30多年从未间断，始终把推广冻精冷配技术作为改善肉牛品质、提高肉牛单产、增加养殖户收入的重要举措常抓不懈，全县黄改工作呈波浪式前进、螺旋式上升。改良点从刚开始试验的1个点，发展到现在的34个，改良技术员从最初的1人增加到现在的40余人，形成了覆盖全县12个乡镇251个行政村414个自然村的良种繁育体系。同时，突出特色产业发展，深入实施差异化品牌开发战略，立足本地大青背山羊，引进利木赞、安格斯等中高端肉牛冻精，发展“有机、绿色和地理标志”牛肉羊肉产品，依托科研、教学单位的人才优势，建立广泛区域合作关系。县政府与中国农大动物科技学院、山西农大动物科技学院、山西省生态畜牧产业管理站共同合作开展肉牛肉羊联合育种科技项目，在肉牛肉羊新品系培育、饲料配方研制、主要疫病防控、产品加工保鲜等重要的项目上攻关克艰，带动全县特色肉牛肉羊业的发展。加大对山西省良种大青背山羊的保护扩繁力度。此外逐步恢复本地土种猪、鸡品种的养殖，推广高端定制产品，如本地黑猪等实现原生态有机养殖等。

（三）设施养殖示范工程成效显著。按照“四轮驱动”、全面发展的战略，在项目单位推进“畜禽良种化、养殖设施化、生产规范化、防疫制度化、粪污无害化”的示范创新活动，引领全县畜牧业良性、循环发展，建成了一批成本低、效益好、人畜分离的畜禽标准化养殖园区和小区。雁门关农牧交错带示范区建设项目启动以来共建成标准化养殖小区（场）50多个。其中肉牛小区8个，肉羊小区18个，生猪小区16个，蛋鸡小区4个。发展100头以上的养猪场101个，500羽以上养鸡场49个，100只以上的规模养羊大户2766户。

（四）畜产品安全工作全力推进。按照“上下联动、以监促检、以检促免、检免结合”的十六字方针，严把“动物免疫、产地检疫、生猪定点屠宰检疫、出境检疫、执法监督、抗体监测”六道关，在全县形成了“防、检、监环环相扣，县、乡、村层层把关”的畜产品安全防控工作新局面。对全县现有 865 户适度规模养殖户、县生猪屠宰场进行了“瘦肉精”快速尿检，累计检测盐酸克伦特罗 2665 头份、莱克多巴胺 2665 头份、沙丁胺醇 2665 份，检测结果均为阴性。确保了灵丘县无重大畜产品安全事件的发生。

（五）疫病防控工作有序开展。按照“政府保密度、财政保经费、业务部门保质量”的要求，建立了对重大动物疫病防控经费由财政投入的长效机制，县财政每年投入重大动物疫病防控经费百万元，全县所有畜禽防疫项目全部免费，并实行畜禽档案管理、耳号管理制度。

（六）龙头企业建设发展壮大。龙头企业是畜牧业产业化的龙首，是产业化发展的关键所在。做大做强龙头企业，就要依靠政府和社会力量来增强畜牧业的带动作用。为此，灵丘县集中资金、物力、财力，加大政策扶持力度，创新融资机制，优化发展环境，全力支持龙头企业建设。引进了投资 5 亿元的山西润生大业牛血清生物材料加工和实验牛养殖基地建设项目，扶持上马了灵丘县佳农牧业有限公司、灵丘县好山好水养殖专业合作社、灵丘县万鑫养殖有限公司等一批肉牛养殖龙头企业共同建立的平型关肉牛养殖园区建设项目，引领全县畜牧业良性、循环发展。

二、灵丘畜牧业发展存在的问题

灵丘县畜牧业的发展虽取得了一些成绩，但依然存在很多的问题，主要表现为以下几方面。

（一）畜产品市场价格波动大，畜禽养殖户承担的风险高

近年来，生猪、肉羊、禽蛋、牛奶市场价格持续波动，犹如坐过山车，特别是 2019 年下半年以来，猪肉、牛肉、羊肉、鸡肉和鸡蛋价格再创历史新高，貌似畜牧业发展迎来新机遇，实则潜藏着巨大的危机。饲料、药品、人工价格持续上涨，一些中小型养殖企业在经历短暂盈利期后仍会面临长时间内处于微利和亏损状态。生猪、肉牛、肉羊生产由于受环

境保护影响和封山禁牧及林权制度改革等因素的制约，不同程度地影响了畜牧业的长远发展。

（二）畜牧业投入资金缺口大，规模化、标准化程度低

近年来，国家、省、市对畜牧业投入力度不断加大，灵丘县在扶持规模养殖方面做了大量工作，但与发展现代畜牧业的需求相比，无论是投资总量还是投资规模都相对较小。加之在畜牧业占地及融资方面存在诸多困难，都不同程度地影响了畜牧业规模化、标准化的建设。

（三）畜产品安全监管压力大，监管手段比较落后

灵丘县是晋冀交通要冲，畜产品流通频繁。由于近年来一些新发外来动物疫病、混合感染疫病的增多和一些非法投入品的使用，使得畜产品监管的点多、面广、任务大，而监管人员少、监管手段落后，造成畜产品监管的压力非常大。

（四）技术力量、管理人才与生产发展不适应

技术力量薄弱，服务水平不高。畜牧系统技术人才严重断档，青黄不接。由于结构失衡，年龄老化，知识老化，由此造成服务产业的能力不强，手段不多，一些新模式、新技术、新科技难以推广和应用，科技贡献较低，应该尽可能加大对畜牧业技术培训经费的投入力度。同时招聘一批本专科毕业生或从业绩突出的村级防疫员中选拔人才，以充实畜牧兽医技术队伍，增加新鲜血液，改善队伍结构，提升服务水平。

三、重大动物疫情发生趋势及对雁门关农牧交错带示范区发展的影响

（一）我国重大动物疫情发生现状及发展趋势

2018 年，我国发生非洲猪瘟疫情以来，共有 31 个省区市和香港特别行政区发生 159 起非洲猪瘟疫情，对我国生猪养殖业造成严重打击，并严重冲击我国生猪产品供应，非洲猪瘟是全球公认的养猪业“头号杀手”，一旦病毒定殖，势必对整个生猪产业造成不可估量的损失。灵丘县生猪存栏也由 6 万头降到目前的 5 万头左右。2019 年全球非洲猪瘟疫情已超 3000

起，全球猪肉总产量将下降，全球猪肉供应产量损失预计将达14%，而且可能还会继续上升，非洲猪瘟在中国造成的生猪损失将在全球蛋白市场引发巨大冲击。

同时，我国边境线长，口岸通道多，其他动物疫情传入风险也较大。从国内看，禽流感病毒出现变异重组，口蹄疫病毒同时存在多个血清型，重大动物疫病病原污染面依然较大，增加了疫情发生概率；个别地区散发A型口蹄疫疫情，发病畜种和波及范围有所扩大，防控难度进一步加大；部分地区布病、结核病、狂犬病等人畜共患病有抬头趋势，威胁畜牧业发展和公共卫生安全，进而影响雁门关农牧交错带示范区建设。

（二）雁门关农牧交错带示范区建设面临的重大动物疫情影响

作为雁门关农牧交错带示范区的一部分，近几年，灵丘县虽没有发生高致病性禽流感和口蹄疫等重大动物疫情，但由于重大动物疫病病原分布广、毒株持续变异；动物产品流通渠道多，增加了病原在地域间流通扩散的风险。灵丘县地处晋冀蒙、京津塘交通要道，畜禽及其产品调运频繁，对灵丘县重大动物疫情防控带来极大压力。同时，一些普通传染病在部分乡镇时有发生，给养殖户带来了一定的经济损失。猪的附红细胞体病、弓形虫、圆环病毒病每年多发生于夏、秋季节，往往与蓝耳病、猪瘟混合感染，使得猪只病情加重。而猪丹毒、猪肺疫呈全年地方散发，一般不会造成生猪死亡，猪传染性胃肠炎呈散发流行，影响仔猪的成活率。鸡的发病首先仍以新城疫为主，呈四季散发，不会造成大面积爆发。其次是禽霍乱，该病主要侵害产蛋鸡；鸡的呼吸道疫病及鸡痘在个别地方也时有发生。羊痘及布病呈地域性散发，特别是人感染布病呈增长趋势。

四、预防动物疫情的具体措施

（一）加强动物基础免疫工作，是保护易感动物的重要途径

动物疫病的发生，必须要同时具备以下三个条件：即传染源、传播途径和易感动物，缺了任何一个环节，动物疫病就不可能发生。然而实施重大动物疫病防治的根本目的是确保动物生产安全，最终目的是确保人们身

体健康。因此，只有加强动物免疫工作，开展春秋防疫和月月补免工作，才能从源头上保护易感动物。几年来，我们实施的五种重大动物疫病强制免疫注射工作，为有效防控这几种疫病发挥了重要的作用。

（二）严格检疫、把好出入关，是切断传播途径的重要举措

灵丘县按照“上下联动、以监促检、以检促免、检免结合”的十六字方针，严把“动物免疫、产地检疫、生猪定点屠宰检疫、出入境检疫、市场监督和疫情监测”六道关，防、检、监环环相扣，县、乡、村层层把关，加强产地检疫，严把出入关；加强屠宰检疫，严把市场准入关。

（三）加强高温季节消毒灭源，是消灭传染源的重要保证

夏季是各种病原微生物大量繁殖的季节，又是动物机体免疫状态最差的季节，加强高温季节的消毒工作，显得更为重要。大多疫病如附红、弓形虫、圆环、蓝耳病等在此时进行消毒，都可以得到杀灭，从而就会减少疫病的发生或受到混合感染。

（四）开展疫情检（监）测，实行病源追踪制度

一是定期开展疫病的血清学检测。灵丘县在春秋防疫结束后进行采样检测，可判定免疫密度和抗体合格率，发现村场免疫注射工作开展的好坏，从而进一步采取补救措施，提高免疫质量，确保动物机体有较高的免疫水平。二是不定期开展疫病的病原监测，一旦发生有阳性病例，就可以进行追踪溯源，将疫情尽快地控制在疫点上，从而避免疫病的扩散和蔓延。

（五）坚持“自繁自养”制度

不从外地购买畜禽，特别是从疫区购买畜禽，这样就从源头上防止了疫病的发生。

（六）加强生物安全管理，提高饲养管理水平

始终保持圈栏清洁、干燥、通风、采光，可避免大多数病，特别是猪链球菌病的发生；加强营养、精心管理，可从根本上防止疫病的发生。

执笔：

曹春红　山西省灵丘县动物疫病预防控制中心

朔州篇

雁门关农牧交错带饲草产业发展建议

编者按： 饲草是饲料中最具发展潜力和关键的部分。随着农业结构调整的深化和农牧业产业化经营的推进，饲草饲料作为畜牧业发展的基础产业和保障，对促进种植业和养殖业产业结构调整，改善生态环境，提高养殖生产效益，增加农民收入，发展现代高产、优质、高效农业战略将发挥越来越重要的作用，并正在成为未来我国最终全面实现农产品总量供求平衡的一项关键内容。

近年来，伴随着生态优先发展战略的实施，国家、省、市加大了对饲草种植的扶持力度，积极引导农民改变种植业结构，大力建设农区饲草种植基地。广大群众种植饲草的积极性空前高涨，饲草种植规模也迅速扩大，各种从事饲草种植的专业合作社也应运而生并迅速壮大，饲草种植收获加工机械需求极度旺盛，饲草产业得到空前发展。

当前，发展饲草产业已经成为实现乡村振兴、推进供给侧结构性改革和发展现代畜牧业的重要组成部分。

一、雁门关农牧交错带发展饲草产业的意义

饲草产业是农牧业生产生态系统良性循环的中枢产业。健康的农牧业系统需要合理的产业结构，国外发达国家种植业中，饲草业占 1/3，轮作是其主要方式，构建了合理的“粮、经、饲”三元结构；畜牧业占农业比重达 40% 以上，草食畜牧业占畜牧业 50% 左右，饲草占草食家畜日粮的 60% 以上；畜牧业中，牛羊等反刍家畜的比例较大，最高达 80% 以上，而

我国仅处于25%左右。因此，发展饲草产业对优化我国粮—经—饲三元结构的比例意义重大。

雁门关农牧交错带区内总人口890万人，其中农业人口500万人，农户241.83万户，农村劳动力333.81万人。区域内多为黄土广泛覆盖的山地型高原，地貌类型复杂多样，以山地丘陵为主，国土总面积6.35万平方千米，约占山西省国土总面积的40.5%。区域内现有耕地面积2454.94万亩、草地面积3021.8万亩、林地面积2821.2万亩，分别占到区内国土面积的25.8%、31.7%、29.6%。人均耕地7.2亩、草地9亩、林地8.4亩。

2017年，山西省委省政府作出了建设雁门关农牧交错带示范区的重大决策，并将其列入三大农业的省级战略，成立了雁门关农牧交错带示范区建设工作推进组，印发了《关于雁门关农牧交错带示范区建设的实施意见》。2018年，省政府又出台《雁门关农牧交错带示范区建设2018行动计划》，提出将按照"草牧结合、农牧循环、生态有机"的总思路和"调结构、补短板、创品牌、上水平"的总方针，重点调优种植业结构、做大饲草产业、建设草食畜生产基地，推进产业融合，把雁门关区打造成为全国北方农牧交错带样板区。

饲草产业是雁门关农业供给侧结构性改革中需做大做强的关键产业。结合当前居民对优质、有机等草食畜产品需求的快速增加，以及畜牧业资源利用效率和生产效率提升的迫切需求，急需解决优质饲草的稳定和有效供给，优化禾本科、豆科作物结构，合理实施粮草轮作、间作等。同时，饲草产业也是雁门关农牧交错带地区种草养畜精准脱贫的首选产业。受区域土地资源的限制，以及草食畜牧业发展需求的拉动，雁门关农牧交错带可将种草养牛养羊作为产业扶贫的重要选项，饲草产业为本地区精准脱贫发展畜牧业奠定了重要基础。

二、雁门关农牧交错带饲草产业发展取得了明显成效

（一）抓重点、求突破，饲草产业蓬勃发展

朔州市畜牧业在农业中占主导地位，2019年在引草入田、耕地种草、立草为业的基础上，继续推进了全株青贮玉米、苜蓿和燕麦草三大牧草产

业的发展，着力打造了一批优质牧草基地。优先支持种植1000亩以上苜蓿、300亩以上燕麦草的实施主体，推进了牧草集中连片、社会化服务发展。在右玉县建设10万吨优质全株玉米青贮基地。整合了全市苜蓿、燕麦草资源，建设10万亩苜蓿青贮基地和万吨燕麦草基地，与内蒙古等地区形成“牛羊养殖、牧草种植”双向的“物质能量”良性循环和市场共赢。

2019年朔州市耕地种草面积达到85万亩，占到耕地总面积的15%，位居全省第一。其中全株青贮玉米45万亩，苜蓿19万亩，燕麦草18万亩，其他3万亩。拥有540台全株玉米青贮机械，青贮量100万吨，比种籽粒玉米每亩增收200–300元，每年为农民新增纯收入近亿元。全市千亩以上集中连片的苜蓿基地发展到38处，3000亩以上的苜蓿基地26家，约9.3万亩；1000亩以上的燕麦草种植49家，约8.2万亩；组建了5个社会化收获加工服务组织，拥有各类牧草机械130多台（套），日收割加工能力达到1万亩，新建5000平方米以上的区域性贮草棚5万多平方米。去年启动了万吨苜蓿青贮行动，今年青贮苜蓿12万吨，亩均收益在1000–1500元，是种植玉米的2–3倍，2万多头奶牛饲喂效果证明与进口苜蓿相同，每头奶牛可节约饲养成本1000多元；燕麦草纯收益也达到亩均300多元，比种植食用燕麦增收100–150元。三大优质牧草不仅满足了当地需求，还开始销往内蒙古、河北、天津、四川等地。

（二）一系列饲草扶持政策出台，有效助推了本区域饲草产业的发展

朔州市坚持立草为业、引草入田，深入推进种植结构调整优化。补短板、强弱项，着力构建草业产业的产销体系和社会化服务体系。一是持续推动优质牧草种植，全市共种植牧草85万亩。二是加快提升草业发展水平。全市建设了标准化干草棚5万平方米、青贮窖10万立方米、牧草储备中心3个。发展全株玉米收贮服务组织151个，日收贮能力7万亩。有培育苜蓿、燕麦草收获加工龙头企业5个，拥有大型收割加工机械130台（套），日收割加工能力达1万亩。积极探索“农种牧用”的发展路子，开拓外销市场，销往内蒙古、河北、晋中市等地，牧草总量达到7万吨。三是探索开展牧草保险工作。受气候条件的影响，冬季降水少、倒春寒对苜

蓿越冬造成了不同程度的危害；秋季多雨导致燕麦草倒伏和苜蓿死亡。为了增强牧草种植户对自然灾害的抵御和抗风险能力，保驾护航草业发展，朔州市坚持“政府引导、市场运作、自主自愿、协同推进”的原则，积极开展牧草保险工作，全市共投保牧草 3 万亩。

三、制约饲草产业发展的问题仍显突出

（一）全程机械化程度不足，草产品质量不稳定

虽近年来饲草收获机械拥有量逐年增加，但占农业机械总动力的比重仍不足 2.3%，且结构性缺乏，适宜不同区域、不同草种、不同作业模式的机具不足，国产机械少，作业质量较国外有很大差距。由于机械化生产标准应用少，导致饲草质量总体较差，一级草产品占比小，缺乏市场竞争力。

（二）草畜结合不紧密，制约草食畜牧业提质增效发展

目前，我国奶牛规模化牧场优质饲草使用比例较高，但普遍存在优质饲草生产配置不足，导致养殖场成本高、生产效率低下、粪污治理难度大等问题，种植优质饲草是规模化牧场节本增效的根本措施；在丘陵山区，牛羊直接采食利用饲草是草畜结合的最经济高效的生产方式。目前本区域还未建立起高产人工草地放牧利用的优化系统。

四、对本区域饲草产业高质量发展的建议

一是支持鼓励耕地轮作种草，实施引草入田工程，带动休耕和低产农田种植苜蓿等饲草，改良低产农田，构建生态养地型草田耕作制度，提升机械化作业水平，保障优质饲草供给，加强苜蓿产用结合、产销衔接，实现苜蓿就地转化增值。实现本区域规模化奶牛场优质饲草自给，促进草畜联动及草食畜牧业健康发展，增强可持续发展能力。

二是鼓励支持土地流转，实施土地流转财政补贴政策，推进饲草规模化、专业化生产；利用现有耕地，发展人工种草和草田轮作，发展全株青贮玉米，扩大苜蓿、燕麦草等优质牧草种植面积，优化苜蓿产业化组织形式，建设一批规模化、专业化优质饲草料生产基地。扶持培育一批专业

化、规模化、现代化饲草龙头企业，助推本区域饲草产业的更好更快健康可持续发展。

三是加快实施草畜融合工程，积极扶持牛羊等养殖企业自建饲草基地。苜蓿生产以干草为主，半干青贮为辅。积极挖掘土地资源，增加粮饲调整的苜蓿种植用地，利用盐碱地、滩涂、滩地、中低产田地种植苜蓿。重点解决“雨季霉烂”的问题，加强青贮，提高苜蓿品质。实施草食畜“日粮配草”，构建种养一体化循环产业体系；可在山区实施混播人工饲草地放牧利用，积极发展“低成本放牧 + 补饲”的低成本高效益肉牛肉羊适度规模养殖的生态草牧业发展模式。

五、本区域饲草产业发展技术研究重点

从本区域饲草产业和草食畜牧业发展来看，亟须加强针对本区域饲草生产的配套技术研发与示范应用，以保障区域饲草产业、草食畜牧业健康高效发展，确保农民通过草牧业发展实现增收与脱贫致富，实现区域绿色发展。

（一）抗逆丰产稳产饲草新品种引进、饲用价值和生产效益评价

针对本区域自然条件和畜牧业对饲草的实际需求，开展耐旱、耐瘠薄、耐寒、丰产稳产型饲草新品种（一年生、多年生）的引进、饲用价值和生产效益评价，筛选适宜本区域气候特点，并具有较高饲用价值和生产效益的饲草新品种。

（二）规模化种植条件下饲草保护性播种、出苗保苗及旱作丰产技术研究示范

本区域气候突出特点为干旱、多风、寒冷，安全播种出苗保苗及旱作丰产技术为本区域饲草生产的重要保障。针对本区域气候、土壤及主要饲草生物学特性，重点突破规模化种植条件下的饲草保护性播种技术、出苗保苗种子处理技术、旱地蓄墒保墒避风耕作技术及配套机械、旱地饲草肥根水共济调控技术等，集成建立规模化种植条件下饲草保护性播种、出苗保苗及旱作丰产技术，并进行规模化示范应用。

（三）干草减损节本提质增效规模化生产技术研发与示范

以本区域适宜进行干草调制的饲草品种紫花苜蓿、饲用燕麦、饲用黑麦等为重点，开展适时收获、快速干燥、高水分安全打捆贮藏及配套机械研发，研发适宜本区域气候特点的干草减损节本提质增效规模化生产技术，并进行规模化示范应用。

（四）饲草混合青贮提质增效技术研发与示范

以适宜进行青贮饲料生产的青贮玉米、饲用甜高粱与饲用豆类间作混贮；饲用燕麦与箭筈豌豆等混播为重点，开展青贮饲料作物适时收获、混合组配及比例、添加剂添加、青贮工艺等关键技术研发，集成建立主要饲草安全混合青贮技术，并进行规模化示范应用。

（五）饲草混播及草产品高效加工技术研究与示范

饲草混播具有较大优势，由于发挥了牧草间的互补效应，可提高产量，改善品质，有利于加工调制，对发展农牧交错带畜牧业十分有利。目前在苜蓿混播种植中，苜蓿与其他豆科牧草、禾本科牧草，或者苜蓿与禾本科牧草按一定比例混合播种建植人工草地越来越受到重视。应针对本区域气候和土壤条件，开展豆科与禾本科饲草混播及加工调制技术研究。重点开展饲草混播比例、养分一体化调控技术、适时收获技术、干草同步干燥调制技术、混合青贮技术研发，集成示范饲草混播及草产品高效调制技术。

（六）“低成本放牧＋舍饲补饲”的高效饲养模式研究与示范

草畜结合和放牧是本区域的传统及优势。放牧具有成本低、家畜生产性能高、畜产品质量好等优势。重点开展“冰草＋新麦草＋胡枝子”型草地、“高羊茅＋无芒雀麦＋苜蓿”型混播草地的建植与刈牧利用技术以及放牧条件下舍饲补饲技术研究，集成示范“低成本放牧＋舍饲补饲”高效饲养模式。

执笔：

石永红　山西农业大学草业学院

以发展现代草牧业为抓手，推动朔州农牧交错带示范区持续健康发展

编者按：朔州市耕地资源丰富，牛、羊产业发达，全市拥有548万亩可耕地资源，282万亩天然草场。2015年，朔州被农业部确定为全国唯一整市推进的草牧业试验试点市。五年来，朔州市以雁门关农牧交错带示范区草牧业建设工作为抓手，按照“以畜定草、草畜结合、以草促牧、以牧富民”的发展思路，扩大草畜规模，促进产业集聚，做强科技支撑，农牧交错带农业结构调整持续推进，草牧业得以健康发展。全市奶牛饲养量和鲜奶产量分别达到了18.7万头和55万吨，年出栏肉羊400万只，成为国内知名的鲜奶和肉羊生产基地。

一、建设成效

（一）农业结构调整初现成效，草畜加结合更加紧密

近年来，朔州市实施了在全株玉米青贮上搞突破、苜蓿和燕麦草种植搞示范、扩规模建牧草基地的“三步走”战略，不断深化草牧业试验试点工作。2019年，全市耕地种草85万亩，是2014年的四倍多。粮经饲比例优化为44：22：34。全市建成年出栏1000只以上的规模养羊场区357个，肉羊饲养量达620万只，年出栏肉羊405万只，肉羊屠宰加工企业14家，

年加工能力达600万只，走出一条以肉羊育肥基地建设带动养殖和加工产业的现代草牧业发展道路。全市建成存栏300头以上的奶牛场区228个，奶牛存栏量达18.7万头；做强本土奶业龙头古城集团，引进蒙牛、伊利、雅士利等大型乳企，鲜奶加工能力达到100万吨以上；产业实现了全循环、现代化集聚发展。肉牛、肉驴产业和规模健康养殖水平不断提升，培育成为草牧业发展新的增长点。

图1　天喜奶牛牧场

（二）立草为业初具规模，草牧业成为农民增收新途径

2019年，以平川区为主，种植全株青贮玉米48万亩，发展收获服务组织152个，203个养殖场签订了种销订单，青贮玉米数量达112万吨。全市苜蓿种植面积发展到19万亩，其中高水肥地区、良田种植苜蓿6万亩，千亩以上集中连片的苜蓿基地发展到38家，以干草、青贮产品为主的苜蓿加工厂5家。燕麦草种植面积18万亩，以山区为主，集中连片300亩以上的达53家，以干草产品为主的燕麦加工厂3家。与出售籽粒玉米相比，全市85万亩牧草可为农民增收1.95亿元，农民人均增收245元，有效缓解了玉米价格下行和奶业低迷对农民收入的不利影响。2019年农民人均牧业纯收入可达1880元，比2014年提高28个百分点，是全省平均水平的2倍多。

图 2　怀仁市金艺公司养羊园区

二、主要做法

（一）跨部门联动，汇聚结构调整快速发展合力

2015 年 10 月，山西省农业厅、发展改革委、财政厅等八部门联合出台《关于对朔州市草牧业试点工作的扶持意见》，从饲草种植、草食畜牧业发展等方面推动草牧业整体发展。省里出台《山西雁门关农牧交错带示范区建设规划（2016—2020 年）》，山西省政府多次协调农业、水利、农机、供销等部门联动支持朔州发展草牧业。借此东风，朔州市出台《全国农牧交错带农业结构调整朔州先行区发展规划（2017—2020 年）》，不断加强政策引导扶持力度。省、市水利部门协调水系治理资金为苜蓿产业发展节水喷灌工程，2019 年已建设万亩以上苜蓿喷灌工程，2020 年全面展开。银行与畜牧部门联合推出金融助推“粮改饲”贷款优惠政策，涉农银行以“爱心乳业贷”等形式为养殖和青贮企业贷款。在科技支撑上，积极引导各级政府、龙头企业、养殖园区与科研院所合作。特聘南志标院士等 9 位知名专家，把脉助推朔州现代草牧业发展，建设山西省雁门关生态农牧研究院，搭建草牧业发展科技服务平台。

（二）跨境整合资源，实现区域融合发展

朔州根据当地农牧业生产条件和产业发展现状，通盘谋划，发挥北方农牧交错带优势，大力整合资源，重点打造三大草牧业发展区域，构建了区域内“山繁川育”、区域外“牧繁农育”的融合发展格局。在西部、东部、南部山区，开展天然草场改良、混播草场建植、能繁母羊基地建设；在北部、中部平川区，发挥毗邻内蒙古牧区优势，引进羔羊、架子羊，开展牧草种植，建设现代化肉羊育肥、加工、销售基地；推进粮改饲青贮玉米种植，发展现代化奶牛养殖、乳制品加工、粪肥循环利用。

（三）跨产业互动，促进草牧产业集聚发展

朔州打破传统种、养、加单打独斗方式，力推“种养配套、种加结合、要素集聚、规模发展”，以畜为核心，多环节构建紧密的产业联结机制，扶持养殖、饲草料、加工、农机、有机肥、物流、电商、金融等企业集聚发展，打造草牧产业集聚区，实现一二三产业融合发展。重点打造两大草牧业产业集聚区：一是以怀仁县南小寨村百万肉羊育肥基地为中心的1000平方千米现代肉羊产业集聚区，二是以古城集团、恒天然牧场群为重点，打造1000平方千米现代奶牛产业集聚区。

（四）跨项目整合，优化种植结构、提升养殖效益

一方面，围绕推进雁门关农牧交错带农业结构调整，借草牧业、粮改饲项目发展东风，启动桑干河流域百里生态草业经济带战略，以全株玉米青贮，苜蓿、燕麦草种植为突破口，进一步调优种植业结构。另一方面，在牛羊养殖提质增效上，朔州市统筹国家、省、市、县相关项目资金8亿元，撬动社会资金投入60亿元，共建成702个草食畜规模养殖场区，85%以上奶牛养殖园区、70%以上肉羊养殖园区实现规模健康养殖。全市的草食畜营养供给结构正在由“谷物”为主向“优质牧草”为主转变，产奶牛日产鲜奶达25千克以上，日增产3千克，奶质明显提高，仅此一项朔州市奶业日增收入45万元；6月龄出栏肉羊增重2.5千克，脂肪含量减少，胴体质量提高，每只羊平均增收30元。

（五）跨行业协调发展，实现生态、社会、经济效益共赢

在天然草场保护、人工草地建植和母畜繁育基地建设上，实行合理规划天然草场载畜量、人工草场建设同步推进优质牛羊繁育，在保护草地生态效益的同时，也保障了牧业利益。在调整种植业、发展草业上，坚持“同步推进、农民增收”原则，农民增收与耕地种植形成良性互动机制，逐步实现本地苜蓿草替代进口、燕麦草替代外调，就地生产转化，增效明显。在农牧循环发展上，实施粪肥沃田工程，建成有机肥加工厂6座，年生产有机肥30万吨。每年粪污沃田总量达到280万吨，50万亩土地得到改良，

改善生态环境，开辟“藏粮于地”新途径。在扶贫脱贫上，实施草牧业精准扶贫，针对贫困人口多集中山坡区、空壳区和空心区这一现状，发挥地广草多、传统养畜优势，补充实施人工种草战略，大力发展能繁母畜。

三、发展模式

（一）“牧繁农育”模式，奠定农牧交错带生态经济和谐发展大格局

以怀仁县肉羊产业为主，此模式正引领全市肉羊肉牛产业发展。朔州毗邻内蒙古草原，2019 年承接草原羔羊近 300 万只，呈逐年增长之势，有效减轻了牧区生态压力，实现了草原、农区生态与经济互补共赢、和谐共生。目前开始着手建设的 3 个大型牧草储备基地，在满足全市牛羊牧草需求多元化的基础上，为草原黄灾、白灾、旱灾提供优质牧草。“山繁川育”在实践中占位重要、占比逐步攀升。朔州境内的山区，作为局部意义上的“牧区”，开展天然草原围栏封育、人工混播草场建植、能繁母羊场户建设；羔羊、架子羊在平川区育肥（见图 3）。“山繁川育”在产业扶贫、农户脱贫致富方面有积极意义。

图 3 羔羊育肥

（二）施行“草畜肥一体化”模式，成为国内草食畜牧业持续健康发展新典范

朔州市建成集牧草种植、牛羊养殖、粪污利用、土地改良（盐碱、沙

化地为主）于一体，配套300亩以上草场的生态循环型牧场278个（奶牛场区存栏≥500头，肉牛场区出栏≥300头，羊园区存栏能繁母羊≥500只或年出栏≥2000只）。其中，以怀仁县、山阴县、应县和朔城区、平川区为主，通过流转土地，自有1000亩以上草场的牧场有56个，主要种植青贮玉米、苜蓿；以右玉县和平鲁区山区为主，通过流转土地，自有1000亩以上草场的牧场有27个，主要种植燕麦草、青贮玉米，混播草场，划区轮牧。草畜粪肥一体，就地利用，改良土地，紧密结合，在国内具有典型示范。

（三）“一二三产”深度融合模式，领跑雁门关生态畜牧经济区发展

产业融合，推进各生产要素的优化组合和科学配置，打造草牧产业集聚区，实现一二三产业融合发展。朔州重点打造两大草牧业产业集聚区：一是1000平方千米现代肉羊产业集聚区，以怀仁县南小寨村百万肉羊育肥基地为中心，辐射肉羊园区213个，形成年出栏300万只“引羊”的羔羊基地，入住养殖、种草、饲草料加工、农机、屠宰加工、皮革、有机肥、物流、电商、金融等企业，年销售收入35亿元。二是1000平方千米现代奶牛产业集聚区，以古城集团、恒天然牧场群为重点（见图4），辐射区域内186个奶牛园区，形成18万头现代化奶牛生产基地，入住养殖、种草、饲草料加工、农机、乳业加工、有机肥、物流、电商、金融等企业，年销售收入65亿元。

图4 恒天然牧场青贮现场

四、工作建议

（一）在朔州建立国家优质牧草储备基地

朔州市毗邻内蒙古，内蒙古因夏季干旱、冬季雪多引发的牧草短缺现象时有发生。建议在朔州建设国家级 10 万吨优质牧草储备基地，弥补内蒙古牧草不足的问题，实现两地优势互补。在全市建设 10–15 个牧草储备库，其中燕麦草 10 个，苜蓿草 5 个。建议国家政策在牧草储备库建设上进行扶持。

（二）加大牧草机械购置和干草棚建设扶持力度

伴随牧草种植面积不断扩大，牧草收获加工机械和牧草收贮干草棚短缺，已成为草产业发展的两大瓶颈。1000 亩苜蓿，需投入 100 多万元的收获设备，再加上牧草机械使用期相对较短，经济上也不合算，牧草种植户无力承担。出现了牧草种得好、长得好、收不回的尴尬境地，造成了经济损失，发展牧草机械化服务组织已成为不二选择。据摸底，朔州市拥有一定规模，愿意继续投资发展成为牧草机械化服务组织的有 12 家，拥有总动力 1.5 万马力，年收获加工能力 1.5 万亩。需配套购置收获加工机械 150 台（套），投资 5000 多万元，可解决朔州市 8 万亩牧草收获加工问题。建议加大对牧草机械购置的扶持力度，支持牧草机械化社会服务组织建设。同时，牧草雨淋日晒后极易腐败变质，干草棚是草产业的一个重要环节，也希望加大干草棚建设扶持力度。

（三）在畜禽粪污治理和资源化利用上予以扶持

朔州市地广人稀，沙化地、盐碱地严重，近年来畜禽粪污绝大部分腐熟后用来改良盐碱地。随着养殖数量的扩大和环保督查压力加大，我们也在研究粪污更进一步的引申利用，研究饲草料种植、牛羊养殖、粪污利用、土地消纳更加紧密结合。建议国家在规模养殖场的粪污治理上给予技术和资金上的支持。

（四）加大人工种草土地流转政策支持

土地流转是困扰社会力量开展人工种草的重要问题。特别是苜蓿产业，需要高水肥的良田，需要集中连片的土地进行机械化、现代化作业。建议政府在牧草规模种植试点培育初期，协调解决土地流转问题，加大土地政策支持力度。

雁门关农牧交错带示范区蓝图已经绘就，建设仍在路上。工作的重点是调整种植业结构，发展草业，走一条新型的现代化草牧业发展之路。到2022年，全市牧草种植面积计划由现在的85万亩增加到100万亩，其中全株青贮玉米50万亩，苜蓿等多年生牧草25万亩，燕麦草等当年生牧草25万亩，完成雁门关农牧交错带示范区农业结构调整“三三”制目标。

执笔：

乔　栋　山西省朔州市畜牧兽医服务中心

朔州大力推进农牧交错带农业结构调整先行区建设

编者按： 朔州市位于农牧交错带，是山西省雁门关生态畜牧经济区核心区。2015年，为推进农业结构调整，加快发展草牧业，农业部在全国部署开展草牧业试点，朔州市被确定为草牧业试验试点市。2016年5月，被确定为北方农牧交错带结构调整的先行区。国家农业部、山西省政府、山西省农业厅对朔州市开展草牧业试点和先行区工作高度重视，给予了特别支持。

多年来，朔州市认真贯彻农业部的决策部署，立足农民增收，深入实施粮改饲、草牧业政策和雁门关区农牧交错带农业结构调整战略，因地制宜调减玉米，大力发展草食畜牧业，推进种养结合、农牧循环、一二三产融合，着力打造全国农牧交错带结构调整优化先行区，努力走出以畜定草、草畜结合、以草促牧、以牧富民的农业现代化路子，农业结构调整取得可喜的成绩。

一、经验之一：因地制宜，因势利导，着力构建科学合理的农牧产业新体系

朔州市具有发展畜牧业的良好条件，经过多年努力，畜牧业在数量规模上走在全省前列，但转型升级、提质增效的问题十分突出。为此，全市抓住国家政策机遇，以粮改饲和草牧业发展为抓手，优化资源配置，种养整体布局，农牧同步推进，做大做强区域性优势产业和地方性特色产业，多途径增加农民收入。

图 1　粮改饲三元结构调整朔州市现场会

图 2　2016 年，时任农业部长韩长赋考察朔州市草牧业发展状况

一是坚持为养而种，做大草产业，着力优化种植结构。为养而种，以畜定草，不断优化种植结构，是朔州市的一条基本经验。首先挺起了饲草种植这个龙头，减粮增饲。近几年，实施了在全株玉米种植青贮上搞突破、苜蓿和燕麦草种植搞示范、扩规模建牧草基地的“三步走”战略，不断推进粮改饲工作。2019 年，全市种草已达 85 万亩，其中全株青贮玉米 48 万亩、苜蓿 19 万亩、燕麦草 18 万亩，是 2014 年的 4 倍多。种植的 48 万亩全株青贮玉米，接近于中央给山西省 50 万亩的粮改饲任务。建成了一批规模化、专业化优质饲草料生产基地，全市千亩以上的苜蓿生产基地发展到 38 家、燕麦草生产基地 27 家。五年减少籽粒玉米 215 万亩，粮经饲比例优化为 44：22：34，玉米去产能取得决定性成果。仅种草一项，与出售籽粒玉米相比，平均每亩增收 245 元，全年共为农民增收 1.95 亿元，有效缓解了玉米价格下行对农民收入的不利影响。

二是坚持草畜结合，做强草食畜牧业，着力提质增效。草畜结合、以草促牧，发展奶牛肉羊产业是加快农业结构调整的基础，失去这个基础就是无源之水、无本之木。经过 15 年雁门关生态畜牧经济区核心区建设，全市养殖业产业体系基本形成。全市奶牛存栏可达 19 万头、建成标准化养殖园区 702 个，其中奶牛园区 228 个，肉羊园区 357 个，80% 的成母牛、70% 的肉羊实现了规模养殖，已形成了现代化奶牛产业带和现代化肉羊产业带。在结构调整中，全市以现代化奶牛产业带和现代化肉羊产业带为轴心，大力发展牧草种植，不断推广科学饲喂方式，打通种养循环通道，推动牛羊养殖业降成本增效益。2018 年，全市全株玉米青贮总量达 120 万吨，基本实现了牛羊饲喂全覆盖。全株玉米、苜蓿、燕麦草饲喂量分别达到 120 万吨、5 万吨、3 万吨。营养结构的改善使得牛羊养殖提质增效明显，鲜奶、羊肉品质明显提升。到 2018 年底，全市奶牛存栏达 19 万头，鲜奶产量达 60 万吨，比 2014 年增长 15 万吨，增幅达 33.3%。肉羊出栏 430 万只，比 2014 年增加 26%。

图 3 朔州市古城乳业集团

三是坚持品牌化发展，做精特色产业，着力形成结构调整新的增长极。朔州市号称“小杂粮王国”。近年来，朔州市充分发挥区域比较优势，在优先发展草牧业的同时，把发展小杂粮等特色产业作为新的经济增长点，聚焦优质中高端，推进杂粮精深加工和特色产品品牌化开发，着力发展“三品一标”农产品，提升产品附加值。全市无公害、绿色、有机农产品累计达到 74 个，地理标志农产品有红山荞麦、右玉羊肉、应县大蒜、胡萝卜和青椒 5 个，有 16 个生态原产地品牌进入欧盟市场。

四是坚持种养加一体，一二三产业融合，着力促进农牧结合循环发展。龙头企业发挥着连接市场与农户的桥梁纽带作用，是优化农业产业结构，将畜牧业产业优势转化为市场优势的重要引擎。朔州市通过草牧业试点，整合优势资源，加快培育新型草畜生产经营主体，推进草畜产品精深加工，打造草牧业种养加全产业链，发展畜产品加工龙头企业 40 多家，形成了年加工 100 万吨鲜奶、600 万只肉羊、600 万张羊皮、100

万副肠衣、20万吨有机肥的生产能力，辐射带动了上游草产业和奶牛肉羊产业的发展。另外，大力推行种养结合的循环农业。加大农业生态环境保护力度，支持全市规模养殖场建设粪污处理和资源化利用设施，支持有机肥加工厂建设，推进粪肥还田，减少化肥用量，有效地改良了土壤质地，防止了环境污染。同时，通过将玉米全株青贮后饲用，全市共减少了秸秆产生量30万吨，实现了以牧肥田、农牧结合、种养循环，使得农牧业良性互补。

图4 怀仁县草畜一体养殖场——犇康奶牛场

二、经验之二：营造机制，创新模式，加快推进农业结构调整

坚持政府引导、需求拉动，调动市场主体收贮和使用优质饲草料的积极性，依靠市场机制拉动种植结构调整，是农业结构调整可持续的动力。多年来，朔州市在生产实践中探索培育了四种粮改饲技术模式和一种独具特色的朔州养羊模式，建起了多种利益联结机制，有力地促进了草食畜牧业发展和农民增收。

一是“养殖园区＋新型农业经营主体”合作模式发展迅速。这种模式广泛用在了全株青贮玉米和燕麦草的种收储中。有“养殖园区＋种植大户”“养殖园区＋饲草社会化服务组织＋农户”等模式。在这种模式中，养殖企业有需求，种植农户有意愿，饲草料社会化服务组织与养殖企业签订牧草供销合同，再与种植户签订牧草收购合同，订单生产、订单收购，既解决了牧草种植的盲目性，又调动了社会化服务组织的积极性，同时也保证了农民利益，形成三方利益一致、风险共担的联结机制，打通了种养循环通道。目前，全市 48 万亩青贮玉米和 216 个养殖场签订了购销合同。有 150 多家青贮玉米收获服务组织，在农民与养殖企业之间架起了桥梁，拥有收获机械 533 台（套），日收获能力 3 万亩以上。32 家苜蓿和燕麦草收获服务组织，机械总价值 5000 多万元，可收获近 10 万亩的牧草。

二是草畜结合模式加快推进。草畜结合是实现农牧良性循环的有效选择。朔州鼓励引导大中型奶牛场（园区）、肉羊园区采用这种模式，自种自养，通过租赁、承包、“公司 + 农户”等土地流转方式，种植青贮玉米、苜蓿和燕麦草，解决优质牧草短缺问题，同时通过粪污还田培肥地力。目前，全市种植苜蓿 1000 亩以上的养殖园区有 56 个、种植燕麦草 1000 亩以上的养殖园区 27 个。像山阴佳联奶牛场和应县玉收奶牛场都种植苜蓿 3000 亩、右玉祥和岭上羊场种植燕麦草 1 万亩。

三是专业化种收储模式成后起之秀。由专业草业公司或农民经济合作组织，采用土地流转、农民土地入股等形式，开展集中连片种草、收购、加工、储运、销售、提供牧草种植饲喂技术等一条龙服务，充分发挥其专业化、标准化、机械化优势，这是目前朔州市正在培育的，也是今后朔州市草产业发展的方向。朔城区金土地草业种植苜蓿 6000 亩，年收储销售 0.5 万吨。怀仁奔康牧草公司种植苜蓿 1 万亩，年可收储销售 0.8 万吨。这些专业草业公司已与多个养殖场签订了优质牧草和粪肥互相供应协议，建成了草畜联盟，正在开展一对一的对点服务，由公司提供苜蓿及饲喂技术，养殖场提供粪肥种草。

图 5　山阴县粮改饲项目——全株玉米青贮池

四是种草帮扶脱贫模式备受关注。将农业结构调整与脱贫攻坚有效结合，以实施粮改饲政策为抓手，进一步发挥了产业脱贫功能。应县扶贫办、畜牧局与白马石乡政府联合实施“两头驴 + 五亩草 + 户均增收 1 万元”扶贫帮扶计划，白马石乡界河村去年新增大畜 68 头，收储燕麦草 500 余吨，48 户贫困户当年脱贫。

五是“牧繁农育”和“户繁企育”模式独具特色。在结构调整中，针对怀仁县肉羊产业发展实际，加快培育全产业链发展，形成了独特的全县羊产业“牧繁农育”和养羊园区“户繁企育”模式，推动了怀仁 400 万只羊基地建设。就是在大草原牧区繁育羔羊，在朔州市本地进行育肥，与草原建立联动机制。既可弥补养母羊成本高、本地基础母羊少的问题，又可解决草原因夏季干旱、冬季雪多引发的牧草短缺，实现两地优势互补，互利共赢。“户繁企育”，养羊大户入驻加盟某一养羊专业合作社，由合作社统一饲喂、统一防疫、统一屠宰、统一销售，结成了一个个紧密的利益共享、风险共担的共同体。

图 6 朔城区峙庄羊生态养殖小区

三、经验之三：政策支持，科技支撑，保障结构调整顺利推进

为了支持草牧业发展，强化政策配套和要素投入，持续发力，统筹用于试点和先行区工作。一是多渠道强化政策支持。在落实好国家和山西省扶持政策的同时，朔州市制定出台政策，统筹整合农业部、省农业、水利、农业厅综合开发以及扶贫资金，优选项目集中资金进行扶持。每年

市财政安排不少于1000多万元给予补贴。创新金融支持模式，应县人民银行与县畜牧局联合推出了金融助推“粮改饲”贷款优惠政策，到2018年6月底应县人民银行为农村信用社提供的支农再贷款余额保持14000万元；涉农银行以“爱心乳业贷”等形式为46户养殖和青贮企业累计发放贷款1865万元。政府的支持、金融机构的助推、种草合作社和大户的示范引领，撬动了3亿多元的社会资本投入牧草产业。二是多方式强化科技支撑。市政府特聘了南志标院士、高福院士、李胜利教授、董宽虎教授等9位草业专家，为朔州市粮改饲工作把脉问诊。与省农科院合作共建的生态农牧研究院，开展了牧草种植、草畜结合、牧草利用等一系列科研示范工作。先后引进了百绿、克劳沃、田园牧歌等草业公司，搭建牧草种植服务平台，对牧草种植进行指导，补齐了全市技术不足的短板，这些工作的开展为粮改饲和结构调整提供了强有力的技术保障。

四、小结

朔州市立足朔州干旱少雨，但土地广阔、牧业发达、特色农业优势明显、肥源充足等有利条件，承接草牧业试点市建设，优化农业资源利用，大力发展有机旱作农业，积极推广种养结合、农牧循环，着力打造全国草牧业示范市、北方农牧交错带农业结构调整的先行区、山西有机旱作农业的核心区，一任接着一任干，一张蓝图绘到底，实事求是，久久为功，成为该市“右玉精神”的又一典型范例。

执笔：

乔　栋　山西省朔州市畜牧兽医服务中心

崔樱子　山西省朔州市畜牧兽医服务中心

规模连片种草，畜牧增收致富

——朔州平鲁区以“两个70%”为抓手科学种植苜蓿的成功实践

编者按：朔州市平鲁区紧扣全省振兴畜牧业发展规划，围绕“70%的土地种草植树，70%的农民进城”发展思路，以种植优质牧草，扩大规模养殖，改善生态环境为突破口，采取龙头带动、股份合作、农户参与、订单销售等形式，大力发展生态畜牧业，加快了农民增收致富步伐，实现经济效益、社会效益和生态效益的同步发展，开创了全省乃至全国连片规模种植苜蓿促进农民致富的先河。

一、基本情况

朔州市平鲁区位于山西省北部，气候条件良好、土地宽广、资源丰富，全区国土总面积347万亩，下辖2个镇、11个乡、286个行政村，总人口20.3万人，其中农村人口11万人，城镇人口9.3万人，耕地面积120万亩，草地面积129.2万亩。2019年地区生产总值217亿元，全区财政总收入33.47亿元，农业总产值10亿元，农民人均可支配收入11426元，其中畜牧业人均纯收入占农民人均纯收入的60%，畜牧业成为人民增收致富的主渠道。

2012年山西省委、省政府提出大力发展畜牧业，以振兴畜牧业作为发展基础。朔州平鲁区委、区政府立足全区实际，在充分调研论证的基础上，适时提出了“70% 的土地种草植树”的发展思路，就是对 70% 的农民进城后的闲置村庄旧址进行改造扩建成标准化圈舍，对土地实行退耕还草，对退耕种草户政府按退耕还林政策进行补助，放手让农民种草养畜，走以牧为主、农林牧协调发展的道路。把经济效益、社会效益、生态效益结合起来，逐步实现以农为主向以牧为主转变，“粮、经”二元结构向“粮、经、饲”三元结构转变，粗放经营向集约经营转变。并采取“合作社 + 饲草基地 + 农户”的发展模式，由养殖大户统一种草，每个养殖大户养殖园区（以一个移民搬迁村为单元），给予万亩连片种草面积，让退耕户以股份制形式加入进来，使种、养、加工形成一体化、产业化、循环化，逐步形成“大草场围栏、养殖划区、轮牧作业”的自然生态园区养殖格局，使种、养户的经济利益成倍增长，种草效益、养殖效益、加工效益凸显。这种模式的发展，使种草、养殖业成为可持续的发展局面，为农牧增收、畜牧增效奠定了坚实的基础。实施“挖煤补牧，统筹发展”“积极鼓励引导被资源整合的煤炭企业负责人、个体企业家转入畜牧业领域”，大力发展畜牧业，积极构建种草、养殖、加工、流通一体化现代畜牧业产业体系，使平鲁区畜牧业真正步入了良性健康发展轨道。

二、牧草种植情况

在过去分散、小规模、少数农户自发零星的荒山荒坡种植的基础上，已经转入了有组织、大规模退耕种植的发展阶段。目前，平鲁区连片种植苜蓿面积达到 12.8 万亩。2012 年集中连片种植优质苜蓿 5.6 万亩。以各养殖专业合作社和养殖大户投资 750 万元，引进“美国 310”“阿尔金刚”“金皇后”等优质苜蓿籽种，同时试种了 300 多亩沙打旺、红豆草等多年生牧草。重点在东港坪和白玉山坪一带种植，辐射周边上井沟、东水洼、计家窑、布点等 17 个村；形成片片相连、山山相通、浓茂翠绿的绿色海洋，形成了全省乃至全国最大的优质苜蓿种植基地。近几年来，在西北山八个乡镇又种植了 7 万多亩优质牧草，选择在牧草种植集中区域的双碾乡东港村新建草业加工厂牧源草业有限公司。总投资 1600 万元，占地 95 亩，年生产能力、储草10万吨，以苜蓿、燕麦草、柠条、作物秸秆、天然草等草品种为主，加工草捆、草块、草颗粒、草粉、裹包青贮等，为周边地区及内蒙古提供战略及灾害年份草源储备。通过种草的实施、加工企业的兴建，实现“种草—养殖—加工”一体化循环发展模式。在此基础上，积极鼓励引导被资源整合的煤炭企业负责人转入畜牧业领域投资兴办大型草加工企业。

三、苜蓿种植成效显著

（一）科学种植苜蓿，为畜牧养殖业发展提供充足饲草

大面积连片优质苜蓿的种植为全区发展生态畜牧业奠定了良好基础。近年来，全区累计种植苜蓿12.8万亩，每亩苜蓿按饲养肉羊15只左右计算，全区所产苜蓿可为192万只羊提供饲草，除满足本区120万只羊饲草需求外，还可为周边市区70多万只羊提供充足的饲草，实现了草畜平衡、协调发展、种草加工效益凸显的共赢目标。

（二）规模连片种植，带动了养殖业蓬勃发展

规模连片种植牧草，极大地调动煤老板发展养殖业的积极性，并以股份制的形式入股进场，相继建起了林木源、汇丰、长良、瑞和等大型农牧养殖专业合作社30多家。每家年出栏肉羊均达1000只，300–500只的规模场（户）达150户，500只以上的规模场（户）达160户。全区养羊量由2013年的60万只增加到2019年的120万只。在双碾乡带动辐射下，使下木角乡、下水头乡、西水界乡、凤凰城镇、高石庄乡、阻虎乡及向阳堡乡和井坪镇等西北部乡镇的部分村庄全部实行退耕种草，以种草改变生态带动绿色健康养殖，使种草（改变生态）、养殖（发展农村经济）、加工（产业化、循环化发展）良性循环，增加农民收入，形成改变山区生态环境的良性产业链条。在推进集约化养殖进程中，以种草基地建设有效地解决饲草种植、生态修复、保护土地、循环利用等诸多在发展生产和破坏环境、改善自然与生态灾害中的矛盾。从恶性循环中走出一条科学发展的可持续之路，还原了人与自然和谐共生，真正建成“山川秀美、草茂林丰、畜牧

发达、人民富庶的绿色健康生态畜牧示范区”。

（三）规模化种植苜蓿，培植新的经济增长点

1. 比较效益较高

一般每亩生产 500 千克干草是有保障的，现行市场价格每吨 2000 元，而每亩成本在 300 元左右，每亩纯收入大约 700 元，与种植其他农作物相比，经济收入属中等偏上水平。随着规模化生态养殖园区和大型养殖场（户）的不断发展壮大，种草面积进一步扩大，平鲁区西北山乡镇畜牧业人均纯收入可达 10000 元左右，培植了新的经济增长点。

2. 缓解了剩余劳动力就业

据统计全区的规模养殖场达到 130 多家，从种草、饲养到管理，每个养殖场大约可安置 20 多个剩余劳动力，全区共可安置 2600 多人，每人劳务收入可达 2 万元左右，基本实现了就业与增收的双赢。

（四）规模化种植牧草，加快生态建设步伐

规模化种植牧草，不仅为大规模发展畜牧业提供了充足的饲草，奠定了坚实的基础，而且恢复了植被、调节了气候、净化了空气、涵养了水分，提高了林草覆盖率，促进了生态的良性循环发展，真正实现了绿色、环保、纯天然、无污染的生态养殖发展目标。

执笔：

吴小叶　山西省朔州市平鲁区畜牧兽医中心

李　琦　山西省朔州市畜牧兽医服务中心

挖掘两大潜力，创新三大举措

——应县草牧业循环发展路径探析

编者按： 应县位于山西省北部、大同盆地南端，地跨东经 112.58° -113.37° ，北纬 39.17° -39.45° ，年均降水量 360 毫米，年均无霜期 133 天。全县辖 3 镇 9 乡 298 个行政村 33 万人，国土总面积 1708 平方千米。矿产资源匮乏，是一个典型的农业县。

应县地处雁门关区农牧交错带，发展草牧业的总体思路和主要目标是，紧紧抓住被列为国家草牧业试点县的机遇，全力推进牛羊规模生产、饲草规模种植、青贮饲料配送、青贮加工设施、粪污资源化利用和现代畜牧业生产体系建设，真正做到饲草种植精细化、畜禽养殖工厂化、畜产品加工标准化、市场营销多元化，最终实现饲草生产大幅提升、种植业结构全面优化、农民收入快速增长。

一、挖掘发展草牧业两大潜力

（一）自然资源潜力。应县是全省重要牛羊养殖优势产区，有天然草地 50 万亩，产草总量 12.5 万吨；玉米种植面积 55 万亩左右，实行粮改饲，按每亩年产 3500 千克鲜牧草计算，最低可产优质鲜牧草 192.5 万吨。通过天然草地的改良利用和粮改饲，可为牛羊业发展提供更加充足的优质饲草料保障。

（二）龙头企业潜力。主要表现在四个方面。

一是规模健康养殖拉动草牧业发展。2019 年底，恒天然牧场奶牛饲养量达 3.3 万头，年产鲜奶 15 万吨，每头奶牛年消耗鲜牧草 8 吨，年需鲜牧草 24 万吨；以玉收农牧有限公司为代表的全县 43 个奶牛小区，奶牛饲养量达 3.2 万头，年产鲜奶 9 万吨，需要鲜牧草 25 万吨。

二是饲草料加工拉动草牧业发展。有现代万亩养殖示范园区饲料配送中心、瑞阳青饲料加工厂和山西北方广联生物科技有限公司，年可加工生产精饲料 12 万吨，年消化鲜牧草 16 万吨。

三是畜产品加工拉动草牧业发展。有山西雅士利乳业、田仁乳业、世贸园肉牛屠宰加工企业和牧野肉羊屠宰加工企业，年可加工鲜奶 20 万吨、屠宰加工肉牛 5 万头、肉羊 50 万只（见图 1）。

四是畜禽粪污加工拉动草牧业发展。有启高生物有机肥厂当年可转化畜禽粪污 20 万吨，生产有机肥 5 万吨，能够满足全县 30 万亩无公害蔬菜的肥料需求。应县草畜一体化循环发展的模式已初步形成，发展的基础和条件已基本成熟。

图 1　应县现代肉羊养殖示范园区

二、实施粮改饲的三大创新举措

（一）站在国家供给侧改革——去产能和粮食安全高度统一的高度，创新工作思维

粮改饲是一项国家战略，推进粮改饲工作的出发点，就是要做到国

家、农民、奶业三赢，农牧种养双丰收，实现“藏粮于草，藏粮于牧”的战略目标。粮改饲是我国农业发展进入新阶段的必然选择，可以有效优化种养结构，重构种养关系，提高种养效率。应县成立了以分管县长为组长，农业、发改、财政、审计、环保等部门共同参与的领导组，先后制定了2018—2022年粮改饲具体实施项目方案；县政府常务会专题研究了项目实施方案和听取了2018年、2019年度项目实施情况汇报，为项目顺利实施提供了坚强的思想和组织保证。

（二）站在产业升级的高度，创新服务意识

首先，克服了种草理念上的误区，破除了认为种草就等于粗放种植的认识，确立了精准、精细化种植和收贮的理念。

其次，初步提出了粮改饲牧草种植的技术要求:（1）品种定义为全株玉米青贮，优质苜蓿种植;（2）籽粒破碎度，达到四六瓣;（3）干物质含量不低于30%;（4）辅以其他技术措施。

最后，全县通过第三方市场化收贮83700亩，27万吨；社会化服务组织达21家，服务率达到65.68%。

同时提出建议制定部级全株玉米青贮标准，并试行分级补贴制，对优于一般、三要素达标的青贮提高补贴标准10–30元。

（三）站在生态文明建设的高度，创新试验模式

有效推进了草牧业建设与环境面源污染治理工作。在山区按照生态补偿，草畜一体，农民致富、脱贫攻坚，因地制宜、综合发展的原则，试行了草畜一体、燕麦苜蓿混作与其他农作物轮作的生态循环治理模式；实施“两头驴＋五亩草＋户均增收1万元”的脱贫攻坚帮扶行动，使白马石乡界河村当年新增大畜68头，收贮燕麦草310亩500余吨，有48户贫困户当年脱贫，全乡有200余户贫困户实现了当年增收；在农区大力推动全株玉米青贮和优质苜蓿种植，按照“一头奶牛，八吨青贮草，三亩草基地，十吨粪污还田”的要求，推广建设种、养、生态三结合循环发展模式。

对牧草基地还田粪污1吨补贴20元，对其他作物使用1吨有机肥（加

工）补贴 150 元，“谁组织，谁加工，补贴谁”，拓展粮改饲试验的效果面。

三、实现粮改饲初期目标，取得“三增、两减、一提高”的成绩

粮改饲工作在应县的实践表明，粮改饲是一项符合农业现代化发展方向、顺应市场规律、满足产业需求、受到广大农民和地方政府普遍欢迎的好政策。“为养而种”的农业生产方式加快推广，粮草兼顾、农牧结合、种养一体的新型农牧业发展格局初步形成。

2018 年全县玉米种植面积 55 万亩，36 家收贮单位收贮全株玉米青贮 33 万吨，粮改饲转化粮田 11 万亩。2019 年全县玉米种植 57 万亩，经统计，44 家收贮单位完成全株玉米青贮 36.2 万吨，粮改饲转化粮田 15 万亩；取得了“三增、两减、一提高”的成绩。

（一）三增

奶业增效：通过饲喂全株玉米青贮，全县 46 个奶牛养殖小区 A+ 牧场达到 50% 以上，每吨鲜奶提高奶价 200 元，全县全年产奶 15 万吨，纯增收 3000 万，人均增收 125 元。

粮农增收：按全县平均粮价测算每亩玉米收获 600 千克 ×1.5 元 / 千克收入 900 元，每亩全株玉米青贮收获 3.5 吨 ×320 元 / 吨收入 1120 元，加上每亩降低收获成本 100 元，粮改饲后每亩粮田纯增收 320 元。全县收获 15 万亩全株玉米青贮纯增收 4800 万元，人均纯增收 200 元。

三产增益：目前全县建有青贮能力约 45 万立方米，新增全株玉米青贮收获机械 48 台，运输车辆 300 台。收获 40 万吨青贮全县增收 4000 万元，人均纯增收 167 元。

三项合计纯增收 11800 万元，人均纯收入增加 492 元。

（二）两减

减产能：使 15 万亩全株玉米转化为青贮饲料，直接转化粮食 1.8 亿斤。

减污染：直接减少 15 万亩玉米秸秆焚烧对环境的污染。同时加大养殖废弃物的处理力度，减少对环境的面源污染。通过启高有机肥厂处理

干粪污20万吨，生产有机肥5万吨；通过农企对接粪污达标还田两万亩，处理粪水50万吨。

（三）一提高

全面提高了应县现代畜牧业建设水平，为今后更好发展奠定了坚实的基础。

图2　应县玉收农牧公司制作苜蓿青贮

图3　应县富宽宝牧草公司苜蓿收割现场

应县紧跟全国草牧业粮改饲发展战略部署，进一步提升发展水平，促进种养一体化，促进产业增效、农民增收和乡村振兴，实现雁门关区农牧交错带农牧业可持续发展。预计到2022年，全县粮改饲面积达到20万亩以上，全株玉米青贮年产60万吨以上，种饲草每亩平均增收200元，奶牛每头平均增收3000元。应县草牧业循环发展路径愈来愈明晰（见图2、图3）。

执笔：

帖翠梅　山西省应县畜牧兽医服务中心

郑玉英　山西省应县畜牧兽医服务中心

乔　栋　山西省朔州市畜牧兽医服务中心

怀仁市羊产业发展存在的问题及建议

编者按：怀仁市位于山西省北部、桑干河上游，地处山西省雁门关外、大同盆地中部。东隔大顶山与大同市云州区、浑源县相望，西依洪涛山与左云县为邻，南与应县、山阴县相接，北与大同市毗连。总面积为1234平方千米，常住人口43万人，怀仁市下辖4个镇6个乡：云中镇、吴家窑镇、金沙滩镇、毛皂镇、何家堡乡、新家园乡、亲和乡、海北头乡、马辛庄乡、河头乡，22个社区、162个行政村。

怀仁市委、市政府立足实际，把肉羊养殖作为加快现代农业发展、促进农民增收致富的突破口，纳入了全市“十二五”“十三五”发展规划，大力推进规模化健康养殖，走出了一条“牧繁农育”“户繁企育”的羊产业发展道路，构建起了“玉米全消化、羊肉全加工、羊粪全处理”的全循环产业链条，随着近年来羊产业的发展，不仅增加了农民收益，同时也给畜牧工作带来了新的问题和更高的要求。

一、羊产业发展现状

自古以来，由于自然气候条件，饲草饲料资源优势以及与内蒙古接壤的区域民族特点，本地农民有养羊、屠宰、加工的传统习俗。在当地，多年来农民形成了养羊为主、种养结合的生产习惯。2010年，怀仁市被省政府确定为全省“一县一业”肉羊养殖示范基地县。怀仁市委、市政府狠抓以“羊成商品”为重点的“一县一业”“一村一品”经济，进一步做强做大肉羊产业，“怀仁羔羊肉”先后获得国家地理标志证明商标认证、山西省著名商标，并通过了国家地理标志产品保护和生态原产地产品保护。在历届的全国畜产品展销会、博览会上，“怀仁羔羊肉”先后荣获“畜牧产业优质品牌奖”“创新科技奖”“放心产品奖”以及“最佳美食”等奖项。2018 年，怀仁市完成了省级怀仁羔羊现代农业产业园的创建任务，产业园规划被列入了全省第一批 20 个现代农业产业园。

截至 2019 年底，全市累计建设标准化肉羊棚圈 130.2 万平方米，养殖专业合作社 425 家，肉羊年饲养量 420 多万只，是全国最大的育肥羊供应基地之一。全市共有肉羊屠宰加工企业 10 家，年屠宰加工 600 万只（见图 1）。

图 1 怀仁市金沙滩羔羊养殖园区鸟瞰图

二、发展优势

饲草种植优势明显。怀仁市地处雁门关农牧交错带，宜耕宜牧，畜牧养殖饲喂基础较好。近年来，怀仁市紧紧抓住全国草牧业和粮改饲建设试点县的有利机遇，大力发展饲草种植和全株玉米青贮，有力地促进了养殖业的发展。目前，全市粮食播种面积 76.47 万亩，其中，饲草作物种植面积 16.73 万亩（青贮玉米 12.26 万亩、苜蓿和燕麦草 4.47 万亩），占总播种面积的 22%，饲草供应潜力巨大。同时，全市共有大型种草企业 2 家，饲草加工企业 1 家，青贮、黄贮玉米秸秆年加工储存能力达到 8.16 万吨，苜蓿干草捆年加工储存能力达到 1.9 万吨，累计建设青贮窖 30.5 万立方米，完全满足饲草收储需要（见图 2）。

图 2 苜蓿收获加工

养殖业集群规模已经形成。全市累计建设标准化肉羊棚圈 130.2 万平方米，养殖专业合作社 425 家，肉羊年饲养量 420 多万只，是全国最大的育肥羊供应基地之一。全市共有肉羊屠宰加工企业 11 家，年屠宰加工能力 600 万只。同时，直接从事羊产业的农民达 1 万多人，全市农民人均羊产业纯收入 5600 多元，占农民人均纯收入 34%，是一项发展潜力巨大的富民产业。

（一）产业链逐渐完善。围绕羊产业链延伸，全市建设有金沙滩、朔美羊、奔康、瑞誉、五洲、仁福、家园、嘉鑫、彝土等 25 家与羊产业相关联的加工企业，形成了饲草种植加工、羔羊育肥、屠宰分割、熟食加工、羊绒加工、肠衣加工、有机肥加工等完整的全循环产业链条。其中，年可加工羊绒 200 吨、羊绒被 2 万张；年可加工羊小肠 180 万根，产品直销日本和欧盟多个国家，年创汇 380 多万欧元；共有羊粪加工企业 3 家，年可加工羊粪 18 万吨，基本实现了“玉米和秸秆全消化、羊肉和皮毛全加工、下货和羊粪全利用”。

（二）品牌建设初见成效。经过多年的发展，“怀仁羔羊肉”具有了一定的品牌效应，先后获得国家地理标志证明商标认证、山西省著名商标，并通过了国家地理标志产品保护和生态原产地产品保护。在北京、天津、上海、浙江、湖北、广东、江苏、内蒙古、新疆等全国 30 多个地区和大中城市设立了“怀仁羔羊肉”销售中心和直销点，注册有“塞外鲜”“大材地”“朔美·引羊”等 16 个羔羊肉系列产品商标，先后研发了速冻分割、熟食调理、方便休闲等 33 个系列 168 个品种；在天猫、京东、淘宝、拼多多、阿里巴巴等电商平台建起了 51 家旗舰店。同时，不断加大“怀仁羔羊肉”的品牌宣传力度，连续两年成功举办了由朔州市人民政府、中国畜牧业协会、山西省商务厅、太原海关等部门共同主办，怀仁市人民政府承办的山西·怀仁羔羊肉交易大会，进一步扩大了“怀仁羔羊肉”品牌的知名度和影响力，拓展了销售渠道和销售市场，有力地推动了怀仁市羊产业持续健康发展。2019 年，市政府投资 1.5 亿元，建成了 1.9 万多平方米的农畜产品展览展示中心，把举办山西·怀仁羔羊肉交易大会作为一项重要抓手，为更好地持续加强品牌宣传打下了坚实基础（见图 3、图 4、图 5）。

图 3　山西朔美羊肉业有限责任公司

图 4　怀仁市金沙滩羔羊肉业股份有限公司场区鸟瞰图

图 5 怀仁市羔羊肉交易大会

三、存在问题

（一）基础母羊发展滞后，羊源严重不足。怀仁市肉羊饲养量 420 万只，基础母羊只有 20 多万只，而且品种较杂，每年提供羔羊不足 30 万只。特别是羊肉行情从 2016 年的 18–19 元，增长到 2019 年的 28–29 元，农民养羊积极性很高，对育肥羔羊羊源需求量十分巨大。而怀仁市目前的养殖状况是，本地羊源严重短缺，需要大量从内蒙古、河北等牧区调运羔羊。但是随着肉羊育肥模式的普遍推广，肉羊育肥的县区越来越多，加上牧区的禁牧、休牧，可提供的羔羊越来越少，羊只也越来越小，羊源短缺问题日益凸显，加快基础母羊发展步伐已成为破解羊产业发展瓶颈、推进畜牧业健康发展的重要途径。

（二）羔羊养殖饲喂方式落后，养殖成本较高。传统的饲养方式主要以精料加玉米为主，饲草用量较少，使用最多的也是玉米秸秆，缺乏饲喂的精细化，使饲喂成本的大幅增加和营养过剩，饲喂出的羊脂肪太多，羊肉品质不高。尤其从2019年以来，羔羊体重较轻，羊价高，购买成本的增加，使得养殖户饲喂时间从原先的100天左右出栏增加为130天左右，肉羊体重也从往年的100斤左右增加到120斤左右，羊胴体脂肪率的大幅增加，使得本地羊肉加工产品竞争力不高，无法进入高端羊肉市场，部分加工企业已因此停产，长期如此会影响怀仁市羊产业的良好发展态势。转变饲喂方式，降低饲喂成本，提高羊肉品质，是产业发展的方向。

（三）养殖户防疫意识差，自主防疫水平不高。由于羔羊活体大量的调入和调出，极大地增加了重大动物疫病发生风险，羔羊的疫病防控也成为肉羊养殖的头等大事。但是，部分养殖户只追求眼前利益，对养殖防疫没有按要求严格执行，“重治轻防”，无形中增加了养殖成本，因此，疫病防控水平低也成为制约肉羊养殖发展的主要因素。

（四）品牌影响力还不够强，标准化、规范化建设水平不高。目前怀仁市肉羊屠宰加工发展还处于初级阶段，在整个产业链的末游位置，没有规范化的生产标准。虽然怀仁市现有屠宰加工企业10家，但各家生产标准各不相同，造成生产的羊肉产品参差不齐，使得整个怀仁羔羊肉品牌在羊肉市场上竞争力不强，只有数量没有质量。缺乏统一的羊肉生产标准也是制约产业链持续发展的瓶颈。

四、对策及建议

（一）加快发展基础母羊，逐步实现自繁自养，是推进怀仁市羊产业可持续发展的重要保障。市委、市政府应当加大对基础母羊引进补贴，在奖励大型养殖场引进基础母羊的同时，也应大力支持小型养殖户的发展，利用现有的基础母羊繁育基地，结合当地实际，利用3年时间引进优质湖羊母羊3万只，逐步扩繁扩育，到“十四五”末，力争发展优质基础母羊100万只，培育出适应当地气候、具有品牌竞争力的本地育肥羊品种，实现羊产业发展由量到质的转变和提升。

（二）转变饲喂观念。坚持“请进来”与“走出去”相结合，依托省羊产业技术体系的对接合作，全省著名的畜牧专家、教授常年深入怀仁市开展信息与技术服务指导，通过技术培训来为养殖户“洗脑”转变现有的饲喂思维；全面推广苜蓿青贮和全株玉米青贮在肉羊育肥中的应用，利用现有饲草资源，降低养殖户的养殖成本，提升羊肉品质，优先从大型养殖场做起。目前由山西省农业科学院畜牧研究所在怀仁市家兴园农牧专业合作社利用本场所产的苜蓿青贮和玉米青贮配合饲料做的饲喂实验已初见成效，对降低养殖成本、提升羊肉品质成效明显，为周边养殖户起到了一定的示范带动作用。应当通过“从培训听、实地看”的方式逐步去转变养殖户的饲喂方式，为市场提供优质羊肉，提高羊肉产品在市场中的竞争力，做大做强当地品牌。

（三）完善疫病防控体系，建立健全养殖场疫病防控制度。坚持“重防轻治”原则，必须严格执行防疫制度，搞好养殖场所消毒灭菌工作，定期对养殖场所、器具等进行消毒，并要经常更换消毒药种类，严格控制外来人员、车辆的进入，对新引进的羔羊进行隔离观察，减少外来因素对养殖场羊群带来的疫病传播；及时预防接种，按照防疫规程结合当地疫病发生情况，合理安排免疫种类、间隔时间、免疫次数，及时对新引进的羔羊进行接种免疫；加强饲养管理，提高羊群对疫病的抵抗力，有条件地坚持“自繁自育”，减少从外调运带来的疫病，降低羔羊患病率；做好驱虫工作，及时清理粪便。

（四）提高品牌竞争力，打造晋北肉类交易集散中心。结合省委、省政府“南果中粮北肉”农业产业布局，运用金融、财政手段，加大对龙头企业的培育力度，利用新建的农畜产品展览展销中心，积极推进畜禽产品冷链物流园区项目，促进畜牧业一二三产业融合发展，力争建成晋北最大的畜禽产品交易集散地。依托肉类交易平台，组建怀仁市羔羊肉贸易集团，对怀仁市的羔羊肉产业进行整合，制定肉品标准，实现统购统销，增强怀仁市羔羊肉的品牌竞争力。

执笔：

芦　锋　山西省怀仁市畜牧兽医服务中心

忻州篇

忻州市农作物秸秆饲料化加工利用现状

编者按：农作物秸秆是农业生产籽实收获后剩下的含纤维成分较高的作物残留物。农作物秸秆养分多、含量高，作物光合作用的产物有50%以上存在于秸秆中，秸秆富含有机质和氮、磷、钾、钙、镁、硫等多种营养成分。1吨普通秸秆的营养价值与0.25吨粮食的营养价值相当。秸秆是一种重要的生物资源，同时还是地球上第一大再生资源。做好秸秆综合利用，既可以缓解农村肥料、饲料、能源和工业原料的紧张状况，又可以保护农村生态环境，促进农业、农村经济可持续发展。据调查，忻州市年可生产农作物秸秆在200万吨左右，利用率仅为30%–40%，大量的秸秆被焚烧或废弃。这不但造成严重的环境污染，而且还浪费了宝贵的可再生资源。因此，研究农作物秸秆饲料化综合利用技术，实现秸秆过腹还田，对于推进现代生态畜牧业的发展，促进农民增收、农业增效、保护生态环境等具有十分重要的现实意义。

一、忻州市农作物秸秆资源

忻州市粮食作物以玉米、谷子、燕麦、荞麦、红芸豆、绿豆、甜糯玉米、马铃薯等为主。秸秆资源的数量，一般根据农作物产量和各种农作物的草谷比，大致估算出各种秸秆的产量，即秸秆理论资源量 = 农作物产量 × 草谷比。

根据忻州市2019年农作物预估产量和草谷比数值，推算出忻州市农作物秸秆理论资源数量（见表 1）。

表 1　2019 年忻州市主要农作物秸秆数量

植物种类	产量（万吨）	秸秆产量（万吨）	占秸秆总产量的比例（%）
合计	304.362	268.944	100
1 玉米	128.808	154.570	57.47
2 其他谷物	44.143	70.629	26.26
2.1 高粱	10.428	16.685	6.20
2.2 谷子	24.524	39.238	14.59
2.3 莜麦	2.887	4.619	1.72
2.4 糜黍	5.388	8.621	3.21
2.5 其他	0.916	1.466	0.54
3 薯类	19.010	9.505	3.53
4 豆类	6.602	12.235	4.55
4.1 大豆	2.422	3.875	1.44
4.2 杂豆	4.180	8.360	3.11
5 油料作物	3.149	7.164	2.66
5.1 胡麻	1.443	3.463	1.29
5.2 葵花	0.951	2.853	1.06
5.3 花生	0.407	0.326	0.12
5.4 其他	0.348	0.522	0.19
6 其他	102.650	14.842	5.52
6.1 药材	3.188	4.782	1.78
6.2 蔬菜	84.415	8.442	3.14
6.3 瓜类	14.966	1.497	0.56
6.4 其他	0.081	0.122	0.05

2019 年，忻州市农作物秸秆理论资源量约为 269 万吨（风干，含水量为 15%）。农作物秸秆可收集资源量占理论资源量平均为 84%，因此忻州市农作物秸秆可收集资源量约为 226 万吨。

从品种上看，玉米秸秆约为 154.6 万吨，约占理论资源量的 57.5%。

其他谷物秸秆约为 70.6 万吨，约占 26.3%；薯类秸秆约为 9.5 万吨，约占 3.5%；豆类秸秆约为 12.2 万吨，约占 4.6%；油料作物秸秆约为 7.2 万吨，约占 2.7%；其他秸秆约为 14.8 万吨，约占 5.5%。粮食作物秸秆是主要的农作物秸秆，秸秆产量 225.2 万吨，占农作物秸秆理论资源量的 83.7%。

从区域上来说，农作物秸秆主要分布在忻府区、定襄县、原平市、繁峙县、神池县、五寨县等。

二、忻州市农作物秸秆资源利用现状

（一）豆类、小杂粮等农作物秸秆利用情况

豆类、小杂粮等农作物基本上都在干旱少雨的山地丘陵区种植，受自然条件限制，平均亩产农作物秸秆不到 150 千克，加之山地丘陵区牛羊饲养量较大，所以这部分农作物秸秆基本都被养殖户作为牛羊冬春饲草利用，所剩无几。

（二）玉米秸秆利用情况

2019 年全市玉米播种面积 276.2 万亩，占全市粮食作物播种面积的 43.9%，其中玉米播种面积在 20 万亩以上的县市区为忻府区 56.1 万亩、定襄县 24.8 万亩、五台县 22 万亩、原平市 54.5 万亩、代县 22.5 万亩、繁峙县 20 万亩、五寨县 26.3 万亩。2019 年全市玉米秸秆产量约为 154 万吨，占全市农作物秸秆总量的 57% 以上，而这部分农作物秸秆资源约有一半未能得到有效利用，既造成了资源的浪费，又给春耕播种带来困难。

三、农作物秸秆资源加工利用产业的发展情况

目前忻州市农作物秸秆资源饲草加工企业有 20 余家，规模较大的有忻府区慈云养殖专业合作社秸秆饲草加工厂、定襄县德隆生物质能源科技有限公司、原平市盛旺种养专业合作社、原平市唐盛秸秆加工专业合作社等。

（一）忻府区慈云养殖专业合作社秸秆饲草加工厂。该厂从 2013 年 9 月开始购置各类机械设备 21 台（套），建设干草棚 2000 多平方米，年加工干玉米秸秆 2000 余吨。收获 1 吨揉碎干玉米秸秆成本约需 350 元，销

售价格为 500 元，纯利润每吨 150 元，每亩能收获揉碎干玉米秸秆 350 千克，亩均纯收入 50 元。

（二）定襄县德隆生物质能源科技有限公司。该公司成立于 2008 年，占地面积 120 亩，现有工人 22 人。到目前，公司新建了库房、生产车间 720 平方米等基础设施，投资 60 多万元，购买了各种机械设备 3 台（套），投资了 30 多万元。主要生产产品有微贮饲草。每年收割黄贮玉米秸秆 3000 亩、青贮玉米秸秆 2000 亩，购买糯玉米秸秆每亩 100 元，投资 20 万元，生产青贮玉米秸秆 7000 吨。卖给养殖场每吨 220 元，年销售收入 154 万元，利润 30 万元左右。主要销往本地周边牛场。购买糯玉米秸秆每亩 150 元，投资 15 万元，收割全株青贮玉米秸秆 500 亩，每亩获利加工费 60 元。青黄贮饲料收获机（4Q–185 型），价格为 15 万元，每小时收割玉米秸秆 25 亩；液压饲草打包机（S180 型），价格为 4.3 万元，每台每天打包 20 吨微贮饲草。每吨销售价格为 500 元。

（三）忻州亚杰秸秆饲草开发有限公司。该公司是 2014 年 6 月组建的一家股份制饲草加工企业，注册资金为 3000 万元。公司购置了韩国明星 1500 自走式收割打捆一体机、高北 1000 型包膜机、52C600B 型软夹包机、404 东方红拖拉机等机械设备，总投资约 213 万元。2019 年累计可加工青贮甜玉米秸秆 5533 吨，实现产值 280 万元。青贮玉米秸秆生产的直接成本仅有人工工资、机物料消耗、机械运输、膜布消耗等，售价 500 元 1 吨的产品其成本最多不会高于 200 元，如按每个生产周期生产 50000 吨青、黄贮饲草计，每年产生的利润在 800 万元以上。

（四）山西河滩奶牛育种有限公司。该公司青贮池规格为 50 米 ×10 米 ×2 米，全部地上式，混凝土浇筑，根基 0.5 米，墙体厚 0.5 米，底部硬化 0.15 米厚，青贮池理论体积 891 立方米。使用商品混凝土 212 立方米，每立方米商品混凝土价格 330 元，合计 69960 元，外加支模与人工工资 8000 元，891 立方米青贮池合计造价 77960 元，平均每立方米造价 88 元。以河曲 2019 年价格为例，农民拉到场里，每千克带棒全株玉米价格 0.42 元，若雇用公司“克拉斯”收割机收割，则每千克 0.32 元。到场以后，铡碎 1 千克青贮玉米 0.06 元，加上电费、铡草机维修折旧、正常损耗等，每千克全株青贮玉米成本约 0.5 元。若夏季采用不带棒玉米秸秆青贮，则每千克成本在 300–340 元。

四、秸秆饲料化利用存在的问题

（一）劳动力严重缺乏

随着社会经济的不断发展，农村劳动力不断向城市建设输送。据调查，目前农村青壮年劳动力 80% 以上外出到省外或周边城市务工，广大农村存留的主要为留守儿童和老人，从事养殖业和开展农作物秸秆饲料化综合利用需要大量的劳动力。因此，农村劳动力严重缺乏，这为农作物秸秆综合处理利用及畜牧业发展带来了一定的困难。

（二）资金不足

一方面，养殖场及养殖农户尽管投入一定资金发展畜牧养殖业，但是开展农作物秸秆饲料化综合利用工作，还需要投入一定量的劳动力、场所、机械设备、贮藏装置、原材料等资金经费，多数养殖场没有开发与推广此项技术的专门资金；另一方面，各级政府及行政主管部门安排从事农作物秸秆饲料化综合利用的宣传、培训和推广的经费很少，在一定程度上限制了农作物秸秆饲料化综合利用的发展。

（三）思想观念落后

在农村，一些传统农耕思想、养殖观念制约了农作物秸秆饲料化综合利用的进程。例如，玉米的收获时间一直以来都是以玉米植株黄枯干后才收获，这样就使玉米秸秆的营养价值大大降低并白白消耗掉，同时还错过了秸秆青贮加工的季节与加工利用时间，大大阻碍了一直推行的玉米黄熟青收制作优质青贮饲料的先进技术。

（四）秸秆自身因素

（1）秸秆直接饲喂价值低。其消化率仅为 30%–45%，粗蛋白含量 3%–6%，质地粗糙，不易采食，饲喂中有效进食能量小，远不能满足反刍家畜的需要；（2）秸秆容重小，单位体积大。一般仅为 20–30 千克 / 立方米，无法作为商品运输贮存，素有“十里不运草，百里不运粮”的说法；（3）农牧业生产率低下，先进的秸秆利用技术加工成本高，产品价格很难被传统的养殖业所接受。

（五）政策扶持力度不够

近年来，国家制定并出台了一系列支农与惠农扶持政策（如良种补贴、农机补贴等），有效推进了农业生产与农村经济的发展，提高了农民的积极性，增加农民收入，鼓励了广大农民从事农业生产。但是，在秸秆的开发与综合利用上的直接政策很少，只有农业或农机与之相关联，作为畜牧部门难以操作，养殖场和养殖农民难以得到实惠。

五、对策与建议

（一）加大政府支持力度，建立激励机制，推动农作物秸秆饲料化综合利用

2008 年 7 月，国务院办公厅出台了《关于加快推进农作物秸秆综合利用的意见》（国办发〔2008〕105 号）文件，给各级党委政府制定政策开展工作提供保障。因此，要严格执行有关法律法规及政策，加强对农作物秸秆饲料化综合利用政策扶持，加大资金投入力度，总结借鉴国外和其他省区市秸秆饲料化综合利用的政策扶持经验，建立政府扶持、金融贷款、农民投资和引进外资等多渠道、多形式的投入机制，充分发挥市场配置资源的作用，鼓励社会力量积极参与，形成以市场为基础、政策为导向、企业为主体、农民广泛参与的长效机制。对秸秆饲料化综合利用的关键技术和设备研发给予适当补助和资金支持，将秸秆饲料化综合利用的相关机具纳入农机购置补贴范围或设置专门补贴项目等，对秸秆饲料化综合利用企业和畜牧机械服务组织购置秸秆处理机械给予信贷支持。安排相应专项资金，采取行之有效的措施，因地制宜，分门别类，重点支持扶持养殖场、养殖大户建立示范基地、示范点，大力推广农作物秸秆饲料化综合利用技术。

（二）积极搞好宣传培训与示范推广工作

各级政府及职能部门，应充分发挥市、县、乡专业技术人员的作用，从实际出发，大力开展秸秆饲料化综合利用技术技能宣传和培训，重视此

项工作的交流与经验总结，普及专业知识与生产技能。各级业务部门与技术推广机构，要因地制宜选准切入点，推广现在已经成熟的农作物秸秆饲料化综合利用技术，大力实施秸秆饲料化综合利用。各级政府要构建一定的奖励机制，积极鼓励养殖场、养殖农户。首先，要自行种植饲用秸秆、制作秸秆饲料；其次，鼓励周边种植农户种植饲用秸秆出售给养殖场、养殖户制作秸秆饲料；再次，鼓励养殖场、养殖户以合理市场价出资向周边种植农户收取农作物秸秆制作秸秆饲料；最后，激励广大种植农户把自家田土中的农作物秸秆出售给养殖场、养殖户制作秸秆饲料。对做得好的养殖场、养殖户、种植农户给予一定补贴与奖励，既拓展了养殖场、养殖农户饲草饲料新途径，又增加种植农户收入。

（三）打造农作物秸秆饲料化综合利用产业链，推动秸秆加工产业全面发展

依托丰富的秸秆资源，遵照市场需求，走市场化道路，鼓励养殖专业户、养殖场和饲料企业利用秸秆生产优质饲料，将农作物秸秆饲料化综合利用作为一个产业来发展。秸秆饲料化综合利用的主体是养殖场与养殖农民，关键是规模，出路在技术，发展是机械，重点是增加资金投入。农作物秸秆饲料化综合利用发展必须充分利用市场经济机制，引导社会资源合理配置，引导企业和农民参与，让农民增加收入，企业增加利润，社会得以进步。建立各种激励机制，调动社会力量、资金，投入农作物秸秆饲料化综合利用产业，利用现有饲料工业技术、设备设施，生产各种优质秸秆饲草饲料，比如秸秆压块饲料、秸秆草粉饲料、秸秆颗粒饲料、秸秆配合饲料、秸秆生物饲料等。通过发展秸秆饲料加工业，生产秸秆饲料，一方面减轻养殖户饲草加工劳动强度，另一方面促进农作物秸秆的饲料化利用，变农业生产废料为宝，发展现代畜牧产业。

执笔：

陈文生　山西省忻州市饲料工作站

忻州市畜禽粪污资源化利用现状及对策

编者按：忻州市既是养殖大市，也是种植业大市，据初步测算，2018 年忻州市畜禽粪污资源量在 500 万吨以上，全部用于农田耕地使用，可占到年播种面积的 80%。

一、粪污资源化利用存在的问题

从古至今粪肥一直是我国农耕的重要肥料。畜禽养殖粪污采用工业化治理受养殖低利润与高风险的约束，难以稳定正常运行；畜禽养殖粪污在不合理排放造成环境污染时是污染物，随着规模化畜禽养殖的快速发展，畜禽粪便处理成了难题，自然堆放完全腐熟需要几个月的时间，这期间蚊蝇遍布、臭气熏天，日晒雨淋不仅污染环境，还造成养分流失。很多农户缺乏耐心，往往放置几天就施入农田，结果造成作物烧苗、烧根、种子不发芽、作物死亡等危害。

忻州市处于北方农牧交错带，畜牧业发展具有相当的优势，但生产中未形成很好的循环结构，种植、养殖两张皮，养殖场只管扩大规模增加粪污产量，种植户却在为缺乏有机肥料而大伤脑筋。大力发展种养循环模式，推动农业有机绿色发展，提升农产品品质，增加农民收入，也需要推动畜禽粪污资源化利用。

（一）中小规模养殖场（户）污染较重，治理难度大。中小规模养殖场户数量大、分布广，绝大部分未建永久性粪污处理设施，尤其是生猪、蛋鸡养殖场户污染严重，治理难度大。

（二）粪污治理资金投入严重不足。几年来，借助畜禽规模化标准化养殖项目、畜禽粪污资源化利用等项目，仅部分规模养殖场建设了高标准永久性粪污处理设施，大多数中小型畜禽养殖场由于本身资金有限，建设的粪污处理设施简陋，不能做到防雨、防渗、防溢流，存在环境污染隐患，急需政府给予一定扶持进行治理。

（三）粪污处理利用长效运营机制未建立。近年来，虽然建设了山西亿丰源生物科技有限公司、山西新绿洲肥业有限公司等有机肥生产项目，但没有形成畜禽养殖粪污处理利用的长效机制，养殖户参与积极性不高，效果不明显。

（四）粪污资源化利用方式落后。大部分养殖场就近还田利用，只是简单地堆沤发酵处理，存在二次污染和土地病虫害增加风险。

二、现有利用模式

畜禽粪便、污水在当前的处理利用方式主要有循环利用、集中处理、种养结合、达标排放、制作有机肥等。

（一）循环利用

在奶牛场和鸡场应用比较多。养殖场主要是采用干清粪的方式，其做法就是通过控制生产用水，减少养殖过程中的用水量，场内实施污水暗道输送、雨污分流和固液分离，减少污水处理压力。

（二）集中处理

在养殖密集区，依托规模化养殖场或专门的粪污处理中心，对周边养殖场（小区、养殖大户）的粪便或污水进行收集并集中处理。

（三）种养结合

这是忻州市目前畜禽粪污处理的主要方式。养殖场采用干清粪或水泡粪方式收集粪污。采用干清粪方式的，固体粪便经过堆肥或其他无害化方式处理，污水与部分固体粪便进行厌氧发酵、氧化塘等处理，在养分管理的基础上，将有机肥、沼渣、沼液或肥水应用于大田作物、蔬菜、果树等。采用水泡粪方式的，粪污进行厌氧发酵、氧化塘处理，还田应用于农业生产。

（四）达标排放

目前，这种处理方式占的比重相对比较小，其原因一是粪污处理设备的成本高，给养殖场造成很大的压力；二是粪便本身是一种可再利用的资源。达标排放要求养殖场对污水通过厌氧、好氧等工艺处理后，出水水质达到国家排放标准，固体粪便通过堆肥等方式处理后，再利用。

（五）制作有机肥

现今使用翻堆机进行发酵制作有机肥的废物再利用模式，是最主流的处理方式，也是可以解决根本问题的最好的粪污处理方式，可以达到粪便及粪污和污水整体解决的目的。而这种方法恰恰是当前政府部门也在推崇的新兴产业方式，可达到变废为宝的二次废弃资源再利用，达到了没有二次污染的标准，同时也解决了养殖场的粪污滞留及没法排放的难题，可谓是一举两得。

三、提升畜禽粪污资源化利用水平的途径

忻州市地域辽阔，各区域之间自然条件、农业生产方式、经济发展水平差异大，粪污资源化利用受这些条件的影响大，通过总结现有养殖场粪污资源化利用的经验与存在的问题，探讨符合各区域特点的粪污资源化模式，对全面推动畜禽粪污资源化利用具有积极意义。

立足资源保护、投入减量，构建种养结合、农牧循环的生态畜牧业发展格局。一是在全市范围内积极推广循环农业模式建设。因地制宜推广“草—畜—田”“果—沼—畜”“菜—沼—畜”“粮—菌—畜”等生态循环模式。二是加强规模养殖场粪污处理设施建设。采取养殖场投入为主、政府适当支持、社会资本积极参与的运行模式，加大规模养殖场粪污处理设施建设力度。

（一）合理布局，突出重点。根据忻州市实际情况，走种养平衡、农牧

互动、生态循环、环境良好的畜牧产业循环经济发展之路。严格限定畜禽养殖规模，统筹畜禽养殖与乡镇现代农业发展的关系，对禁养区全面进行养殖情况排查，严格控制禁养区内的畜禽养殖，在限定时间内逐步对不合规定的养殖场（区）予以关闭或取缔。全面推进畜禽养殖污染防治工作，加大对重点区域和重点养殖单元的整治力度，有针对性地扶持重点养殖场（区）。

（二）配套升级，整县推进。为规模化畜禽养殖场配套建设畜禽粪污收贮处理设施，建设储粪池、沉淀池，配套完善粪污收集、贮存、处理、利用等设施，支持规模化养殖场改造场区雨污分离、干湿分离系统；建设储粪池、粪污收集池等粪污处理设施。产生的畜禽粪便经固液分离后，液体进入沉淀池等进行生物处理，固体输送至粪污集中处理中心进行好氧堆肥，积极推进粪污资源化利用的整县推进。

（三）因地制宜，种养结合。即“以地定养、以养肥地、种养对接”，在畜禽养殖密集区、大型畜禽养殖场、果菜种植业基地，培育“畜—粪肥—林（粮、果菜）”种养对接良性循环经济模式。种植养殖通过流转土地一体运作、建立合作社联动运作、签订粪污产用合同、订单运作等方式，直接用于农作物生产，维护畜禽健康养殖、减少化肥使用量、提高土壤肥力，实现生态、经济效益双丰收。

（四）建设沼气，充分利用。养殖场畜禽粪便、尿液及其冲洗污水经过预处理后进入沼气设备发酵，经厌氧发酵产生沼气、沼渣和沼液。养殖场与周边蔬菜、林果种植合作社、园区、家庭农场等签订利用合同，全部还田资源化利用。对养殖粪污集中收集、集中处理，实现沼气发电，沼渣生产有机肥，全量收集畜禽养殖场产生的粪污，进行无害化处理。

（五）生态养殖，就地消纳。采用生态养殖模式，就地消纳畜禽粪污。利用生态优势发展林下养殖、田间养殖等以家庭农场为单位的生态立体养殖模式，规模牛场产生的粪便直接用于蚯蚓养殖或经干湿分离用于奶牛卧床垫料，场内循环利用、再生利用，就地消化畜禽粪污。

（六）补贴建厂，就近转化。在养殖密集区建设专业有机肥厂，减少运输，就近加工有机肥，通过市场化运作，对周边养殖场产生的粪污进行收、贮、运，购进有机肥生产设备，按照先进的有机肥生产工艺加工生产各种市场需求的有机肥产品。在市场化销售的同时，市、县（区）财政出台补贴政策，对使用有机肥的种植合作社、家庭农场、园区等购买有机肥进行补贴，解决有机肥还田“最后一公里”问题。

（七）集中收集，无害化处理。在养殖密集区，建立区域性粪污集中处理中心。采用畜禽粪便好氧发酵技术，购置生物发酵系统生产有机肥装备，就地对粪便作无害化处理，将粪污转化为有机肥（或基质），生产无害化农家肥。通过与有机肥厂合作共建堆肥设施，再进行深加工或直接还田。

四、下一步工作重点

结合目前畜禽生产实际，以减量化、无害化、资源化为原则，坚持农牧结合、种养循环，可通过加大财政投入力度，健全补贴政策体系，出台土地支持政策，创新种养主体对接模式和市场化运行机制等措施，积极稳妥推进畜禽粪污资源化利用。

（一）加强对养殖场区户养殖废弃物的管理和指导。通过宣传和技术指导，积极推广利用土地消纳畜禽粪便，用畜禽粪便作为种植业有机肥料供应源方式，实现畜禽养殖业环境效益和经济效益的双赢。

（二）调整优化畜禽养殖场布局。对畜禽养殖小区（场）进行合理规划布局，科学划定畜禽养殖禁养区、限养区和放养区。通过养殖户退出“庭院、散养、村屯”，进入“规模化养殖、工厂化生产、市场化经营”的畜牧业发展方式，减少分散的一家一户的养殖方式，从而减少污染源，提高粪污集中处理利用比率。

（三）加大对畜禽污染物治理工程投入力度。积极争取财政资金和环保资金，在全市大型养殖场区上引进粪污处理设施，在连片养殖区域扶持引进大型机肥生产企业，消化养殖废弃物，变废为宝。大型蛋鸡场和牛场采取“堆粪场—有机肥”模式，中小型奶牛场和较大的生猪规模场采取“沉淀池—还田”模式，大型蛋鸡场、奶牛场和猪场采取“沉淀池—沼气—

还田”模式。有条件的养殖场区或企业可以争取达到污染源的深度无害化处理。

因此，做好畜禽养殖粪污处理和资源化利用必须牢固树立并切实贯彻创新、协调、绿色、开放、共享的发展理念，坚持政府引导、企业主导，通过布局调整、源头控制、综合治理，以畜禽养殖大县和规模养殖场为重点，持续提高畜禽粪污综合利用率，实现畜禽粪污处理与利用模式的创新，着力构建畜牧业健康发展的良好环境，增强畜牧业发展的新动能。这对于提高养殖业综合利用效率、增加畜禽养殖收益、保护农业生态环境、减轻污染具有十分重要的意义。

执笔：

周晋红　山西省忻州市畜禽繁育工作站

原平市生态畜牧业发展措施

编者按：原平市畜牧业工作在山西省、忻州市、原平市各级部门的领导下，坚持以增加农民收入和发展现代畜牧产业为目的，以转变发展方式、提高综合生产能力为核心，以市场为导向，以疫病防治为保障，大力推进生产基地建设，加快发展合作经济组织，创新经营体制和发展模式，促进可持续发展。

按照雁门关生态畜牧经济区发展规划，努力把原平市打造成为优质畜产品生产基地。以基地、规模养殖和小区园区养殖为依托，以提升质量为纽带，全力推进科学化管理、标准化生产、产业化经营。推行草畜平衡，正确处理好草地保护、建设与合理利用关系。推广配合饲料应用、牧草种植品种配套组合和农作物秸秆利用等技术，为舍饲养殖提供丰富的饲草料资源。

一、加强政策扶持引导

随着畜牧体制改革的不断深化和农产品市场供需关系的转型，畜牧产业的基本面呈现出上升态势，吸引了一批民营企业家转向畜牧业发展领域，吸附了社会上的大量资金，为规模健康养殖业注入了活力。在规模健康养殖建设中，注重经济、效益、生态效益有机统一。从规模养殖场和小区的建设场址选择、布局设计、生产规模、设施配备和环境控制等进行全面控制。合理循环利用，解决燃料、肥料、饲料矛盾，改善和保护生态环境，促进良性循环，发展优质安全生态养殖。

在原平市委、市政府领导下，各部门完善政策措施，加大资金投入和扶持力度，表现在解决养殖用地、建设标准化养殖小区、进行良种补贴、扶持人工种草等方面。出台了《关于进一步加强畜牧业发展的意见》《原平市中长期动物疫病防治规划（2013–2020 年）》《原平市重大动物疫病防控规范化管理办法》等文件，在技术服务、土地使用、场区建设、设施配置等方面给予政策优惠和资金扶持，指导畜牧业全面建设发展。

原平市认真贯彻落实各项政策，继续鼓励和支持引进畜牧养殖、加工、流通等领域的技术人才。畜牧专业人才，优先对口录用到畜牧部门工作。引导畜牧技术人员，到龙头企业和畜牧实体中提供技术服务。

二、夯实服务体系建设

目前，以圈舍养殖为主的饲养方法，成本高于牧养 60% 以上，如仍按传统方法饲养，效益很低。科技人员必须改变服务方法，加强培训，既防疫治病，又推广饲养管理、饲草贮存、饲料配置、配种、接种等先进实用技术。只有坚持以科学技术饲养，用规模化、标准化、现代化要求生产，上规模增数量，创出精品和品牌才会有效益，农民才能得实惠。

原平市通过多种形式加大对农民的科技培训，积极引进优秀农业技术人才，建立健全农村实用人才培养、评价、激励、使用机制，为畜牧产业发展提供有力的技术人才支撑。

三、发展规模健康养殖

由于长期放牧影响，大多数养殖户基础设施比较落后，存在棚舍简陋、机械缺乏、设施不全等问题。部分养殖户仍然沿用传统粗放的饲喂方式，饲草料加工技术不足，营养搭配不尽合理，还不能做到精养精喂。在舍饲经营成本相对提高的情况下，养殖经济效益较低，影响了生产积极性。

为此，应积极引进先进畜牧业工艺模式、配套设施设备，提高劳动生产率和生产水平，发展适度规模养殖。如养羊业一般以基础母羊 80 只以上、育肥羊 300 只至 500 只、用工提高到人均饲养 200 只至 500 只为宜，其他畜种也要根据实际情况合理规划配置。这有利于充分利用土地资源，也有利于产业建设的合理分工，提高养殖效益、降低生产成本。政府应扶持大户，带动小户，滚动发展，扩大规模，创出效益，促进其他产业的快速发展。

四、拓宽并优化投资渠道

政府和有关部门在畜牧经济建设中，应采取各种措施吸纳资金，建立和激活以财政资金为导向，信贷资金为主体，招商引资为补充，生产者积累投入为基础，政府干预与市场化互为补充的多元化支撑体系。进一步加强组织领导，充分发挥宏观调控作用，搞好协作配合，严格项目审批，加强对资金和实施程序的监督管理，保证资金有效使用。

坚持运用市场机制，鼓励全社会参与支持畜牧产业建设，促进投资主体多元化。一是逐步加大政府投入。建立和完善发展基金，认真落实项目配套资金。二是财政、发改、物价、扶贫、农业综合开发、退耕还林等重点项目资金和农业产业化、退耕还林、小型水利、水保工程等方面的专项资金优惠扶持。在管理上本着渠道不乱、用途不变、统筹安排、各尽其功的原则，集中用好项目资金。三是组织生产单位与金融机构对接，探索发展畜牧业融资机制。四是积极开展保险业务。五是积极引进招商引资项目，对做出贡献的按引资额度进行奖励。

五、加快品种引进和改良

进一步提高畜禽品种良种化水平，强化高效高频繁殖与管理技术的应用，加强新品种品系的培育，从引进为主转向引进和培育并重，逐步形成以自我开发为主的繁育体系。积极探索企事业单位和科研院所相结合的育种新机制，扶持种畜禽场发展，利用信息技术、生物技术，结合常规技术应用，加快新品种培育；利用繁殖新技术，建立优质扩繁与推广体系；利用杂交优势，运用人工授精技术，实现批量繁育与规模化养殖；充分利用营养调控技术。

六、开发利用饲料资源

在生态畜牧建设中，不仅要保证饲料种类的丰富和储量的充足，还应根据动物营养需求和饲料的营养成分配制全价日粮。在目前的动物生产中，饲料利用率低，而且存在种类单一、饲草品质差、日粮配合不科学等现象，严重制约发展。应合理应用饲料组合效应技术，提高饲草的利用率。在耕作制度和农业产业结构调整中，实行粮、经、饲三元结构，保证饲草料的全年均衡供应。

七、努力延伸产业链条

随着畜牧体制改革的不断深化和农产品市场供需关系的转型，畜牧产业的基本面呈现出上升态势，吸引了一批民营企业家转向畜牧业发展领域，吸附了社会上的大量资金，为规模健康养殖业注入了活力。

分散经营和粗放的饲养管理方式，缺少龙头企业的拉动，在市场经济迅速发展的今天，不能充分有效地利用本地资源，生产适销对路的畜牧业产品，并进入市场参与竞争。不利于采用先进实用的综合配套技术，提高产量，改善品质，增强市场竞争力，提高经济效益。目前，以销售活畜禽和初级产品为主，没有进行深加工，营销渠道狭窄，经济效益受市场价格波动影响大，抵御市场风险能力差。

针对存在的问题，必须积极扶持加工龙头企业的发展，增强畜牧产业的发展后劲。完善相关的标准体系，加强对产品质量的监控，提高安全水平。重视对产品加工技术研究开发，鼓励发展畜禽产品的精深加工。结合无规定动物疫病区建设，培育一批畜产品示范龙头加工企业。

八、落实安全保障措施

各职能部门密切配合，全力推进动物疫病防控规范化管理工作，从养殖场管理、生物安全，免疫接种、消毒灭源等多方面入手，注重档案完善和信息收录，加强应急机制建设，狠抓综合防控措施落实，提高免疫密度，确保免疫质量，有效控制疫病的发生，确保全年不发生重大动物疫情。

同时，强化防疫检疫基础建设，规范养殖档案和免疫档案，建立和完善动物标识、疫病防治预警和防控追溯机制，对饲料生产、畜禽养殖、畜产品加工和流通销售实行全程质量控制、信息查询以及可追溯管理。加强对饲料、兽药等生产及市场的监管。健全监管制度，强化屠宰检疫、产地检疫等动物卫生监督工作，加强网格化管理。

着力开展粪污污染治理和病死动物及其产品无害化处理工作，推进环境保护工程。由环保部门牵头，采取有效措施，逐步加大监管和投入力度，确保达到规定标准。监督从事动物养殖、屠宰加工、运输贮藏的单位和个人配备无害化处理设施、设备，根据条件因地制宜配备焚烧炉或化尸窖等。

九、严格养殖用地管理

应统一规划，合理布局，加快土地流转，提高土地集约化水平，建立土地流转服务中心，为土地流转提供规范、高效、便捷服务。

应由生态环境部门牵头，加强生态环境治理。农业、水利、林业等部门通力协作，积极开展基础水利设施建设，做到水资源高效利用，减少浪费；推进植树种草、蓄水保墒，防止水土流失；在高缺水区，开展雨雪采集、建旱井等方法，着力解决畜牧业缺水问题。

十、实现全面协调发展

畜牧业区域布局，建立在总量保证、布局均衡、结构合理、功能完善的植被系统基础上。根据生态畜牧地域特点、资源禀赋、产业现状、发展潜力等，遵循突出优势和兼顾整体原则，建立一个点、线、面合理布局且有机结合的生态网络体系。

点：指以人口相对密集的中心乡镇为主体，辐射周围形成的具有一定规模的畜牧业生态网络点状分布区，建设示范性养殖园区。

线：指主要公路、铁路交通干线两侧，滹沱河、阳武河、永兴河、长乐河、云中河、同河六条较大河流两岸为主体，坚持生物措施与工程措施相结合，大力营造水土保持林、护岸林、护路林，重点建设畜牧产业带。

面：指以大的地貌类型为主体，根据不同自然状况所形成的生态网络系统的块状分布区。包括：

沙区——采取造林种草、封禁保护、生态移民等措施，保持和增加林草植被，重点建设畜牧业生产基地。

丘陵山区——营造水源涵养林和水土保持林，加强山区综合治理开发。以保护和合理利用草原为主，保护和建设相结合。包括南白乡、东社镇、子干乡、中阳乡、苏龙口镇、楼板寨乡、长梁沟镇、轩岗镇、段家堡乡等乡镇。

平原农区——在立地条件优越的地块，以家庭牧场为单位，小规模开发饲草料基地，并采取补播和飞播措施，加快植被恢复速度；扩大人工草地和饲料地面积，发展秸秆加工。包括新原乡、沿沟乡、崞阳镇、大林乡、西镇乡、大牛店镇、解村乡、王家庄乡、闫庄镇等乡镇。

应由政府组织，加强各单位联系，充分交流协商，研究发展规划，制定工作目标，明确建设任务，优化工作措施。组织本地专业技术人员和外来专家，加强规划，科学布局，因地制宜确定发展目标，完善方式方法，宜农则农，宜林则林，宜牧则牧。同时做到协调配合，形成工作合力，将畜牧业与其他行业发展紧密结合起来，共同解决工作中遇到的问题，消除制约发展因素，促进统筹兼顾、全面进步。

执笔：

栗永楼　山西省原平市农业农村局

原平市扎实防控非洲猪瘟

编者按：自2018年8月3日辽宁省发生首起非洲猪瘟疫情以来，山西省原平市高度重视，积极应对，及时贯彻落实国务院、山西省、忻州市有关会议、文件精神，多次召开专题会议，落实防控责任，完善应急预案，补充应急物资，加强技术培训，开展督导检查，扎实开展排查，密切部门配合，加强宣传、群防群控，扎实开展非洲猪瘟防控工作。

一、领导高度重视，逐级夯实责任

首起非洲猪瘟疫情发生后，原平市对防控非洲猪瘟工作极为重视和敏感，原平市防治动物重大疫病指挥部先后以原防重大（指）字〔2018〕6号、7号、8号文件，对非洲猪瘟防控工作作出具体安排部署。市政府主要领导专门就非洲猪瘟防控工作做了批示，要求认真贯彻各级政府防控要求，加强综合管控，群策群力，落实各项防控措施，做好非洲猪瘟防控工作。市政府分管领导多次专门组织召开由全市各防治动物重大疫病指挥部成员单位负责人、全体乡镇分管副职、市畜牧兽医系统干部职工参加的全市非洲猪瘟防控工作会议，并深入基层重点防控单位进行调研，对非洲猪瘟防控工作作出重要指示，要求各单位提高政治站位，统一思想，充分认识非洲猪瘟防控工作的重要性、特殊性，要压实防控责任，认真贯彻落实各项防控措施，加强宣传培训，切实提高原平市非洲猪瘟防控能力，坚决打赢非洲猪瘟防控“阻击战”。原平市18个乡（镇）政府和各相关部门，也高度重视非洲猪瘟防控工作，分别召开专题会议，根据各自防控职责，认真排查安全隐患，加强对生猪移动监管、泔水饲喂生猪等防控重点的管控，切实做好非洲猪瘟防控工作。

二、推进部门协作，落实联防措施

原平市多次召开联防联控会议，落实部门责任，安排部署非洲猪瘟防控工作。市畜牧兽医局积极履行指挥部办公室责任，做好牵头组织协调，组织制定非洲猪瘟防控工作方案，明确责任单位和责任人，成立市防控非洲猪瘟联合工作组，统筹非洲猪瘟防控工作，落实排查、检疫监督、生产管控等非洲猪瘟综合防控措施，开展非洲猪瘟防控知识培训和防控指导工作。市林业部门加强做好野猪分布状况的调查和陆生野生动物非洲猪瘟等疫源疫病排查、监测、报告和疫情处置等防控的监督管理工作。市食药部门加强监督餐饮服务单位做好餐厨垃圾和泔水的流向登记记录，严禁餐厨垃圾和泔水流向生猪养殖环节，加强肉制品生产加工单位、农贸市场、肉店铺、超市及冷库等场点的排查力度，落实进货查验、登记及索证索票工作，杜绝疫区的猪肉及冻品进入原平市销售。市外贸部门严格禁止进口来自暴发非洲猪瘟国家和地区的生猪及其产品。市交通部门督促道路运输企业按照有关法律、法规规定承运生猪及其产品，严防疫区生猪及猪产品流入等工作。市宣传、公安、财政、商务、卫计、工商、环保、邮政等部门履行各自监管职责。同时，加强部门沟通协调，及时收集、通报各方面信息。

三、开展非洲猪瘟疫情排查

2018 年 8 月 7 日全国非洲猪瘟防治工作紧急视频会议召开后，原平市及时下发通知，要求各有关单位加强 24 小时专人值班和领导带班，要求市畜牧兽医局各相关单位迅速开展疫情排查工作，重点对所有养猪场户进行全面排查，逐场逐户排查登记，并每日上报排查情况；对生猪屠宰场屠宰生猪进行逐日排查上报；对全市泔水饲喂生猪养殖场户全面排查，逐个上门宣传、指导和监管，要求全部停止泔水饲喂生猪。

四、加强生猪移动监管

2018 年 8 月 7 日以来，原平市动物卫生监督所按照上级有关要求，全面开展生猪移动监管工作，一是对从外地调入的生猪等畜禽实行调入登记制度，重点查验调入生猪是否有检疫合格证明等合法手续，是否来自疫区，并要求严格实行隔离观察制度。二是联合市食药局对进入原平市的生猪产品进行市场排查监管。三是加强生猪屠宰监管。在加强督查屠宰企业落实企业主体责任和宣传指导防控非洲猪瘟的同时，强化入场生猪查验检疫工作，要求代宰生猪必须全部附产地检疫合格证明。严格执行屠宰检疫规程，对检出的病害猪肉当即实行无害化处理，并每天上报疫情排查情况。四是对调出生猪严格按照农业农村部公告及有关文件要求实行检疫，并禁止调入外省。同时加强宣传教育，督促养殖场户落实主体责任，按规定申报检疫，配合做好移动监管。

五、积极组织技术培训

2018 年 8 月 31 日，在全国非洲猪瘟等动物疫病防控工作视频会议后，原平市畜牧兽医局积极组织筹备，于 9 月 8 日组织召开了由全市乡镇畜牧兽医中心技术骨干和规模养猪场负责人参加的全市非洲猪瘟防控技术培训会。规模养猪场代表进行了非洲猪瘟防控责任承诺宣读和承诺书签订，市畜牧兽医局要求各乡镇组织全市养猪场户全部签订非洲猪瘟防控责任承诺书。

六、强化防控知识宣传

由市畜牧兽医局组织编印《非洲猪瘟防控技术手册》300 余册，发放到基层技术人员和规模养猪场户手中；由畜牧兽医局编印“致广大生猪养殖场户的公开信”“致全市各生猪定点屠宰企业的公开信”和“致全市各生猪贩运经纪人的公开信”，发放到每个生猪养殖场户、每个生猪屠宰场和每个生猪贩运经纪人手中；由市动物疫病预防控制中心编印非洲猪瘟防控宣传资料 5000 余份，发放到乡镇畜牧兽医中心和广大养猪场户，强化非洲猪瘟防控知识宣传和防控措施落实，有效提高养殖场户的非洲猪瘟防控意识和防控能力。在原平电视台《新闻眼》栏目开设专题讲座，广泛宣传非洲猪瘟防控技术，确保非洲猪瘟防控知识宣传到位，防控措施深入人心。

七、严格猪用饲料监管

为有效防止非洲猪瘟疫情从饲料环节传播，由市畜牧兽医局及时安排市牧草饲料工作站开展猪用饲料监管工作，严格要求饲料生产企业暂停使用以猪血为原料的血液制品生产猪用饲料，要求养殖场户承诺，暂停使用相关饲料产品饲喂生猪，禁止使用泔水饲喂生猪。市食药局、卫健委对饭店、食堂餐厨剩余物加强管理，禁止饭店、食堂为生猪养殖场户提供餐厨剩余物（泔水）。

八、深入进行防控督查

为保证非洲猪瘟防控措施有效落实，市畜牧兽医局组织市动物疫病预防控制中心、市动物卫生监督所等单位技术人员，按照重大动物疫病防控技术包干责任要求，分片分组进行不定期防控督查，重点对泔水饲喂生猪情况、生猪及生猪产品调入情况、养猪场户承诺签订情况等进行督查，确保各项防控措施落实到位。

九、全面消毒灭源，提高生物安全水平

积极组织乡镇畜牧兽医中心、养殖场户开展消毒灭源工作，并选择各乡镇养殖集中村庄、重点养殖场户 10 村 20 户，对其道路、环境开展统一集中消毒，累计购买发放消毒药品近 2 吨，消毒面积 2221 万平方米，极大地改善了养殖环境，提高养殖生物安全水平，降低了疫病发生风险，实现了“两个确保”的防疫目标。

十、下一步工作措施

（一）继续加强部门协调配合。在市防控非洲猪瘟联合工作组统一安排下，抽调各防治动物重大疫病指挥部成员，继续强化全市各级各部门协作，积极开展联防联控。市畜牧兽医局全力以赴落实好监测、检疫监督等防控措施；畜牧、公安、交通、农业等部门联合，加大行政执法力度，严厉打击违规调运等违法违规行为，严控从疫区高风险区调入生猪及其产品，对违规调入的生猪及其产品进行扣押、扑杀、消毒、无害化处理。畜牧、食药、市场监管等部门联合，加大餐厨剩余物（泔水）管理和餐厨剩余物（泔水）饲喂生猪监管，禁止餐厨剩余物经营、转运活动，禁止餐厨剩余物喂猪。

（二）加强应急值守，充实应急物资储备。严格执行 24 小时专人值班和领导带班制度，要求值班人员坚守岗位，确保联络畅通。充实应急物资储备，补充疫苗冷藏箱等应急物资，做好应急准备，确保一旦发生灾情疫情，能够及时做出应急响应，确保做到早发现、快报告、严处置，将灾情疫情影响降至最低。

（三）加强疫病监测力度。在日常监测的基础上，加大监测力度，重点对规模养猪场、近期有生猪调入的养猪场、有疫病发生的养猪场，进行防疫督查和采样抗体监测，确保强制免疫病种免疫抗体水平在标准之上。

（四）与秋防工作相互促进。按照“规模养殖场实行程序免疫，散养户春、秋集中免疫、月月补免”的要求，切实做好新补栏以及应免未免畜禽口蹄疫、高致病性禽流感、小反刍兽疫、猪瘟、鸡新城疫等重大动物疫病以及布鲁氏菌病、狂犬病等人畜共患病的免疫工作，对免疫抗体水平较低的畜禽及时补免，使免疫密度常年保持在存栏的 90% 以上，构筑有效防疫屏障。

执笔：

池　远　山西省原平市农业农村局

发展脱水蔬菜，调整种植结构；实现产业升级，推动农业增值

编者按：繁峙县位于山西省东北部、忻定盆地东部边缘。大营镇位于县境东部，距县城50千米。大营镇辖30个行政村，全镇4000多户，12000余人。全镇耕地面积64300亩，人均耕地5.3亩，地力资源丰富。镇内无支柱产业，所有农民以种地为生，粮食作物以种植小杂粮为主，农闲时部分人员外出打工来维持生活。全镇农业基础设施落后，缺乏有效的经济来源，属农业型国家级贫困乡镇。全镇精准扶贫户2290户，6410人，贫困人口多，脱贫压力大，因此发展脱水蔬菜加工产业成为全镇贫困户脱贫致富的必经之路。

一、产业发展背景

繁峙县是滹沱河发源地，滹沱河自东向西贯穿全境，属温带大陆性季风气候，年平均气温8.3℃，年降水量400毫米左右，无霜期115天–140天，年平均日照时数为2906.5小时。气候冷凉，昼夜温差大，积累营养成分多，为蔬菜种植提供有利的气候条件。

其中大营镇地处滹沱河畔，地势平坦，水资源丰富，同时镇内土地资源丰富，大部分农田含盐碱成分较高，气候昼夜温差大，无霜期短，下湿地占耕地面积的70%以上，生产蔬菜有着得天独厚的条件。若是种植大田作物，则产量少、价格低、经济效益差。由于无霜期短，有时遇到霜冻来

得早，庄稼都不能成熟，只能勉强解决温饱。所以单一类型作物种植的经济效益远远不能满足农民脱贫致富的要求，十多年前，大营镇开始大胆尝试调整种植结构，引入蔬菜种植，打破了传统单一的种植模式。自蔬菜种植表现出更好的经济效益之后，大营镇党委政府高度重视，逐年扩大种植规模，并带动了周边乡镇发展蔬菜产业（见图 1、图 2）。

图 1　发展蔬菜种植

图 2　发展蔬菜种植

截至 2019 年，全县蔬菜种植面积达到 4 万亩，带动农户 4000 户 11600 人，其中贫困户 2100 户 6700 人。

随着附近蔬菜市场的逐渐饱和，由于蔬菜属于生鲜农产品，不易贮存，交通条件限制等多方面原因，蔬菜种植的经济效益表现出其特有的局限性。为了突破这种局限，进一步提升蔬菜产业的效益，进行更深层次的产业结构调整成为破解这种困境的唯一途径。

二、创新产业模式

从 2015 年开始，大营镇的蔬菜种植合作社就开始积极探索深层次的结构调整方式，来启动蔬菜种植产业的新的经济增长点。首先是创新脱水蔬菜生产模式，形成集种植、加工、销售为一体的产业链条化模式，从而有效地促进一二三产业融合发展，促进本镇及周边乡村务工农民就业；同时引入新的经营管理模式，以解决生产资料及劳动力不足的问题，而且有效扩大生产规模，带动县域经济发展。

（一）生产模式创新——种植、加工、销售的产业链建设

由于蔬菜属于生鲜食品，市场需求量有限，产品的增收能力有限，加之不易存储，扩大种植蔬菜必然会带来销售的压力。因此大营镇将蔬菜种植主体与当地脱水蔬菜加工企业联合起来，建立了蔬菜“种养加，产供销”体系，引入脱水蔬菜作业生产线，有效地解决了生鲜食品的存贮、销售问题，同时，随着蔬菜的深加工，蔬菜的食用形式被丰富，进而拓宽了蔬菜的销售渠道，进一步增加产品的附加值（见图 3）。

图 3　发展脱水蔬菜加工产业

目前在大营镇内，已经形成了六个蔬菜种植的主要片区，六个片区内均有相应的食品、蔬菜加工企业，且企业正在进一步引入、完善加工设备。其中，作为繁峙县脱水蔬菜加工的龙头企业——繁峙县晋鲁诺佳食品

有限公司，已修建脱水蔬菜加工厂一座，安装脱水蔬菜生产线两条，自动蔬菜脱水生产线三条，建设生产车间、分解车间、原料库、冷库等配套设施。同时正在积极筹备二期建设项目，以完成生产线和速冻库、恒温库等各类设施配备、建设。二期项目建设完成后，预计日处理蔬菜原料可达1000多吨，日生产脱水蔬菜60多吨（见图4）。现大营镇内的蔬菜加工企业的生产能力可达到全年消化5.4万亩的蔬菜，解决了片区内蔬菜产业销路难的问题。

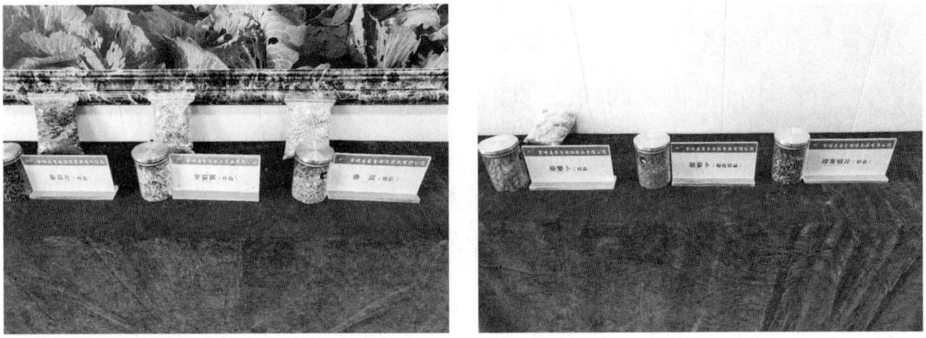

图4　脱水蔬菜成品展示

蔬菜经过脱水成为成品后，由企业进行对外销售。繁峙县的脱水蔬菜采用了标准化的生产方式，保证了绿色无污染，在市场上有着很好的口碑，深受广大消费者的喜爱，是多家食品加工和脱水蔬菜出口企业竞相合作的对象。目前大营镇的蔬菜加工企业已与山东百佳食品有限公司签订了供货订单，为其提供脱水叶类蔬菜，其中95%的产品销往美国、德国、澳大利亚及日本。

（二）经营模式创新——“三位一体”建设

大营镇的老泉头村是蔬菜种植最早也是规模最大的一个行政村，老泉头村最先设计并实施了“三位一体”模式。所谓的“三位一体”模式就是“企业+合作社+农户”的经营管理模式，以合作社为龙头，由农户以土地入股的形式自己带地入社。蔬菜种植专业合作社与蔬菜加工企业（公司）签订种购合同，蔬菜加工企业进行进一步加工销售。由蔬菜加工企业负责合作社的种植生产技术指导，保证合作社种植的蔬菜有质量保障且有稳定的销售渠道。

繁峙县老泉头村的涌泉种植专业合作社与亨隆绿蔬蔬菜加工厂、山东润隆食品有限公司和当地农民共同形成了“三位一体”的管理模式，并共同成立了晋鲁诺佳食品有限公司。合作社对土地的折股根据当地市场行情进行折股量化，并聘请专业会计进行账务管理，对于土地流转的按照程序进行流转，并按股份调配到各股东名下，对于无土地或者少土地的农民可以以现金入股和小额贷款股份形式，对于一部分无劳动能力的贫困户还可以申请扶贫资金投入股份。另外村集体以固定资产折价入股，增加村集体收入。合作社负责蔬菜的种植、收割及日常维护。蔬菜种植专业合作社与食品、蔬菜加工企业签订种购合同，由蔬菜加工企业负责合作社的种植生产技术指导，保证合作社种植的蔬菜有稳定的销售渠道。该模式共带动老泉头村248户746人，其中贫困户82户305人。老泉头村创新实践的成功，在全镇起到了榜样作用，“三位一体”的经营方式正逐步取代传统的经营方式。

通过“三位一体”模式的正常运营，可以有效增加土地的收益，并充分利用闲散的劳动力。农户既是合作社的种植者，又是企业的产业工人，可带动其稳定增收。合作社通过该模式可以把一家一户组织起来，有效地壮大其生产规模，既有生产资料（土地）的充分保障，又有人力资源的保障，同时又有企业提供先进可靠的技术支撑，可以进行高效、高质量的生产经营。企业通过该模式可以为自己建立稳定的供货渠道和劳动力队伍，进而有效地节约生产成本。

（三）产业效益分析

建立“三位一体”的经营模式后，由食品加工企业派出技术人员对生产进行全面指导。由于企业的技术人员不光具有先进的生产技术，而且对市场有着很深入地了解，所以不仅可以为蔬菜的生产带来最新的科学技术，更能带来宝贵的市场信息，可以有针对性地指导农民生产最受市场欢迎的产品。同时，县农业农村局农技中心常年在大营镇开展技术指导和技术培训活动，并定期不定期地派出专业技术骨干实地进行技术指导，为种植户规模化、集约化、标准化生产提供有力技术支撑。严格按照“六统一”（统一供种、统一机播、统一配方施肥、统一技术培训、统一病虫害防治、统一收获）的技术服务体系，对农民进行严格的有关绿色生产的技术培训，做到产前、产中、产后全方位全程技术服务，一方面提升了农民的生产技能，另一方面可以生产出符合市场要求的标准化产品。

1. 经济效益

通过利益联结模式的带动，农户种植蔬菜（以茴子白、胡萝卜为主）平均亩产量 10000 斤，按平均单价 0.25 元 / 斤，平均亩收入 2500 元，除去亩投入 1100 元，每亩纯收入可达 1400 元。2019 年全县蔬菜种植面积 4 万亩，总纯收入达 5600 万元，户均纯收入 1.4 万元；其中贫困户蔬菜种植面积 1.7 万亩，总纯收入达 2380 万元，贫困户户均纯收入 1.13 万元。

2. 社会效益

采用“企业 + 合作社 + 农户”的经营管理模式，能够进一步提高农业生产的组织化程度和抵抗市场风险能力，同时也能积极引进蔬菜新品种、新技术，增强合作社内的凝聚力，发展更多的农户种植，增强辐射和带动能力，种植规模也会不断扩大，促进全县的农业农村经济发展。2019 年，大营镇以蔬菜种植加工园区为引领，发展胡萝卜、茴子白等蔬菜种植 30000 亩，辐射带动砂河、柏家庄等周边乡镇，带动农户 1500 户 6500 人，其中贫困户 810 户 3600 人。同时，通过合作社和蔬菜加工厂吸收就业 1500 人，其中贫困人口 720 余人，人均纯收入达 1.2 万元。

3. 生态效益

围绕农业供给侧结构性改革的要求，结合当地自然环境特点，发展脱水蔬菜产业成为实现全县农业现代化的重要举措，也是调整全县种植业结构的重要环节，同时有利于改善周边生态环境，实现经济效益与生态效益的有机统一与协调发展。

三、未来发展前景

近几年，为推动全县农业转型升级进程，围绕农业供给侧结构性改革工作要求，繁峙县大力发展特色农业种植，蔬菜产业即为发展的重点之一。随着食品工业的迅速发展，脱水蔬菜一度处于供不应求的状态，有着较大的市场缺口。发达国家的蔬菜成本一般较大，而我国由于是蔬菜生产大国，其产量高、价格低，故不少的国家选择从我国进口廉价的蔬菜，因此蔬菜产品尤其是一些无公害、反季节蔬菜在市场上需求量较大，发展蔬菜生产有明显的效益优势。

针对当前产业形势，在未来几年，全县将不断加大扶持力度，努力扩大蔬菜产业规模，同时稳步推进设施蔬菜产业发展，优化区域布局，把当地的优势资源转化为优势产品，积极打造本土脱水蔬菜名牌产品，增强品牌效应，进一步拓宽脱水蔬菜的销售市场，建立更加广泛的销售平台。

执笔：

杨　芳　山西省繁峙县农业技术推广中心

李　众　山西省繁峙县农业技术推广中心

科技创新

雁门关农牧交错带
全株玉米青贮加工技术简谈

编者按： 朔州地处雁门关外，是“镰刀弯”和北方农牧交错重叠区，也是国际公认的草牧业黄金产业带。全市奶牛存栏 18.75 万头，占全省奶牛存栏的 21%；羊饲养量 630 万只，占全省羊饲养量的 20% 多。近年来，全市青贮玉米种植面积为 40 万亩以上，全株玉米青贮年储存量在 100 万吨左右。优越的地理环境条件，良好的草畜结合基础，日臻完善的全株玉米青贮加工技术，形成了草畜一体、循环发展、互促共生的格局。2016-2019 年，笔者在朔州市的驻村驻场实践中，参与了朔州市六县区草牧业企业生产、全株玉米青贮服务组织的技术指导，提炼总结了雁门关区农牧交错带全株玉米青贮加工技术。

一、原料要求

全株青贮玉米建议选用植株高大、生物学产量和籽粒产量均较高的杂交玉米品种。应在玉米蜡熟中期，籽实处于乳线 1/3–2/3 处、整株水分含量约为 65%–70% 时收获，产量与质量均达到峰值。

二、设施设备

根据现场设施条件选择合适的青贮方式，如裹包或地面式青贮池贮存。青贮前，需清理青贮设施里的杂物，检查青贮设施质量，检修各类青贮用机械设备，确保其运行良好。

（一）地面式青贮池

地面式青贮池场址应选择土质坚硬、地势高燥、地下水位低、排水条件好、靠近畜舍但远离水源和粪坑的地方。青贮池要坚固耐用、不透气、不漏水。具体分为有隔墙和无隔墙两种。

有隔墙青贮池地面和围墙要用钢筋混凝土浇筑，也有围墙用砖石修砌、水泥抹面。墙厚 40 厘米以上，如砖石修砌的，平均厚度在 60 厘米以上（下厚上薄）；地面混凝土厚度 18 厘米以上，尽量以河卵石作垫层，总厚度在 30 厘米以上，可以承重机械碾压。相邻隔墙间的距离能够保证机械的作业要求，根据畜种及养殖量而不同，一般情况下，羊以 5–6 米为宜，肉牛以 6–8 米为宜，大中型奶牛场在 8–10 米及以上。青贮池的最佳高度在 2.5–3.0 米，不建议超过 4 米。青贮池的长度因饲养动物数量和场地条件而定。

无隔墙青贮池特点是投资少、场地用途灵活，制备无隔墙青贮建议两部以上铲车联合作业。修建水泥地坪，高出地面 20 厘米以上，混凝土厚度低于 30 厘米，地面坡度 2–3 度，便于排水，面上平且防水，四周挖排水沟。建议大型奶牛场使用，需求在 3000 吨以上的，堆积高度需在 2–5 米，根据具体青贮需求量合理计算长度和宽度，一般地长度在 30−40 米，宽度 2−10 米。

（二）裹包青贮

准备打包机、包膜机进行裹包青贮。为保持青贮料的高密度，裹包前应将饲草刈割、切短、打捆后，使用具有拉伸和黏着性能好的薄膜，将其缠绕裹包后形成密封厌氧环境进行青贮，经 3–6 周完成乳酸菌发酵的生物化学过程。

裹包青贮机械化程度高，加工速度快，便于取用和运输，与青贮池比较，霉变、流液和饲喂损失量减少，但相对成本较高。朔州市骏宝宸农业科技公司近年来制作了较好的裹包全株玉米青贮，产品在内蒙古牧场反响很好，年销量在 1.5 万吨以上。

（三）收割机械

建议采用联合收割机进行全株玉米青贮原料的收割作业，不仅可以保证切割长度的一致，而且可以保证快速收贮，快速封池。克拉斯青贮收获机在朔州市山阴县、应县等平川区收获效果不错，良好的机械性能保障和籽粒破碎功能，获得牧场和种植户的好评，日收获全株青贮玉米在500–600亩左右。国产的“美迪”“牧神”牌收获机在朔州市也拥有很多客户（见图1、图2）。

图1　全株玉米收获现场

图2　克拉斯青贮收获机作业现场

三、制作方法

（一）原料准备

全株青贮玉米收割时，需确定适宜的留茬高度，一般控制在15–20厘米。采用联合收割机作业的整株玉米青贮原料往往是收割与切碎同步进行，而小规模制作青贮饲料时需要在收割整株秸秆后及时切碎或铡短。适宜的切割长度为0.9–1.9厘米，大型自走式玉米青贮收割机的切割长度较短，约0.8–1.2厘米，对玉米籽实的破碎程度较好，可以改善青贮的发酵效果，提高牛羊的饲喂效能。

根据各地实际情况自主选择全株玉米青贮专用添加剂。以选用菌剂为例，需现场准备电子秤（感量0.1克）、盛水容器（500–1000升）和菌液喷洒设备。菌剂施用要点：全株玉米青贮菌剂的使用剂量为每克青贮原料的活菌数 1×10^6 以上（可参照公司的产品说明书确定用量）。施用前用清洁纯净水均匀化开菌剂，在常温下可放置1-2小时活化，配好的菌液在夏季放置时间一般不超过4小时，冬季不超过12小时。在青贮装料过程中，每填装30厘米均匀喷洒一次，喷洒后及时压实，直至青贮制作加工完成后压实密封；裹包青贮则要将菌液和切碎原料充分混合均匀；菌液也可在刈割前用农用喷雾器喷洒或进行机械粉碎时喷洒。

（二）压实密封

地面式青贮池：切碎的原料要及时入池，每填装30-50厘米厚就要压实一次，以排出空气，为青贮原料创造厌氧发酵条件。一般采用自重较重的机械来回碾压，边缘部分若机械碾压不到，应人工用脚踩实。青贮压实采取坡面压实方式，坡面的最佳角度为30度。如不能一次将青贮池装满，应在装填结束后立即在原料上覆盖塑料薄膜密封，下次再继续装填。青贮原料装填至高出池子面50厘米后就要立即封池。封窖前先对窖头坡面压实，再将覆盖两侧窖壁的塑料膜向内折回，用塑膜复合胶或胶带黏合，形成密闭环境。上层覆盖黑白膜并用轮胎压实，确保不漏气不漏水。青贮封窖时从一侧到另一侧，顺风封窖效果好于逆风封窖，封窖时按照顺风方向进行压实，排挤残留在青贮膜内空气。青贮封窖后的一周内会有10%左右的下沉，如果下沉幅度过大，说明压实密度不够。派专人管理青贮窖，发现透气等情况需要及时处理。要做好青贮窖的排水，特别是地下青贮窖防止雨水灌入（见图3、图4）。

裹包青贮：将切碎的原料装入专用机械中打捆（每捆重量约50-60千克）。打捆结束后，用拉伸膜进行包裹。裹包层数关系到青贮厌氧环境的形成和保持，推荐采用的裹包层数不小于4层。裹包青贮长期贮藏气密性会下降，且原料种类、加工质量、水分高低也会对拉伸膜造成物理性损伤，破坏密闭环境。因此，长期贮藏和含水量较低均不利于良好密封条件的保持，需要增加裹包层数和使用微生物青贮添加剂。包膜草捆应堆放整齐，堆放时不超过3层，地点应避光，远离火源，并预防鼠害。搬运时要小心，避免扎破、磨坏包膜，造成漏气。要常检查裹包青贮的完好与密封程度，防止薄膜破损、气及雨水进入，发现有破损处，应立即用胶带密封。

图 3 地面式全株玉米青贮场景

图 4 地面式全株玉米青贮场景

四、品质鉴定

（一）感官鉴定

感官鉴定内容包括颜色、气味、质地结构及含水量等。一般来说，品质优良的全株玉米青贮应为青绿色或黄绿色，有光泽，具有芳香酒酸味，气味舒适，结构湿润紧密，茎叶保持原状，容易分离。适宜的含水量为65%–70%，检测时用手紧握青贮料不出水，放开手后能够松散开来，结构松软，不结块，握过青贮料后手上潮湿，但不会有水珠。

（二）实验室化验

选择不同的点采样，送到饲料厂对青贮的营养成分进行检测，化验青贮的营养成分，根据营养成分判定青贮质量。

五、青贮料的管理与饲喂

（一）管理

对于地面式青贮池青贮，要注意青贮池外的塑料薄膜不应有破损，如发生破损应及时黏补。对于裹包青贮，要防鼠害和避光，防止倒塌，还要避免直接与家畜接触。

图 5 朔州市骏宝宸农业科技公司全株玉米裹包青贮

（二）饲喂

青贮饲料一般贮存 40–50 天之后即可开池或开包使用。取料时应遵循用多少取多少的原则，从一端开启，由上到下垂直切取，保持取料面的整齐，尽量减少与空气接触的机会，不可全面打开或掏洞取料。夏季每天取料厚度要大于 30 厘米，冬季要大于 15 厘米。此外，取料后应立即将暴露面盖好，防止日晒雨淋和二次发酵。因青贮不同部位含水量和有机酸含量不一致，抓取的青贮料应先混合均匀后再与其他饲料原料混合，以减少营养差异。每次取料量以够饲喂一天为宜，不要一次取料长期饲喂，应现取现喂。对于裹包青贮，加工及运输过程中应尽量避免机械损伤薄膜。

六、全株玉米青贮要点

2015年朔州市开始实施粮改饲项目，是国内唯一整市推进的试点市，近年来的全株青贮玉米取得了很好的效益，在雁门关区农牧交错带树立了典范。青贮饲料成为奶牛主要的粗饲料，是性价比最好的粗饲料，约占日粮35%，成本约占日粮20%；优质全株玉米青贮可提高奶牛生产水平，在管理条件相同的情况下，消化率提高12%，泌乳量增加10%–14%，乳脂率提高10%–15%，节省1/5的精饲料。试点实践中，提炼总结出“九大”要点。

（一）加强与农技部门沟通。青贮饲料的制作是一个技术性很高的工作，规模牧场在制作过程中，要及时与当地农技部门联系沟通，一是解决青贮饲料来源问题；二是聘请农技部门的技术人员现场指导，保证制作质量；三是落实粮改饲财政补助资金。

（二）适时把握收获时间。雁门关区农牧交错带，玉米青贮一般在5月1日前后播种，一般中熟品种120天就基本成熟，因此我们提倡每年9月1日前后为全株玉米的青贮工作最佳时间。山阴县部分牧场为了抢原料，习惯是每年的8月20日，开始制作全株玉米青贮，这时玉米秸秆的含水量还在70%以上，玉米成长还没有达到蜡熟期，玉米籽实还不饱满，营养贮备不完全，这种做法不合适。

（三）设备设施购置。青贮制作前所用青贮膜、食盐、添加剂、安全帽、反光背心、对讲机、强光手电筒、警示带、废旧轮胎等物资一定提前购置贮备好。

（四）提前检修青贮池。青贮池墙体是否倾斜、裂缝（防止发生坍塌），如出现问题要立即加固修理。

（五）维护保养牧业机械。青贮的设施设备主要有大型收割设备、裹包机械、碾压机车等。牧场要对青贮使用的设施设备提前做好保养，对青贮原料加工设备的安全运行状况进行仔细检修和调试，及时给传动部件加注润滑油、打磨或更换好铡草机刀片、扭紧松动的螺丝，以免加工设备“带病”运行而发生意外安全事故或影响青贮进程。雁门关农牧交错带区域内40%的牧场建有机械库，设备闲时入库，对维护牧业机械有很大的益处。

（六）计划青贮制作数量。规模牧场青贮制作的数量是按牛羊饲养头数、饲喂天数计算。以奶牛为例，每头成年母牛每年不低于8吨的储备，后备牛则是按两头算一头的方式计算青贮储备需要量。

（七）做好青贮资金准备。按计划收贮量准备青贮原料资金。300头的奶牛场，需制备2000吨以上的全株玉米青贮，资金需求量近100万元。因青贮工作时限性较强，而且与玉米种植户都是现金交易，因此要准备足够的资金。如果储备的奶款不够付出的话，要提早从银行或信用社贷款，以免耽误收购的大好时节，造成青贮收购量达不到数量，从而影响牛羊全年口粮。近年来雁门关区部分市县银行、乳品企业及时启动“青贮贷”，对社会、企业和农户都是多赢的事。

（八）核查订购青贮原料。种植地联系，现场查看具体亩数，种植地与牧场间车辆路线的核查，尤其是是否适合大的作业机械进入，运输车辆的通行。并签订意向合同，千万不可电话沟通就简单了之，要做到有计划有规划，实地查看后签订合同，做到心中有底。如果委托青贮服务组织收购和制作青贮，就要与服务组织签订制作合同，保质保量完成当年的青贮目标任务。

（九）切实做好做实青贮流程。收获过程一定要快。从收获到封窖，时间越短越好，减少营养成分的流失；压窖要实，封窖及时；后续保管和使用，要避免漏气，注意避免和减少二次发酵。

执笔：

刘晓妮　山西省生态畜牧产业工作站

全株玉米青贮技术的注意事项、存在问题及对策

编者按：供给侧改革之“粮改饲”，是我国农业领域实施的一项重要改革，主要引导农民从粮食、经济作物的二元结构调整为粮食、经济、饲料作物的三元结构。要求以这种全株青贮玉米为重点，大规模发展适应于肉牛、肉羊、奶牛等草食畜牧业需求的全株青贮玉米。粮改饲战略的实施，对于推动种养结合模式、发展草食畜牧业和优化农业产业结构，具有重要的意义。普及和推广全株玉米青贮标准化制作、利用和安全保障技术，让广大农民脱贫致富，让消费者吃上放心的安全的有机畜产品，是一项重要任务。

一、青贮前的注意事项、存在问题及对策

交城县是山西省雁门关农牧交错带示范区生态畜牧经济区肉牛规模健康养殖重点县。为促进雁门关农牧交错带示范区农业结构改革，把草食畜牧业做大做强，加快交城县肉牛业发展，进一步提升“山区母牛繁育拉架子，平川肉牛育肥上规模”肉牛发展水平，交城县大力发展粮改饲牧草种植和全株玉米青贮收贮技术，实现草畜有机结合。①

全株青贮玉米饲料是将蜡熟期带穗的整株玉米切碎后，在密闭无氧环境下，通过微生物厌氧发酵和化学作用，制成的一种适口性好、消化率

① 乡村讲堂. 全株玉米青贮饲料利用[EB/OL]. 中国农村远程教育网.

高、营养丰富和便于长期保存的饲料。

全株玉米青贮技术主要有5点基本要求：

1. 选种：要用专用的全株青贮玉米种子。

2. 设备：要求带有籽粒粉碎的收割机和压实设备。

3. 青贮设施：要有合适的青贮窖池、青贮壕、青贮塔、青贮地面等。

4. 成熟的青贮技术。

5. 青贮后期管理。

在交城县雁门关农牧交错带示范区“粮改饲”建设项目实施过程中，笔者作为专家组成员参与了该项目的全部过程，包括项目实施设定、组织管理、监督管理以及审核验收等。在每个工作环节当中，笔者发现了不少问题。下面就全株玉米青贮技术应用的注意事项、存在问题及对策详细阐述如下。

全株玉米青贮技术流程主要有：整地－施肥－选种－播种－灌溉－植保－切割－粉碎－压实－添加剂－青贮－封窖－青贮后期管理。为了方便阐述，将整个流程分为三大方面阐述：青贮前期、青贮时和青贮后期管理。

在此项目实施过程中，涉及四家较大型的规模企业：交城县柴园农牧专业合作社和交城县苏家湾新发农牧专业合作社（简称合作社）、交城县谷满仓种植养殖有限公司（简称谷满仓）和交城县鑫源鑫畜禽养殖有限公司（简称鑫源鑫）。兹就这四家企业在2018年和2019年青贮玉米的各个流程中出现的问题和采取的对策详细阐述如下。

这个阶段主要包括：整地－施肥－选种－播种－灌溉－植保等环节。下面针对每个环节进行阐述。

（一）青贮前期的注意事项

1. 整地。大型拖拉机旋耕、两次，同时施足底肥，牛粪肥料最好。

2. 选种。专用青贮玉米。生育期适宜、适应性广、抗病性好、持绿性好、抗倒性好的品种。

3. 播种。人工播种机播种和拖拉机播种。出苗率高效整齐，根部深浅统一，抗倒伏能力强，适合机械收割。

4. 灌溉。井水灌溉。适时灌溉，能够保持水分，防止作物干旱。

5. 植保。适时做好病虫害防治和去除杂草，保证玉米良好的长势和高产量。

（二）青贮前期存在问题及对策

由于机械设备和技术的不同，效果差异大，如表 1、表 2 所示。

表 1　不同种植技术效果差异

企业	合作社	谷满仓	鑫源鑫
整地	小型拖拉机旋耕	拖拉机旋耕、两次，同时施足底肥	大型拖拉机旋耕、两次，同时施足底肥
施肥	牛粪、化肥都有	牛粪、化肥都有，旋耕施肥一次性完成	牛粪，旋耕施肥一次性完成
选种	专用种子	专用种子	专用种子
播种	手工播种	人工播种机	拖拉机播种
灌溉	雨水	雨水	井水
植保	手工	人工喷雾器	拖拉机
场址	山区	山区	平川
备注	人工成本高、效果差、产量低	机械程度一般，效果还行，产量中等	机械程度高、产量高、效果极好

注：种植技术不同，效果有差异，其中涉及四个企业两年的青贮过程。

1. 合作社的问题及对策

问题：（1）土地分散，合作力度差；（2）整地次数少、深度浅；（3）人工播种效率低、出苗率低、不齐；（4）雨水灌溉，没有深层井；（5）手工除草、施药，效率低下。

对策：受到场地和经济问题的制约，有的流程不能使用机械设备，只能尽量使用机械设备操作。

2. 谷满仓的问题及对策

问题：（1）土地：2018 年的土地流转面积小，而且分散不集中，不能用大型机械设备操作；（2）播种：手工播种，玉米植株根部浅，在遭受大雨大风肆虐后大面积倒伏，致使后期收割机无法使用；（3）灌溉：没有深层井，只能依靠雨水灌溉；（4）植保：雇佣农民使用人工喷雾器防虫害、除草，成本高。

对策：（1）土地：加大土地流转和租赁面积，土地集中，便于大型机械操作；（2）播种：人工播种机播种，出苗整齐、根部适宜、长势良好；（3）植保：半机械化操作，提高效率，降低成本。

3. 鑫源鑫的问题及对策

问题：土地流转面积小，机械操作受限。

对策：加大土地流转和租赁面积，便于大型机械操作。

二、青贮时的注意事项、存在问题及对策

这个阶段主要包括：切割－粉碎－压实－添加剂－青贮－封窖等环节。下面针对每个环节进行阐述。

（一）收贮时的注意事项

1. 窖池的清扫、修复、机械的维护等。

2. 收割、切草、压实：最佳时期是乳熟后期到蜡熟前期；切草长度 1–2 厘米，籽粒碾碎；压实时一层一层压实，底部铺 20 厘米厚的干草，周边更要压实，每 20–30 厘米压实一次，由边缘向中心压。

3. 封窖：玉米高出侧墙 50–100 厘米，即可封窖。先使用专用塑料膜覆盖，再用废旧轮胎铺满压实。

（二）收贮时的存在问题及对策

1. 合作社的问题及对策

问题：（1）人工割草、装车，效率低；（2）籽粒不能碾碎；（3）无压实设备；（4）无添加剂。

对策：尽量使用机械设备操作。

2. 谷满仓的问题及对策

问题：（1）因玉米大面积倒伏，只能手工割草，同时机械切草、机械

压实，因此要求提前割草，头天割草第二天入窖，导致青草变黄；（2）籽粒不能碾碎；（3）无添加剂。

表 2　不同企业青贮效果异同对比

名目	合作社	谷满仓	鑫源鑫
切割机	手工收割	手工收割	大型拖拉机收割、切割、籽粒碾碎一次完成，切割粉碎一次性，效果良好
籽粒粉碎设备	籽粒不能碾碎	籽粒不能碾碎	
切割长度	2 厘米左右	2 厘米左右	2 厘米左右
拉草设备	三轮车拉草，人工装卸	三轮车拉草，人工装卸	卡车拉草，机械装卸
压实设备	人工用脚踩	拖拉机压实	铲车压实
添加剂	无	无	无
留茬高度	20 厘米	20 厘米	20 厘米
封窖	使用普通塑料膜覆盖，上面覆盖土层；上有顶棚	使用普通塑料膜覆盖，上面覆盖土层；上有顶棚	使用专用塑料膜覆盖，再用废旧轮胎满铺，效果不错；轮胎没有串起来；没有顶棚
排水沟	距离近，有排水沟	地下窖池青贮	地面大型窖池，有排水沟
备注	青贮压实密度小，口感差点	玉米收割不及时，导致部分玉米烂到地里，窖池装不满，致使来年饲草不够吃	由于用工荒，导致玉米收割不及时，有部分玉米变黄，影响饲草品质，口感差点，只能混合起来饲喂

注：收贮时的技术不同，效果有差异，其中涉及四个企业两年的青贮过程。

对策：针对 2018 年玉米倒伏问题，2019 年播种时使用人工播种机播种，玉米植株根部适中，长势良好，没有倒伏，能够使用机械收割，当天割草当天入窖。

3. 鑫源鑫的问题及对策

问题：（1）由于用工荒，导致收割不及时，部分玉米变黄；（2）无添加剂。

对策：加大土地面积，便于大型机械集中操作，减少用工。

三、青贮后期的注意事项

（一）注意塑料膜的破损和积水，注意排水和顶棚防护。

（二）密封 1 周后及时调整轮胎，尽量减少青贮与墙壁间的缝隙。

执笔：

靳艳红　山西省交城县农业农村局草原饲料工作站

强化新品种展示，大力推广专用全株青贮玉米

编者按： 朔州地处雁门关外，是“镰刀弯”和北方农牧交错重叠区，也是国际公认的草牧业黄金产业带。截至2018年底，全市奶牛存栏18.75万头，占全省奶牛存栏的21%；羊饲养量630万只，占全省羊饲养量的20%多。全市青贮玉米需求量70-80万亩，2018年全市青贮玉米种植面积为45万亩，占全市玉米面积的16%。粮食连年丰收，又面临增产难增收的窘境（从2013-2017年全市粮食产量连续五年突破20亿斤大关，但国家取消了玉米收购保护价政策，收购价格每斤下降了0.2-0.3元）。如何解决这些问题？农业部从2015年把朔州确定为全国草牧业发展试点市，同年11月出台了《关于“镰刀弯”地区玉米结构性调整的指导意见》，2016年山西省农业厅下发了《关于进一步调整优化种植业结构的指导意见》，朔州市依托这些好的政策，乘着农业供给侧结构性改革的东风，从2016年开始拉开了“粮改饲”的序幕。

一、青贮玉米品种与栽培

（一）品种选择

青贮玉米，又称饲料玉米，它不指具体的玉米品种，而是基于玉米用途分类的概念。就是将新鲜的包含全部可用茎叶的整株玉米（一般还包含完整果穗）存放到青贮容器中，经发酵工艺制成青贮饲料的一类玉米的总

称。青贮玉米品种，即可用于青贮玉米制作的玉米品种。

选择全株青贮玉米品种时，应结合当地气候条件来选择。朔州地区年平均气温一般为 3℃ -7.3℃左右，有效积温 2800℃ -3200℃，降水量为 380-430 毫米左右，境内无霜期短，年均 102-137 天。朔州地区种植、选择品种时，应结合品种特点来选择单产高、营养物质含量高、消化率高的品种。要求品种果穗较为发达、籽粒产量较高、成熟期茎叶青绿，亦具有秸秆优质、籽粒优质、生物产量和综合效能高等优点。

青贮玉米国家审定标准：一是丰产性，每年区域试验生物产量平均比对照增产≥ 5%；二是稳产性，每年区域试验增产点比率≥ 70%，每年平均倒伏和倒折率之和≤ 10%；三是品质，整株粗蛋白含量≥ 7%，中性洗涤纤维含量≤ 55%（50%、45%），酸性洗涤纤维含量≤ 29%（26%、23%），淀粉含量≥ 30%（20%、15%）；四是抗病性，黑穗病单点田间自然发病株率≤ 8%，平均田间自然发病株率≤ 3%，丝黑穗病田间人工接种发病株率≤ 20%，大斑病为非高感。

图 1　农业部畜牧业司巡视员李维薇一行调研朔州市草牧业青贮玉米利用情况

（二）栽培技术

1. 选地与整地

玉米喜沙瓤，忌强酸和盐碱地。栽培地段应选择地势平坦、排水良好、土层深厚、富含有机质、肥力较高、土壤通气性良好的地块。具有灌溉条件。地面平整、土壤细碎，土质疏松。播种之前应结合耕作施足底肥。

2. 播种技术

选种。应尽量选用纯度高（≥ 98%）、净度高（≥ 98%）、千粒重重（≥品种标准）、含水量适宜（≤ 13%）、发芽率高（≥ 85%）、种子用价高（≥ 83%）和无病虫害的优质种子。外观上，应籽粒饱满、无破碎、无虫蛀和霉斑。种子应尽量采用含有杀虫剂、杀菌剂和微量元素的种衣剂对种子进行包衣处理。

播种。一般在气温稳定升至 7–8℃时播种。在朔州地区，一般在 4 月下旬至 5 月上中旬播种。播种方式可采用点播、条播等。株距以 15–20 厘米为宜，一般的播种量 30–45 千克 / 公顷，播种深度为 5–6 厘米为宜。播种后应及时镇压，利于提墒发芽。由于青贮玉米主要收获上部绿体，种植密度要比普通饲用玉米大，一般每亩 5000–6000 株。在出苗不足时要及时补苗，出苗过多时及时间苗。

3. 水肥管理

青贮玉米以收获绿体为主，群体较大，相应地需肥量较大，播前需施底肥，一般每亩施有机肥 5000 千克，复合肥 25–30 千克。进入拔节期后，玉米生长速度加快，同时雄穗、雌穗开始分化，所需水肥较多，必须及时重施拔节孕穗肥，每亩施尿素 15–20 千克。青贮玉米需水较多，在播种、拔节、抽雄和灌浆期遇干旱应及时灌水；雨水过多时及时排涝。

4. 杂草病虫害

田间杂草防除，可采用药物防除。阿特拉津、除草通等都可以使用。玉米苗期如发生地老虎、蝼蛄危害时，每亩用 90% 敌百虫 0.5 千克加水 2.5–5 千克，拌入 50 千克秕谷或麦麸内制成毒谷，或用 1 千克辛硫磷加水 5–10 千克，拌入 300 千克细土中制成，于傍晚撒在苗周围进行防治。病害常见的有大斑病、小斑病、青枯病、纹枯病等，多由高温高湿引发，可采用多菌灵、甲基托布津可湿风剂等广谱性杀菌剂喷雾治疗。

5. 收获利用

青贮玉米适期收获非常关键，全株青贮玉米在玉米乳熟末期至蜡熟初期收获，一般籽粒乳线达到籽粒 1/2–3/4 阶段。收获后立即切割、调制青贮料。

二、大力解决青贮玉米专业技术问题

朔州现在青贮玉米存在的主要问题：一是品种杂，有普通玉米、粮饲兼用型玉米和专用型玉米。一个 3000 立方米的青贮窖往往要青贮几十个或上百个玉米品种，绝大多数奶牛养殖园区不懂品种，也不选品种，科技意识淡薄。青贮质量差异较大，养殖效益参差不齐。二是密度低，种植户绝大多数按籽粒玉米的密度种植（亩留苗普遍少 500–1000 株），生物产量和种植效益达不到最大化。三是播种普遍晚，特别是青贮玉米专用品种，往往在青贮时干物质含量低、水分含量高，导致收购价低，种植效益和养殖效益都受损。四是以质论价监测手段落后，绝大多数奶牛养殖园区没有监测仪器（近红外线监测仪），仅凭肉眼观察定价收购，青贮质量和收购价格差异较大。

针对问题，我们采取系列措施大力推广专用青贮玉米。

（一）作对比，强认知

一是青贮玉米与普通玉米不同，是一种具有特殊用途的玉米类型。主要体现在收获期不同（青贮玉米的最佳收获期乳线 1/2，普通玉米在黑层出现后收获），种植密度不同（青贮玉米种植密度 5000–6000 株），青贮玉米生物产量显著高于普通玉米的生物产量，还有青贮玉米要求持绿性好，而普通玉米要求籽粒脱水快。

二是青贮玉米与饲草玉米不同。饲草玉米强调的是产草量，而青贮玉米要求生物产量和籽粒产量双高。青贮玉米的主要评价指标：（1）产量指标：生物产量、每吨鲜重、干物质含量；（2）品质指标：淀粉含量、中性洗涤纤维含量、中性洗涤纤维消化率、酸性洗涤纤维含量、粗蛋白含量、粗脂肪含量等；（3）综合品质指标：每吨产奶量；（4）综合指标：每亩产奶量 = 每吨产奶量 × 每亩生物产量。

好的青贮玉米品种选择标准：（1）成熟期要晚，要比普通籽粒玉米晚熟一周左右；（2）生物产量要高，要比普通籽粒玉米高 10% 以上；（3）籽粒产量较高，要比普通籽粒玉米略低，不低于 10%；（4）营养品质较好，淀粉含量 ≥ 30%，中性洗涤纤维含量 ≤ 45%；（5）持绿性要好；（6）抗倒性要强，适宜机械化收获;（7）抗病性要好。

（二）搞展示，做示范

2017 年在山阴县北王庄村种了 110 亩展示示范田，展示示范了 22 个青贮玉米新品种。为了做好这项工作，我们采用了“八统一”：统一机耕整地、统一配方施肥（亩施 N25、P10、K16、中化复合肥 50 千克，牛粪 4 方，锌肥 100 克）、统一地膜覆盖、统一机播手播种、统一机械除草（6 月 12 日）、统一膜下滴灌 4 次（5 月 29 日、6 月 11 日、6 月 28 日、7 月 11 日）、统一整株取样分析、统一实收计产，记载了物候期及农艺性状、田间病害、倒伏倒折（一票否决）、产量收获等情况。9 月取样到内蒙古乌兰察布市易马农牧科技有限公司进行检验分析（分析结果见附表）。

结果显示:（1）以每吨干物质可生产的牛奶重量来衡量，超过对照的品种有 4 个，分别是东科 301、潞玉 6 号、正成 018 和峰单 189;（2）以每亩青贮玉米可生产的牛奶重量来衡量，超过对照的品种有 8 个，分别是屯玉 168、晋单 65、强盛 103、北农青贮 356、东科 301、利禾 1、正成 018 和峰单 189。

可见，表现突出的品种有 3 个，分别是东科 301、正成 018 和峰单 189，可以大面积推广应用。对于有耕地（租赁或承包）的奶牛养殖园区、专业合作社，可以种植的品种还有屯玉 168、晋单 65、强盛 103、北农青贮 356 和利禾 1 五个品种。

（三）抓培训，学科技

抓培训就是抓观念、抓知识、抓科技、抓人才，政府主导，部门、单位、行业、企业年年抓，在朔州青贮玉米种植培训、养殖培训已成为常态。2016 年 3 月中国种子协会青贮玉米分会会长丁光省应邀到朔州授课，全市奶牛养殖园区负责人、种子经营门店负责人、市牧草站和种子站全体人员受教。市科教科、农广校对新型职业农民进行培训，市种植业科、经管办对种植大户、家庭农场、种植专业合作社等新型农业主体进行培训，市牧草站对养殖园区进行培训，特别是伊利、蒙牛、古城乳品企业对奶牛养殖园区的倒逼培训，对朔州青贮玉米的推广应用起到了关键性作用。

附表：2017 年青贮玉米新品种展示田（山阴）品质分析结果

序号	品种名称	水分（%）	干物质（%）	粗蛋白（%）	酸性洗涤纤维（%）	中性洗涤纤维（%）	淀粉（%）	每吨干物质可生产的牛奶重量（千克 / 吨）	鲜重（吨 / 亩）	干物质产量（吨 / 亩）	每亩青贮玉米可生产的牛奶重量（千克 / 亩）
1	屯玉 168	70.83	29.17	8.51	22.88	37.13	30.38	1637	6.91	2.01	3290
2	晋单 65	62.36	37.64	7.51	22.63	40.91	35.85	1595	5.23	1.97	3142
3	强盛 103	64.88	35.12	7.35	23.89	38.92	38.33	1672	5.15	1.80	3010
4	北农青贮 356	64.30	35.70	6.91	28.61	43.83	28.94	1575	5.31	1.89	2977
5	东科 301	66.80	33.20	8.51	19.22	40.03	38.15	1835	4.89	1.62	2973
6	利禾 1	64.81	35.19	6.98	22.08	40.31	34.38	1702	4.92	1.73	2944
7	正成 018	66.81	33.19	8.22	22.43	38.15	35.56	1775	4.86	1.61	2858
8	峰单 189	68.30	31.70	8.19	22.94	40.60	35.34	1770	4.94	1.57	2779
9	永玉 3 号（对照）	68.86	31.14	6.40	23.39	41.43	33.11	1764	5.06	1.57	2769
10	太育 1405	64.61	35.39	6.80	22.55	39.21	38.86	1745	4.40	1.55	2705
11	大丰 26	67.37	32.63	7.76	28.32	45.12	26.96	1637	5.03	1.64	2685
12	金岭青贮 10 号	73.67	26.33	9.25	27.60	45.02	25.69	1569	6.35	1.67	2620
13	龙生 5 号	66.21	33.79	7.57	23.68	39.82	31.23	1654	4.60	1.50	2563
14	利单 295	62.39	37.61	7.99	21.49	39.40	35.09	1673	3.87	1.45	2426
15	强盛青贮 30	70.24	29.76	6.47	24.69	41.58	23.32	1393	5.84	1.74	2424
16	潞玉 6 号	70.77	29.23	8.56	23.36	41.42	31.03	1822	4.05	1.18	2150
17	潞研 10 号	74.27	25.73	8.59	28.22	44.98	24.79	1531	5.56	1.43	2189
18	大京九 26	73.74	26.26	7.53	25.81	42.52	26.10	1477	5.36	1.40	2068
19	太玉 511	72.13	27.87	7.35	26.50	44.04	27.51	1576	4.54	1.26	1986
20	京科青贮 516	73.00	27.00	6.59	30.46	52.92	20.15	1427	5.15	1.39	1983
21	大京九 23	73.27	26.73	7.32	30.80	49.07	26.19	1560	4.67	1.25	1950
22	登海 679	66.39	33.61	7.40	22.56	42.42	35.44	1760	3.20	1.07	1883

注：取样时间：2017.9.7。

图 2 全国畜牧总站相关负责人调研粮改饲青贮示范情况

图 3 中国农大教授讲解全株玉米青贮技术

三、青贮玉米推广取得很好成效

（一）促进了农民增收

种植青贮玉米，秸秆和玉米籽粒全部利用。2018 年朔城区三家店村农民王华文将 50 亩地全种上青贮玉米，品种是东科 301 和晋单 65，他算了笔账：青贮玉米连棒带秆一起收，平均亩产达 4.3 吨，每吨收购价 300 元，平均亩收入 1290 元，而卖玉米平均亩产按 1400 斤计，每斤按 0.75 元计，平均亩收入 1050 元，多收入 240 元。另外养殖园区上门收割，省去了机收、脱粒、晾晒等环节，一增一省，一亩净增收 300–400 元。2016 年全市青贮玉米面积 35 万亩，增收 1 亿 –1.4 亿元。2018 年全市青贮玉米面积按 45 万亩计，可增收 1.35 亿 –1.8 亿元。

（二）促进了产业循环发展

朔州坚持“农牧结合、循环发展”，让田里长饲料，粪便作肥料，以牧肥田，打造草牧业生态产业链。

“一头奶牛、八吨青贮玉米、十吨粪还田”。应县中曹山村赵广贤尝到了循环农业实惠，用上有机肥，玉米籽粒饱、秸秆壮。应县启高有机肥厂，年处理干粪 20 万吨，生产有机肥 5 万吨。山阴县佳联奶牛公司，用牛粪改造盐碱地，土壤有机质从 0.3% 提高到 0.7%。怀仁县彝康牧业，让 2000 亩沙化土壤重焕生机，青贮玉米亩产由 1.5 吨提高到 4 吨。

生态养殖减污明显。全市已建成 71 个生态畜牧园，建成 6 家有机肥企业，形成了“青贮玉米种植 – 养殖 – 有机肥还田”循环产业链，年消化粪污 150 万吨，生产有机肥近 30 万吨，不仅解决了环境污染问题，还增强了农业发展后劲。

算清生态账，朔州农业发展路径越来越清晰：种养结合、为养而种，建设全国生态畜牧基地。随着朔州奶牛存栏和饲养量的逐年增加，青贮玉米的需求量也将逐年增加，青贮玉米新品种推广示范工作任重而道远。

执笔：

乔　栋　山西省朔州市畜牧兽医服务中心

动物科技篇

雁门关农牧交错带肉羊产业科技创新与提升的理论与实践

编者按：雁门关农牧交错带，是指山西省北部、西部草地农业和耕地农业契合发展的半干旱生态过渡带，包括雁门关周边被农业农村部列入北方农牧交错带重点区域范围的36个县（市、区）。该区土地广阔，饲草料资源丰富，是发展羊产业的优势区域，羊存栏量700余万只，占全省羊存栏总量的60%–70%，养羊业是农牧业重要支柱产业，也是农民脱贫增收的重要渠道。

农业部高度重视草食畜牧业发展，把草食畜牧业摆在现代畜牧业建设的重要位置，分别于2013年、2016年制定了《全国牛羊肉生产发展规划（2013–2020年）》和《全国草食畜牧业发展规划（2016–2020年）》，于2015年发布了《关于促进草食畜牧业加快发展的指导意见》，积极推动草食畜牧业科技含量和综合生产能力的提升。山西省委、省政府高度重视，在雁门关生态畜牧经济区建设的基础上，积极打造雁门关农牧交错带草食家畜优势产区，山西省人民政府办公厅于2017年发布《关于雁门关农牧交错带示范区建设的实施意见》（晋政办发〔2017〕149号），积极推动山西省牛羊优势产区的经营方式从粗放散养向集约化、规模化、标准化、产业化发展。

养羊业长期以来粗放散养，营养不平衡，饲草料加工调制技术缺乏，以放牧为主的生产方式以牺牲生态植被为代价，高耗低效。

肉羊业是国家积极发展“草食畜牧业”和带动山区农民脱贫致富的重点

扶持产业。但是，在肉羊集约化舍饲圈养条件下，饲草料占肉羊养殖成本的70%，如何通过营养平衡技术和饲草料加工调制方法实现肉羊营养平衡，提高饲草料转化率，降低饲养成本，提高生产效益，是肉羊养殖的瓶颈。

秸秆、糟渣是发展肉羊产业十分重要的饲料资源，全国年产秸秆约8.2亿吨（其中玉米秸秆产量为2.65亿吨），年产各类糟渣约1亿吨（其中酒糟1700万吨、醋糟150–200万吨、玉米渣300–600万吨、苹果渣300–500万吨、甜菜渣800–1000万吨、甘蔗渣1200–1500万吨、豆腐渣250–280万吨、菌糠1000–1200万吨）；农业部《全国节粮型畜牧业发展规划（2011–2020年）》明确提出要加大秸秆、糟渣饲料化进程，通过营养平衡技术和饲草料加工调制方法开辟秸秆、糟渣等非常规饲料资源，真正实现"节本、提质、增效"，这是肉羊产业健康稳定发展的重要保障。

针对制约山西省肉羊产业饲草料营养平衡和加工调制技术缺乏、从业人员专业技术水平差、生产效率低下等瓶颈问题，山西农业大学作为国家肉羊产业技术体系饲料生产与安全岗位科学家依托单位，按照农业部现代肉羊产业技术体系建设的精神和肉羊产业发展的需求，以精准测定的肉羊营养需要量和饲草料营养价值综合评定参数为依据，大力开展饲草料资源的综合开发与利用，研发并示范推广"肉羊全营养草料复合颗粒饲料"及其配套的饲草料加工调制技术，以"简单、便捷"的方式实现科技成果的转化，全面提升肉羊产业的科技含量和从业人员专业技术水平，大力推动肉羊规模养殖的专业化、标准化、产业化发展。

一、科学研究与产品研发

（一）"酿酒葡萄皮渣肉羊功能饲料"的研发

2016–2020年，山西农业大学教授张建新系统研究了酿酒葡萄皮渣中葡多酚（GP）的抗氧化、抗应激等生物学功能，以及肉用羔羊日粮中添加不同水平的酿酒葡萄皮渣对羔羊生长发育、瘤胃功能、血液生化指标、繁殖性能及肉品质的影响，提出酿酒葡萄皮渣在羔羊日粮中的最佳添加量，发表科技论文10篇，申报发明专利1项，研发了"酿酒葡萄皮渣肉羊功能饲料”，并在肉羊全营养草料复合颗粒饲料中应用。

（二）“沙棘皮渣肉羊功能饲料”的研发

2016–2020 年，山西农业大学教授张建新开展了沙棘果渣作为肉羊饲料的营养功能系统研究，系统地研究了沙棘皮渣不同添加水平的作用效果：①对羔羊瘤胃发酵功能的影响；②对羔羊生产性能的影响；③对营养物质消化代谢的影响；④对羔羊肉品质的影响等。发表科技论文 10 篇。《日粮中添加沙棘果渣对育肥羔羊生长性能、营养物质消化率和能量平衡的影响》在“第二届幼龄反刍动物培育国际研讨会青年论坛”上荣获青年论坛一等奖。课题组据此研发了沙棘果渣功能饲料，并在肉羊全营养草料复合颗粒饲料中添加沙棘皮渣，应用效果良好。

（三）“枣粉肉羊功能饲料”的研发

2016–2018 年，山西农业大学教授张春香开发了山西省盛产的红枣资源。红枣生产过程中每年产生大量的残次枣，红枣中含有丰富的糖类、蛋白质、脂肪、矿物质、维生素和多种生物活性物质，不仅是肉羊优质能量饲料的潜在资源，还具有促进瘤胃发酵、营养吸收等生物学功能，能够显著提高羔羊生长性能。项目组研发了枣粉肉羊功能饲料，在肉羊全营养草料复合颗粒饲料中添加枣粉，应用效果良好。

（四）“肉羊营养需要量研究”与饲草料加工调制技术的应用

2015–2016 年，山西农业大学教授张建新、张春香、任有蛇开展了肉羊营养需要量研究，2016 年 5 月制定并发布了我国第一个通过比较屠宰试验精准测定的省级肉羊饲养标准《DB14/T 1189–2016 杜泊杂种羔羊营养需要量》，配套发布了《DB14/T 1198–2016 绵羊全混合日粮调制技术规程》，研发出“肉羊全营养草料复合颗粒饲料”“肉羊精补料”“肉羊预混料”，应用效果良好。

（五）“其他饲料资源研究开发”与饲草料加工调制技术研发

2016–2019 年，山西农业大学教授张建新开展了苦荞下脚料、胡麻饼、秸秆等作为肉羊饲草料的营养代谢研究和饲草料配方研发，并在肉羊全营养草料复合颗粒饲料中科学添加，应用效果良好。发表科技论文 16 篇。

A B C

注：A：肉羊系列全营养草料复合颗粒饲料；B：肉羊精补料；C：肉羊预混料。

（六）山西省饲草料原料的营养价值综合评定数据库建设与应用

该数据库采集了山西省肉羊优势产区代表区域和周边省份内蒙古、山东、河北、河南等地主要饲草料原料进行饲料营养价值评定和羊瘤胃降解率测定，截至 2019 年底共计完成 106 种，配套肉羊营养需要量参数，为肉羊饲草料配方的计算与设计提供了科学依据。

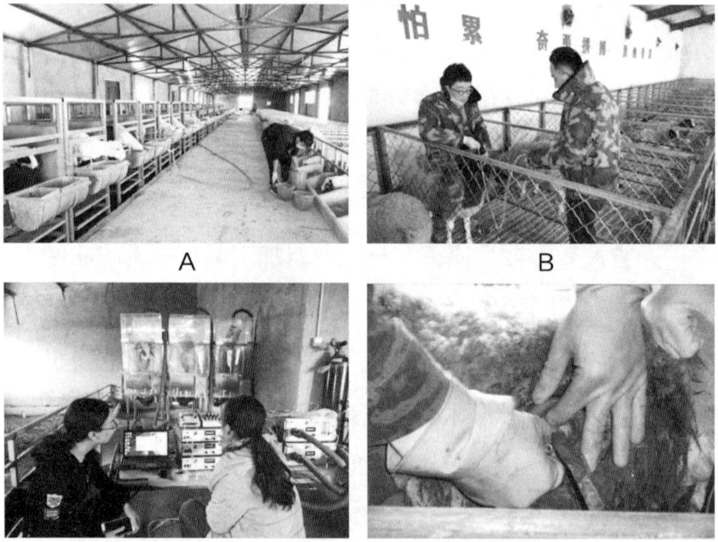

A B

C D

注：A：肉羊消化代谢试验；B：口腔采集羊瘤胃液；C：呼吸测热箱测定肉羊甲烷和二氧化碳排放量；D：尼龙袋法测定饲料瘤胃降解率。

二、成果转化与示范推广

从 2013 至 2019 年，山西农业大学研发的肉羊全营养草料复合颗粒饲料、肉羊精补料、肉羊预混料及饲草料加工调制技术在山西省晋北地区 20 多个养羊优势县开展示范、推广、技术培训 26 场次，培训农技人员 1800 余人次，大大提升了肉羊重点养殖区域农技人员的专业素质和肉羊产业的科技水平，真正实现了肉羊生产在营养平衡基础上的提质增效，累计覆盖羔羊 180 万只，累计覆盖能繁母羊 80 余万只，大大提高肉羊优势县羔羊日增重和能繁母羊的妊娠率、产羔率和羔羊成活率，增产增收效果十分显著。连续荣获 2011–2013 年、2014–2016 年、2016–2018 年全国农牧渔业丰收奖 2 项一等奖、1 项二等奖。这些技术成果有力地推动了肉羊产业从“高耗低效”的粗放生产方式向“集约化、规模化、专业化、高效化”的现代生产方式转变，为山西省肉羊产业的高质量发展做出了积极的贡献。

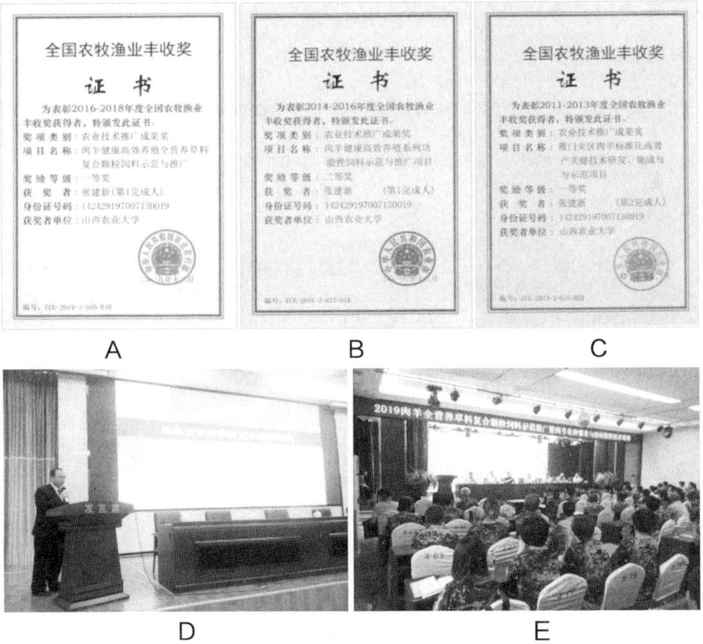

注：A：2016–2018 年全国农牧渔业丰收奖一等奖获奖证书；B：2014–2016 年全国农牧渔业丰收奖二等奖获奖证书；C：2011–2013 年全国农牧渔业丰收奖一等奖获奖证书；D 和 E：相关专家在 2019 年肉羊全营养草料复合颗粒饲料示范推广会上作主题报告。

执笔：

张建新　山西农业大学

参考文献

[1] 张建新（通讯作者）. 饲粮中添加葡萄籽原花青素对羔羊生长性能、屠宰性能、肉品质及血清抗氧化指标的影响 [J/OL]. 动物营养学报：1-10[2020-04-02]. 网络首发 .

[2] 张建新（通讯作者）. 葡萄籽原花青素对公羔羊生长性能、精液品质及睾丸和附睾抗氧化指标的影响 [J/OL]. 动物营养学报：1-10[2020-04-02]. 网络首发 .

[3] 张建新（通讯作者）.Dietary Grape Pomace Mediates Jejunum Epithelial Apoptosis through Antioxidative Activity in Ram Lambs[J]. Itallan Journal of Animal Science，2019，18（1）：1058-1066.

[4] 张建新（通讯作者）. 葡萄皮渣在动物饲料中应用的研究进展 [J]. 动物营养学报，2019，31（10）：4427-4433.

[5] 张建新（通讯作者）.Effect of Dietary Grape Pomace on Growth Performance，Meat Quality and Antioxidant Activity in Ram Lambs [J]. Animal Feed Science and Technology，2018，236：76-85.

[6] 张建新（通讯作者）.The Effect of Dietary Grape Pomace Supplementation on Epididymal Sperm Quality and Testicular Antioxidant Ability in Ram Lambs[J]. Theriogenology，2017，97：50-56.

[7] 张建新（通讯作者）. 酿酒葡萄皮渣对绵羊瘤胃代谢及发育的影响 [J]. 畜牧兽医学报，2017，48（9）：1683-1693.

[8] 张建新（通讯作者）. 日粮中添加酿酒葡萄皮渣对绵羊肉品质及肌肉及肌肉抗氧化性的影响 [J]. 畜牧兽医学报，2017，48（8）：1481-1490.

[9] 张建新（通讯作者）. 酿酒葡萄皮渣对单栏饲养方式下公绵羊繁殖性能及睾丸抗氧化性的影响 [J]. 畜牧兽医学报，2016，47（11）：2228-2239.

[10] 张建新（通讯作者）. 日粮中添加葡萄皮渣对绵羊生长性能、器官指数及血液生化指标的影响 [J]. 中国畜牧兽医，2016，43（9）：2326-2332.

[11] 发明专利：用于羔羊育肥的酿酒葡萄皮渣复合功能饲料，公布号：CN106721182A.

[12] 张建新（通讯作者）. Dietary Sea Buckthorn Pomace Induces Beige Adipocyte

Formation in Inguinal White Adipose Tissue in Lambs [J]. Animals，2019，9：193-203.

[13] 张建新（通讯作者）. Effects of Sea Buckthorn Pomace Supplementation on Energy Partitioning and Substrate Oxidation of Male Lambs[J]. Animal Feed Science and Technology，2019. 247：149-156.

[14] 张建新（通讯作者）. 沙棘黄酮对绵羊体外产气量、瘤胃发酵参数和微生物菌群的影响 [J]. 动物营养学报，2020，32（03）：1405-1414.

[15] 张建新（通讯作者）. 沙棘果渣在动物饲粮中应用的研究进展 [J]. 动物营养学报，2019，31（07）：2965-2970.

[16] 张建新（通讯作者）. 饲粮中添加沙棘果渣对体外瘤胃发酵参数和营养物质有效降解率的影响 [J]. 动物营养学报，2019，31（6）：1-8.

[17] 张建新（通讯作者）. 沙棘果渣营养成分及其肉羊瘤胃降解率比较研究 [J]. 中国畜牧杂志，2019，55（1）：91-96.

[18] 张建新（通讯作者）. Nutrient Digestibility，Rumen Microbial Protein Synthesis，and Growth Performance in Sheep Consuming Rations Containing Sea Buckthorn Pomace[J]. Journal of Animal Science，2018，96：3412-3419.

[19] 张建新（通讯作者）. 饲粮中添加沙棘果渣对育肥羊生长性能、屠宰性能、肉品质及消化道内容物 pH 的影响 [J]. 动物营养学报，2018，30（8）：3258-3266.

[20] 张建新（通讯作者）. 沙棘果渣对育肥羔羊生长性能、器官指数、血清生化指标和肌内脂肪酸组分的影响 [J]. 动物营养学报，2017，29（10）：1-11.

[21] 张建新（通讯作者）. 不同沙棘果渣添加水平对公绵羊睾丸和附睾抗氧化性的影响 [J]. 山西农业大学学报，2017，37（10）：733-742.

[22] 张建新（通讯作者）. Different Dietary Energy Intake Affects Skeletal Muscle Development through an Akt-dependent Pathway in Dorper×Small Thin-Tailed Crossbred Ewe Lambs[J]. Domestic Animal Endocrinology，2016，57，63-70.

[23] 张建新（通讯作者）. Energy Requirements for the Maintenance and Growth of Dorper-Jinzhong Crossbred Ram Lambs[J]. Italian Journal of Animal Science，

2016，15（1）：94-102.

[24] 张建新（通讯作者）. 35 ~ 50 kg 杜泊 × 晋中绵羊公羔体内铜、铁、锰、锌分布规律及净需要量参数研究 [J]. 畜牧兽医学报，2016，47（12）：2430-2440.

[25] 张建新（通讯作者）. Effects of Different Proportion of Buckwheat Straw and Corn Straw on Performance，Rumen Fermentation and Rumen Microbiota Composition of Fattening Lambs[J]. Small Ruminant Research，2019，181：21-28.

[26] 张建新（通讯作者）. 4 种反刍动物常用粮食加工副产物的营养价值和瘤胃降解特性的研究 [J]. 中国畜牧杂志，2020，56（6）：114-118.

[27] 张建新（通讯作者）. 不同非纤维性碳水化合物与中性洗涤纤维比例饲粮中添加酿酒酵母对绵羊体外瘤胃发酵的影响 [J]. 动物营养学报，2019，31（11）：5354-5366.

[28] 张建新（通讯作者）. 玉米皮和大豆皮组合替代玉米和玉米秸秆对育肥羊生长性能和瘤胃代谢的影响 [J]. 动物营养学报，2020，32（02）：765-774.

[29] 张建新（通讯作者）. 应用康奈尔净碳水化合物 - 蛋白质体系和瘤胃降解特性比较糟渣类粗饲料的营养价值 [J]. 中国畜牧杂志，2019，55（5）：82-88.

[30] 张建新（通讯作者）. 胡麻饼代替豆粕对绵羊瘤胃代谢的影响 [J]. 动物营养学报，2018，30（8）：3033-3042.

[31] 张建新（通讯作者）. The Effect of Dietary Grape Pomace Supplementation on Epididymal Sperm Quality and Testicular Antioxidant Ability in Eam Lambs[J]. Theriogenology，2017，97：50-56.

[32] 张建新（通讯作者）. Effect of Dietary Tartary Buckwheat Extract Supplementation on Growth Performance，Meat Quality and Antioxidant Activity in Ewe Lambs[J]. Meat Science，2017，134：79-85.

[33] 张建新（通讯作者）. 日粮添加苦荞提取物对绵羊背最长肌抗氧化性能的影响 [J]. 中国畜牧杂志，2017，53（5）：108-112.

[34] 张建新（通讯作者）. 日粮中添加荞麦秸对绵羊屠宰性能、器官指数、肉品质及血液生化指标的影响 [J]. 山西农业大学学报，2017，37（12）：872-878.

[35] 张建新（通讯作者）. 日粮中胡麻饼代替豆粕对绵羊生产性能、肉品质、脂肪酸含量及血液生化指标的影响 [J]. 畜牧兽医学报，2017，48（7）：1260-1270.

[36] 张建新（通讯作者）. 肉羊常用农作物秸秆类粗饲料营养价值及瘤胃降解特性 [J]. 中国畜牧杂志，2017，53（9）：69-73.

[37] 张建新（通讯作者）. 四种非常规饲料在肉羊瘤胃中的降解特性研究 [J]. 中国草食动物科学，2017，37（3）：18-22.

[38] 张建新（通讯作者）. 酒糟与肉羊常用粗饲料的营养价值及瘤胃降解特性的对比研究 [J]. 中国草食动物科学，2017，37（4）：22-26.

[39] 张建新（通讯作者）. 不同粗饲料在肉羊瘤胃中的降解特性研究 [J]. 中国草食动物科学，2017，37（4）：16-21.

雁门关农牧交错带示范区
吕梁黑山羊特色产业发展探讨

编者按： 吕梁黑山羊是在吕梁山区自然生态条件下，经长期的自然选择和当地群众的精心选育形成的集肉、绒、毛、皮多用型的优良地方品种，距今已有一千多年的养殖历史。

一、吕梁黑山羊的种质资源特性

（一）体型外貌

吕梁黑山羊毛色以黑色为主，青色、棕色次之，（见图 1、图 2 和图 3）。头清秀，额稍宽、覆盖卷曲状粗毛，耳薄。公、母羊均有角，公羊角粗壮，母羊角细小，多为撇角。四肢端正，强健有力。体型中等，体质结实，结构匀称，体躯呈长方形，后躯高于前躯。公羊的睾丸、母羊的乳房发育良好，乳头大小均匀。

图 1 吕梁黑山羊（六月龄）

图 2　吕梁黑山羊（成年羊）

（二）生产性能

1. 体重、体尺

舍饲（畜牧所吕梁黑山羊养殖基地）和放牧＋补饲条件下（临县羽然吕梁黑山羊有限责任公司）各个生长阶段吕梁黑山羊的体尺、体重测定值见表 1。

表 1　各龄吕梁黑山羊体质量、体尺测定值

月龄	舍饲（山西太原）						放牧＋补饲（山西临县）					
	性别	数量（只）	体重 /kg	体高 /cm	体长 /cm	胸围 /cm	性别	数量（只）	体重 /kg	体高 /cm	体长 /cm	胸围 /cm
初生	公	20	2.66 ± 0.24	24.0	25.0	28.0	公	15	2.17 ± 0.24	24.0	25.0	28.0
	母	20	2.60 ± 0.24	23.0	24.0	27.0	母	17	2.01 ± 0.26	23.0	24.0	27.0
3	公	20	11.69 ± 1.19	44.0	47.0	51.0	公	15	11.63 ± 1.75	42.0	45.0	50.0
	母	20	11.21 ± 1.28	43.0	46.0	50.0	母	17	10.63 ± 1.42	42.0	45.0	50.0
6	公	20	16.54 ± 1.27	50.0	52.0	60.0	公	26	14.16 ± 1.73	49.0	51.0	57.0
	母	20	15.57 ± 1.22	49.0	51.0	59.0	母	36	13.85 ± 1.88	48.0	50.0	56.0
12	公	20	25.80 ± 1.97	56.0	61.0	73.0	公	41	24.14 ± 2.39	53.5	57.0	66.5
	母	20	24.65 ± 2.17	52.0	58.0	67.0	母	80	22.81 ± 2.22	51.0	56.5	62.0
成年	公	8	38.89 ± 4.72	61.0	65.0	80.0	公	10	37.10 ± 3.35	60.0	64.0	78.0
	母	16	33.34. ± 3.69	56.0	64.0	73.0	母	47	30.96 ± 3.34	55.0	62.0	72.0

图 3　吕梁黑山羊（成年羊群）

2. 产肉性能

舍饲（畜牧所吕梁黑山羊养殖基地）和放牧 + 补饲条件下（临县羽然吕梁黑山羊有限责任公司）12 只羯羊屠宰测定统计见表 2。

表 2　各龄吕梁黑山羊屠宰试验测定值

选育点	性别	年龄	数量 / 只	宰前重 /kg	胴体重 /kg	屠宰率 /%	净肉重 /kg	净肉率 /%
太原	公	周岁	3	26.64 ± 2.54	12.32 ± 1.57	46.24 ± 1.51	8.46 ± 1.14	31.75 ± 1.47
	母	成年	3	41.13 ± 3.29	21.78 ± 1.92	52.95 ± 1.76	14.28 ± 1.81	34.72 ± 1.61
临县	公	周岁	3	23.47 ± 2.62	10.70 ± 2.31	45.59 ± 1.95	7.32 ± 1.18	30.68 ± 1.85
	母	成年	3	39.53 ± 3.12	20.69 ± 1.91	52.34 ± 1.65	14.12 ± 1.82	35.97 ± 1.95
平均	公	周岁	6	25.06 ± 2.58	11.51 ± 1.94	45.91 ± 1.73	7.89 ± 1.16	31.22 ± 1.66
	母	成年	6	40.33 ± 3.21	21.29 ± 1.95	52.64 ± 1.71	14.65 ± 1.82	36.20 ± 1.57

3. 绒毛性能

吕梁黑山羊一般在清明节前抓绒，抓绒后 1 个月剪毛，由于吕梁黑山羊常年放牧，喜钻灌木丛林之中，掉绒、脱绒现象较严重，绒、毛产量变动范围较大。

4. 繁殖性能

吕梁黑山羊公羊 3 月龄左右有性行为，一般在 6 月龄性成熟，适宜的配种年龄为 1.5 岁以后。公羊平均每次射精量 1ml 以上，精子活力 0.8 以上。母羊 5 月龄性成熟，发情周期以 18d 为最多，适宜配种年龄为 1.5 岁以后。

母羊配种多集中在秋末冬初霜降前后，此时发情集中并且旺盛，配种期1个月左右结束，产羔期在翌年春季清明前后。产羔率为105%，羔羊成活率在85%左右。

二、雁门关农牧交错带示范区发展吕梁黑山羊养殖业的可行性

（一）区域优势

南北纬约40°–50°区间的温带草原，因气候适宜草食畜生活，是国际公认的“黄金奶源带”，山西的雁门关农牧交错带示范区就位于此区域。雁门关农牧交错带示范区地处山西北部和西部，区域面积包括大同、朔州、忻州、吕梁等5市36个县，是历史上著名的农牧交汇区。发展畜牧业，尤其是发展草食畜——牛羊产业具有得天独厚的条件。截至2019年，雁门关地区粮经饲比例达到52∶18∶30，畜牧业增加值占农业增加值的比重已达到50%以上。吕梁市是雁门关农牧交错带示范区主体之一，拥有天然草地93.1万亩，改良草地4145.55亩，人工草地62493亩。区域优势、吕梁人民对黑山羊的情怀都有助于吕梁黑山羊的保护和开发。

（二）品种特点

吕梁黑山羊耐粗饲、抗逆性好、肉质鲜美的特性曾经赢得山西居民的广泛信赖，饲养最多时达225万只，占全省山羊总数的40.7%。随着城乡居民收入的增加，消费观念的转变，人们对营养价值高、安全性好的黑山羊肉的认识更加深入，市场前景非常广阔。

（三）政策支撑

近年来，山西省政府大力实施的《雁门关农牧交错带示范区建设行动计划》，按照“草牧结合、农牧循环、生态有机”的总思路和“调结构、补短板、创品牌、上水平”的总方针，以调优种植业结构、做大饲草产业、建设草食畜生产基地、推进产业融合、促进绿色循环发展等五大任务为抓手，正努力把雁门关农牧交错带示范区，打造成中国北方农牧双赢的“样板区”。国家农业农村部颁发的《农产品地理标志管理办法》，山西省农业和农村经济“十三五”总体规划有关文件与精神，都对做大做强地域品牌

农产品产业，推动特色农业和农业区域经济快速发展提供了方向。将肉品绿色、优质、安全的吕梁黑山羊生态养殖纳入雁门关农牧交错带示范区建设，对打造区域特色，增加高档羊肉供给具有积极意义。

三、雁门关农牧交错带示范区养殖吕梁黑山羊的制约因素

（一）种群规模小

吕梁黑山羊群体规模严重萎缩，由 20 世纪 70 年代的 100 余万只，到 2010 年骤减到不足万只，且大多分散在深山与偏远乡村。近年来，随着肉羊养殖形势的变化和人们对特色肉品消费需求的提高，吕梁黑山羊日益受到关注，吕梁山脉的临县、柳林、方山、岚县、交城、岢岚等吕梁黑山羊养殖区域收集、繁殖黑山羊速度明显加快。尽管如此，吕梁黑山羊规模化、产业化生产任重道远。

（二）生产水平低

目前吕梁黑山羊的饲养方式以农户散养为主，养殖户多数为传统农民，仍采用传统的半日放牧方式，每日放牧采食时间仅 5–6 时，导致母羊营养缺乏、羔羊成活率低、育肥羊饲养周期长，出栏率低，从而也影响了黑山羊养殖的经济效益。

（三）科技创新弱

山西省从事吕梁黑山羊研究的科研人员和专业团队缺乏，科技创新能力弱。吕梁黑山羊养殖环节中的繁殖育种、饲料饲养、疾病防控、屠宰加工、产业理论等研究极其薄弱。通过在“中国知网”数据库中以关键词“吕梁黑山羊”检索，从 1992 年到 2019 年，只有 19 篇论文入库，仅为山东“莱芜黑山羊”（2001–2019 年）研究相关论文数量的 1/3，与重庆“大足黑山羊”（2006–2019 年）研究 133 篇论文数量相比差距更大。

四、雁门关农牧交错带示范区养殖吕梁黑山羊的必要性

（一）品种资源优

吕梁黑山羊 1983 年被列入《山西省家畜家禽品种志》，2010 年被列入

《中国畜禽品种资源名录》。李步高等应用 RAPD 技术对 Boer 山羊与山西地方山羊品种的遗传多态性进行了研究，利用基因频率进行了聚类分析，表明吕梁黑山羊具有独特的遗传特性，与国外波尔山羊血缘较远；毛杨毅等利用微卫星标记分析了山西 4 个地方山羊品种的遗传特性，结果表明，吕梁黑山羊品种遗传多样性丰富，是我国宝贵的山羊遗传资源基因库。因此，挖掘利用好吕梁黑山羊这一地方特色种质资源，推动地方品种资源的创新利用及特色畜牧业发展，对优化和提升雁门关农牧交错带示范区养羊及特色羊肉生产具有积极意义。

（二）区域优势强

雁门关生态畜牧经济区是京津冀“菜篮子”和农产品加工基地。山西省十三届人大常委会第十四次会议通过的《山西省促进雁门关农牧交错带发展条例》，首次通过立法优化区域农牧业结构，推进产业转型升级，保护生态环境，加快雁门关农牧交错带示范区建设。发展现代饲草产业和杂粮、马铃薯、食用菌、蔬果、中药材、奶业等特色优势产业市场广阔、潜力巨大。

（三）市场前景好

吕梁黑山羊肉是一种经济价值较高的肉食品，肉质细嫩，味道鲜美，肌间脂肪含量低。自古以来就是产地人们用以滋补身体、馈赠亲友的佳品，是名副其实的优质保健肉。近几年来，吕梁黑山羊市场日趋火爆，尤其是每逢进入中秋节、春节期间，市场需求量大增。由于吕梁黑山羊目前数量较少，属于生态养殖，肉品绿色、安全，虽然价格比市场上每千克售价高 10 多元，常是有价无货。如此可见，只要合理规划、正确引导、科技支撑、适度规模饲养，吕梁黑山羊发展前景很广阔。

五、雁门关农牧交错带示范区吕梁黑山羊产业发展建议

（一）提升科研创新能力

组建研究团队，加强科技攻关。在开展吕梁黑山羊种质特性、保种繁育研究基础上，加强雁门关农牧交错带示范区吕梁黑山羊舍饲养殖模式、

饲料营养、疾病防控、肉品加工、产业开发等方面的科学研究，为吕梁黑山羊养殖规模化、产业化发展提供基础数据与技术支撑。

（二）加强良种繁育体系建设

制定科学的保种选育规划，加强对现有吕梁黑山羊养殖场（户）的支持力度。充分利用吕梁临县、方山、岚县和忻州岢岚等吕梁黑山羊主要产区现有黑山羊养殖群体，建立核心群、育种群、繁育群三级育种体系，逐步形成以原种场为核心，扩繁场、改良站为技术支撑的良种繁育体系。不断加强基层技术推广体系建设，加大良种繁育、人工授精、饲料营养和饲养管理等技术的推广力度，扩大养殖规模，通过典型示范，加快地区辐射。

（三）科学构建特色产业

以打造“吕梁黑山羊”绿色品牌为目标，稳步推进规模化发展。积极规划和出台扶持雁门关农牧交错带示范区“吕梁黑山羊特色产业”发展优惠政策，建立黑山羊产业发展专项经费，制定扶持优质黑山羊生产发展的具体措施，重点在吕梁黑山羊品种保护、种羊场和商品羊养殖基地建设、专业合作社组织组建、品牌创建等方面，优化发展环境，引导适度规模养殖。通过对先进饲养技术的开发推广，促进吕梁黑山羊养殖在该地区的推广，以实现本区域吕梁黑山羊养殖业长期的健康发展。

执笔：

梁茂文　山西省农业科学院畜牧兽医研究所

毛杨毅　山西省农业科学院畜牧兽医研究所

王　曦　山西省农业科学院畜牧兽医研究所

杨子森　山西省生态畜牧产业工作站

刘晓妮　山西省生态畜牧产业工作站

王小平　山西省临县农业委员会

宋照平　山西省柳林县农业委员会

参考文献

[1] 于海平，白志宇．吕梁黑山羊品种资源亟待保护和利用 [J]. 中国畜禽种业，2010（12）：57-58.

[2] 高晋生，程俐芬，张明伟，等．吕梁黑山羊遗传资源调查报告 [C] // 2012 年中国羊业进展论文集．怀仁：中国畜牧业协会，2012.

[3] 蔡建康．南通市发展地方特色畜禽产业的实践与体会 [J]. 上海畜牧兽医通讯，2012（1）：38-39.

[4] 吕效吾，王业福，马任骝，等．山西省家畜家禽品种志 [M]. 上海：华东师范大学出版社，1984：104-108.

[5] 李步高，杜美红，郭晓红．Boer 山羊与山西地方山羊品种聚类分析 [J]. 山西农业大学学报（自然科学版），2005，25（3）：243-244.

[6] 毛杨毅，罗慧娣，郭慧慧．山西 4 个地方山羊品种的遗传多样化分析 [J]. 甘肃农业大学学报（自然科学版），2010，45（5）：15-20.

[7] 袁亚男，刘文忠，刘建华，等．利用边际多样性方法研究山西地方山羊品种保护资金的分配 [C]// 第四届中国畜牧科技论坛论文集．荣昌：中国畜牧兽医学会，2009.

[8] 裴云锋．山西将大力推进奶业振兴 [N]. 发展导报，2020-03-22.

[9] 梁茂文，毛杨毅，韩一超．吕梁黑山羊特色产业发展思考 [J]. 山西农业科学．2017，45（08）。1369-1370.

[10] 邓永攀．段金秀．朔州草牧业发展的成效及建议 [J]. 中国畜牧业，2020,（03）：68-70.

[11] 李鹏，刘晓妮，邢亚亮，等．雁门关生态畜牧经济区苜蓿引种试验研究 [J]. 中国草食动物科学，2013,（02）：77-81.

[12] 刘珊珊，王新波，沈彦锋，等．莱芜黑山羊的保存利用和发展措施 [J]. 家畜生态学报，2012，33（5）：102-105.

[13] 杨宇庭，崔晓，王兆清，等．吕梁市肉羊产业发展存在的问题及对策 [J]. 山西农业科学，2016，44（4）：545-547.

稀释液中添加谷胱甘肽对低温保存绵羊精液品质的影响

编者按：绵羊精液低温保存技术还不成熟，谷胱甘肽在稀释液中的应用有限[1-6]，制约了优种公羊的利用。本研究在稀释液中添加不同浓度的谷胱甘肽，研究其对绵羊低温保存精液品质的影响，筛选绵羊低温保存稀释液中谷胱甘肽的适宜添加量，以促进绵羊低温保存精液的应用。

一、材料与方法

（一）试验动物及试验设计

选择体质健康、体型大小适中、性欲旺盛、体况中等的成年杜泊公羊3只，饲养于山西农业大学动物科技试验站羊场。在采集精液期间，采用单栏舍饲，每日饲喂全混合日粮2次。日饲喂量和草料组成为：全株青贮4.0kg，苜蓿草0.2kg，青燕麦秸0.4kg，混合精料1.0kg。精饲料配方：玉米58%，豆粕24%，麸皮12%，磷酸氢钙0.5%，食盐0.5%，预混料5.0%（ADM牌）。每日补饲鸡蛋2枚。自由饮水。试验设计见表1。

表1 试验设计

稀释液	成分		
	基础稀释液	卵黄	谷胱甘肽
A（对照组）	8.5ml	1.5mL	0mM
B	8.5mL	1.5mL	50mM

续表

稀释液	成分		
	基础稀释液	卵黄	谷胱甘肽
C	8.5mL	1.5mL	100mM
D	8.5mL	1.5mL	200mM

（二）试剂配制

1. 基础稀释液的配制。用分析天平称量 Tris2.7g，果糖 0.96g，柠檬酸 1.375g；加入 50mL 双蒸水，用玻璃棒搅拌，使其充分溶解，溶解后加入容量瓶中，加入 100IU 单位青链霉素混合液 10mL，定容到 100mL，摇匀，然后倒入灭菌的小玻璃瓶中，置于 5℃冰箱中冷藏保存。

2. 低温保存稀释液配制。将鸡蛋打开倒在分蛋器上，去除蛋清剩下卵黄，用 10mL 的注射器，吸取卵黄。称量 L- 谷胱甘肽 1.2g 放在灭菌的小烧杯中，加入 20mL 的基础稀释液，用玻璃杯搅拌，混匀，待所有的 L- 谷胱甘肽全部溶解后，用量筒精准量取 8.5mL，倒入 15mL 的离心管内，加入 1.5mL 卵黄，混匀，制备成稀释液 D，置于 5℃冰箱中冷藏，备用。用移液枪从小烧杯中把剩余 11.5mL 的含 L- 谷胱甘肽的基础稀释液吸出 1.5mL，并弃去，再用量筒量取 10mL 基础稀释液倒入小烧杯中，摇匀后用量筒精准量取 8.5mL，倒入离心管，加入 1.5mL 卵黄，混匀，制备成稀释液 C，置于 5℃冰箱中冷藏，备用。用移液枪从制备 C 液的小烧杯中把剩余 11.5mL 的含 L- 谷胱甘肽的基础稀释液吸出 1.5mL，并弃去，再用量筒量取 10mL 基础稀释液倒入小烧杯中，摇匀后用量筒精准量取 8.5mL，倒入离心管，加入 1.5mL 卵黄，混匀，制备成稀释液 B，置于 5℃冰箱中冷藏，备用。用量筒精确量取 8.5mL 基础稀释液，加 1.5mL 卵黄，制备 A 液（对照组），置于 5℃冰箱中冷藏，备用。A、B、C、D 稀释液中 L- 谷胱甘肽浓度分别为 0mM、50mM、100mM 和 200mM。

3. 伊红 – 苯胺黑染液的配制。苯胺黑需要避光保存，提前用锡纸包好一个 50mL 的离心管，灭菌。称量伊红 0.167g，苯胺黑 1.0g，柠檬酸钠

0.29g，装入准备好的离心管中，加入双蒸水 10mL。用微型旋涡混合仪反复混匀，多次观察，确保所有物质全部溶解。在 5℃冰箱中冷藏保存，备用。头部未着色的为活精子，头部染成红色的为死精子。

4. 低渗溶液的配制。用分析天平称量 0.9g 果糖，0.49g 二水柠檬酸钠。倒入灭菌的 100mL 的小烧杯中，用玻璃棒搅拌，直至全部溶解，最后倒入灭菌的小玻璃瓶中，密封，常温保存，备用。

5. JC-1 试剂的配制。提前将 10 个离心管用锡纸包好，做好避光处理，然后将包好的离心管高温灭菌，备用。吸取 DMSO 液体 1mL，直接注入装 JC-1 的小瓶中，用微型旋涡混合仪快速混匀。用 100 μL 的移液枪将稀释好的 JC-1 均匀地分装到 10 个准备好的避光离心管中。将离心管装入自封袋中，放在 -20℃冰箱中冷冻保存。

6. PI 试剂的配制。PI 是一种荧光染料，在配制时需要注意佩戴一次性手套和口罩，提前将用锡纸包好的离心管灭菌，备用。用双蒸水 10mL 溶解 PI 染料，然后用移液枪将溶解好的 PI 试剂分装在 10 个提前准备好的离心管中。放在 -20℃冰箱里保存。

7. Hancock's solution 液的配制。用移液枪吸取 37% 的甲醛 700μL，生理盐水 3500μL，双蒸水 5800μL，配制 10mL。

（三）精液采集

首先，将适合的公羊固定于采精架上，用温水清洗外阴部和肛门。安装假阴道前，先用洗洁精清洗假阴道的各组件，然后用清水冲洗 3-5 遍，再用生理盐水清洗 3-5 次。其次，向假阴道内胎和外壳之间注入 2/3 容量的 40℃ -42℃热水，将集精杯预热到 35℃，安装到假阴道内胎中，向假阴道内注入空气，压力大小可根据不同的采精时间和公羊的年龄、种类以及外界环境来灵活确定。最后在假阴道口涂凡士林。采精人员采精前要用清水洗手，再用 75% 的酒精消毒，并戴一次性手套和口罩，严防人畜共患病。

把公羊引导到固定架前，采精员右手握假阴道，入口朝上，与地面呈 35°-45°，当公羊爬跨时，用左手握住包皮将阴茎导入假阴道内。公羊往前顶一下，表明已经射精，待公羊阴茎脱离假阴道后，将假阴道的集精杯一侧下倾，取下集精杯，量取射精量，并将 3 只公羊的精液混合，置于 37℃恒温水浴锅中，迅速送回实验室，待稀释处理。

（四）精液稀释

稀释前用普通显微镜迅速检查精子活率和密度，活率 0.7 以上，精子密度 10×10^8 个 /mL 以上方可使用，否则弃去。采用 8 倍稀释。稀释前，从冰箱中取出制备好的 A、B、C、D 四种稀释液在 37℃的水浴锅中预热。将采集好可用的新鲜精液平均分成 4 份，分别放在 15mL 的离心管中，然后分别用预热后的 A、B、C、D 四种稀释液进行 8 倍稀释，并分别标记 A、B、C、D。然后将稀释后的四种精液分别平均分成 10 份，分别置于在 1.5mL 的离心管中，做好标记。放在离心管架上，将离心管架放在提前准备好的泡沫塑料盒中，倒入 100mL 的 37℃温水，放入 5℃冰箱中降温，保存 2h 后，先后取出检测各指标。

（五）精液品质评定的指标及方法

1. 精子运动能力检测

（1）从冰箱中取出低温保存精液和生理盐水置于 37℃恒温水浴锅中预热 2min。

（2）打开电脑程序、恒温台，预热载玻片、盖玻片、离心管。

（3）用移液枪吸取 10μL 预热后的精液置于预热的离心管内，再加入 100μL 预热的生理盐水，混匀。

（4）吸取混匀的精液 10μL，滴在预热的载玻片上，盖好盖玻片，用计算机辅助分析系统检测精子活率（Motility）、活力（Viability）、曲线运动速率（VCL）、直线运动速率（VSL）、路径速度（VAP）。

（5）用伊红 – 苯胺黑染色法对死活精子数进行染色，矫正活力数据。

2. 精子质膜完整性检测

采用低渗膨胀法（HOST）检测精子的质膜完整性。提前预热离心管和低渗溶液。取精液 10μL 精液加入离心管中，再加入 100μL 低渗溶液，混匀。在 37℃水浴锅中孵育 30min。取 10μL 混合液滴在载玻片上，在 100

倍显微镜下观察，尾部弯曲的精子为质膜完整的精子，尾部没有弯曲的精子为质膜不完整的精子，共计数200个精子，记录精子肿胀及尾部弯曲的精子数量，计算精子质膜完整率。

精子质膜完整率（%）=（精子肿胀及尾部弯曲精子数/精子总数）×100%。

3. 精子线粒体活性的检测

用JC−1荧光染料染色，检测精子线粒体膜的电势。用移液枪吸取稀释好的精液100μL，注入预热的离心管内，用移液枪迅速加入5μL JC−1液和5μL PI液，将离心管密封，握在手心（黑暗环境）摇匀，转移到水浴锅内，盖好水浴锅盖，使离心管在36℃的黑暗环境中孵育30min。在暗室环境中，用提前配制好的hancock's solution停止，摇匀后用移液枪吸取2.5μL的混合精液，滴在载玻片上，盖盖玻片，在荧光显微镜下观察。尾部显示绿色的为线粒体活性低的精子，尾部显示橘黄色的为线粒体活性高的精子，观察计数200个左右，计算线粒体活性高的精子数所占的比例。

精子线粒体活性=（线粒体活性高的精子数/精子总数）×100%。

4. 精子抗氧化相关指标的检测

用试剂盒检测酶活性。谷胱甘肽过氧化酶试剂盒、丙二醛试剂盒、总抗氧化试剂盒购于上海碧云天生物技术有限公司。根据试剂盒的使用方法进行检测。

（六）数据处理

试验数据用SPSS 17.0统计软件进行显著性检验，通过方差分析对比各处理组之间差异显著性，结果均以“平均值 ± 标准差”表示。$P < 0.05$表示差异显著，$P > 0.05$表示差异不显著，所有试验重复次数≥3次。

二、结果与分析

（一）稀释液中谷胱甘肽浓度对绵羊低温保存精子运动能力的影响

从表2可看出，在5℃保存的情况下，随保存时间延长，精子活率均有所降低。低温保存0h、24h、48h，各组之间绵羊精子的活率均无显著差异（P > 0.05）。低温保存 72h，C 组、D 组精子活率均显著高于 A 组和 B 组（P < 0.05）；但 C 组与 D 组之间、A 组与 B 组之间的精子活率无明显差异（P > 0.05）。表明，低温保存稀释液中添加适宜浓度的谷胱甘肽可提高低温保存的精子活率。

表 2　稀释液中谷胱甘肽浓度对绵羊低温保存精子活率的影响

参数	分组	5℃保存			
		0h	24h	48h	72h
活率（%）	A（对照组）	88.4 ± 3.5^a	87.4 ± 2.3^a	80.6 ± 2.5^a	77.3 ± 1.2^b
	B	87.2 ± 2.0^a	85.9 ± 3.5^a	82.3 ± 3.2^a	75.9 ± 0.9^b
	C	88.1 ± 2.4^a	85.4 ± 3.2^a	84.0 ± 4.8^a	82.9 ± 1.1^a
	D	88.6 ± 2.6^a	86.6 ± 1.7^a	85.3 ± 3.9^a	83.0 ± 1.6^a

注：同列上标字母相同表示差异不显著（P > 0.05），同列上标字母不同表示差异显著（P < 0.05），下表同。

从表 3 可看出，在 5℃保存的情况下，随保存时间延长，精子的活力也均有所下降。低温保存 0h、24h、48h，各组之间绵羊精子的活力均无显著差异（P > 0.05）。低温保存 72h，C 组和 D 组之间绵羊精子的活力差异不显著（P > 0.05），但均显著高于 B 组和 A 组（P < 0.05）；B 组的绵羊精子活力还显著高于 A 组（P < 0.05）。表明，低温保存稀释液中添加适宜浓度的谷胱甘肽可提高低温保存的精子活力。

表 3　稀释液中谷胱甘肽浓度对绵羊低温保存精子活力的影响

参数	分组	5℃保存			
		0h	24h	48h	72h
活力（%）	A（对照组）	66.8 ± 1.9^a	65.0 ± 2.7^a	54.9 ± 3.8^a	49.4 ± 2.2^c
	B	67.5 ± 2.3^a	66.0 ± 2.9^a	62.2 ± 2.2^a	54.2 ± 2.0^b
	C	66.0 ± 1.8^a	64.9 ± 4.3^a	61.9 ± 4.7^a	59.3 ± 1.4^a
	D	66.3 ± 3.0^a	64.6 ± 1.9^a	62.8 ± 3.9^a	60.5 ± 3.2^a

从表 4 可看出，在 5℃保存的情况下，随保存时间延长，精子的曲线运动速率也均有所下降。低温保存 0h、24h、48h，各组之间绵羊精子的

曲线运动速率无显著差异（$P > 0.05$）。低温保存 72h，C 组和 D 组之间绵羊精子的曲线运动速率差异不显著（$P > 0.05$），但均显著高于 B 组和 A 组（$P < 0.05$）；B 组的绵羊精子曲线运动速率还显著高于 A 组（$P < 0.05$）。表明，低温保存稀释液中添加适宜浓度的谷胱甘肽可减缓低温保存精子曲线运动速率的下降。

表 4　稀释液中谷胱甘肽浓度对绵羊低温保存精子曲线运动速率的影响

参数	分组	5℃保存			
		0h	24h	48h	72h
曲线运动速率（um/s）	A（对照组）	124.74 ± 5.08^{a}	109.92 ± 3.36^{a}	107.70 ± 5.12^{a}	90.04 ± 3.14^{c}
	B	126.00 ± 6.11^{a}	117.20 ± 2.88^{a}	110.06 ± 4.67^{a}	99.93 ± 2.82^{b}
	C	125.11 ± 3.15^{a}	112.23 ± 1.62^{a}	111.53 ± 2.10^{a}	104.06 ± 3.52^{a}
	D	127.28 ± 5.02^{a}	112.53 ± 2.17^{a}	112.00 ± 5.09^{a}	106.43 ± 4.05^{a}

从表 5 可看出，在 5℃保存的情况下，随保存时间延长，精子的直线运动速率也均有所降低。低温保存 0h、24h、48h，各组之间绵羊精子的直线运动速率无显著差异（$P > 0.05$）。低温保存 72h，C 组、D 组之间绵羊精子的直线运动速率差异不显著（$P > 0.05$），但均显著高于 A 组（$P < 0.05$）；B 组的绵羊精子直线运动速率与 A 组、C 组和 D 组之间的差异均不显著（$P > 0.05$）。表明，低温保存稀释液中添加适宜浓度的谷胱甘肽可减缓低温保存精子直线运动速率的下降。

表 5　稀释液中谷胱甘肽浓度对绵羊低温保存精子直线运动速率的影响

参数	分组	5℃保存			
		0h	24h	48h	72h
直线运动速率（um/s）	A（对照组）	51.20 ± 3.05^{a}	36.56 ± 4.58^{a}	35.60 ± 0.78^{a}	31.93 ± 2.67^{b}
	B	53.60 ± 2.67^{a}	38.23 ± 1.27^{a}	36.63 ± 0.84^{a}	32.76 ± 1.72^{ab}
	C	50.22 ± 3.10^{a}	36.60 ± 2.12^{a}	37.06 ± 2.67^{a}	35.56 ± 2.78^{a}
	D	51.35 ± 2.72^{a}	37.83 ± 2.57^{a}	37.43 ± 2.21^{a}	37.89 ± 1.44^{a}

从表 6 可看出，在 5℃保存的情况下，随保存时间延长，精子的路径速度也均有所降低。低温保存 0h、24h、48h，各组之间绵羊精子的路径速度无显著差异（$P > 0.05$）。低温保存 72h，C 组、D 组之间绵羊精子的路径速度差异不显著（$P > 0.05$），但均显著高于 A 组（$P < 0.05$）；B 组的绵羊精子路径速度与 A 组、C 组和 D 组之间的差异均不显著（$P > 0.05$）。实验表明，低温保存稀释液中添加适宜浓度的谷胱甘肽可减缓低温保存精子路径速度的下降；低温稀释液中添加谷胱甘肽可以降低精子质膜完整性的降低速度。

表 6　稀释液中谷胱甘肽浓度对绵羊低温保存精子路径速度的影响

参数	分组	5℃保存			
		0h	24h	48h	72h
路径速度（um/s）	A（对照组）	69.1 ± 2.16^{a}	59.3 ± 2.62^{a}	57.9 ± 3.81^{a}	50.36 ± 2.17^{b}
	B	70.1 ± 1.18^{a}	61.1 ± 0.93^{a}	58.9 ± 1.23^{a}	55.67 ± 2.31^{ab}
	C	71.2 ± 2.34^{a}	58.2 ± 0.80^{a}	57.8 ± 1.09^{a}	58.97 ± 2.01^{a}
	D	71.3 ± 2.10^{a}	59.5 ± 1.11^{a}	56.7 ± 2.84^{a}	59.33 ± 2.19^{a}

（二）稀释液中谷胱甘肽浓度对绵羊低温保存精子质膜完整性的影响

从表 7 可看出，在 5℃保存情况下，随着保存时间的延长，精子的质膜完整性逐渐降低。低温保存 0h、24h，各组之间绵羊精子的精子质膜完整性无显著差异（$P > 0.05$）。低温保存 48h，C 组、D 组之间绵羊精子质膜完整性差异不显著（$P > 0.05$），但均显著高于 A 组（$P < 0.05$）；B 组的绵羊精子质膜完整性与 A 组、C 组和 D 组之间的差异均不显著（$P > 0.05$）。低温保存 72h，C 组、D 组的精子质膜完整性均显著高于 A 组和 B 组（$P < 0.05$），C 组和 D 组之间及 A 组和 B 组之间绵羊精子质膜完整性的差异均不显著（$P > 0.05$）。

表7 稀释液中谷胱甘肽浓度对绵羊低温保存精子质膜完整性的影响

参数	分组	5℃保存			
		0h	24h	48h	72h
质膜完整性（%）	A（对照组）	69.28 ± 6.01[a]	62.09 ± 5.37[a]	53.32 ± 3.36[b]	41.24 ± 3.16[b]
	B	72.03 ± 2.72[a]	66.26 ± 5.84[a]	56.19 ± 6.02[ab]	42.70 ± 4.42[b]
	C	68.58 ± 5.87[a]	64.15 ± 6.06[a]	61.01 ± 5.11[a]	50.25 ± 6.10[a]
	D	71.60 ± 3.44[a]	67.40 ± 4.91[a]	60.78 ± 5.65[a]	51.97 ± 4.30[a]

（三）稀释液中谷胱甘肽浓度对绵羊低温保存精子线粒体活性的影响

从表8可看出，在5℃保存的情况下，稀释液中添加谷胱甘肽对精子的线粒体有保护作用，保存48h，各组之间的精子的线粒体活性差异不显著（$P > 0.05$）；保存72h，B组、C组、D组之间精子的线粒体活性差异也不显著（$P > 0.05$），但均显著高于A组（$P < 0.05$）。实验表明，低温保存稀释液中添加适宜浓度的谷胱甘肽可减缓低温保存时的精子线粒体活性的下降。

表8 稀释液中谷胱甘肽浓度对绵羊低温保存精子线粒体活性的影响

参数	分组	5℃保存			
		0h	24h	48h	72h
线粒体活性（%）	A（对照组）	75.30 ± 3.46[a]	72.52 ± 5.14[a]	68.19 ± 6.04[a]	60.08 ± 5.21[b]
	B	73.59 ± 5.01[a]	73.36 ± 3.15[a]	71.25 ± 4.78[a]	68.47 ± 3.39[a]
	C	72.60 ± 2.42[a]	70.89 ± 6.40[a]	69.14 ± 3.00[a]	67.80 ± 5.81[a]
	D	75.03 ± 5.68[a]	71.25 ± 5.33[a]	71.43 ± 5.38[a]	68.05 ± 3.69[a]

（四）稀释液中谷胱甘肽浓度对绵羊低温保存精清抗氧化能力的影响

从表9可看出，在5℃保存的情况下，随保存时间延长，精清中谷胱甘肽过氧化酶活性均大幅度降低。低温保存24h、48h和72h，C组和D组之间绵羊的精清中谷胱甘肽过氧化酶活性差异不显著（$P > 0.05$），但均显著高于A组（$P < 0.05$）；低温保存24h、48h，B组的绵羊精清中谷胱甘肽过氧化酶活性与A组、C组和D组之间的差异均不显著（$P > 0.05$）；

低温保存 72h，C 组和 D 组之间绵羊的精清中谷胱甘肽过氧化酶活性还显著高于 B 组（$P < 0.05$），但 B 组与 A 组之间的差异不显著（$P > 0.05$）。结果表明，低温保存稀释液中添加适宜浓度的谷胱甘肽可减少低温保存精液的精清中谷胱甘肽过氧化物酶的消耗，提高保存精液的抗氧化能力。

表 9 稀释液中谷胱甘肽浓度对绵羊低温保存精清中谷胱甘肽过氧化酶活性的影响

参数	分组	5℃保存			
		0h	24h	48h	72h
谷胱甘肽过氧化酶（U/mL）	A（对照组）	48.16 ± 3.22^{a}	35.38 ± 6.26^{b}	26.70 ± 8.05^{bc}	19.85 ± 6.33^{b}
	B	47.44 ± 4.50^{a}	40.10 ± 7.49^{ab}	37.47 ± 9.83^{ab}	21.66 ± 7.90^{b}
	C	48.03 ± 3.34^{a}	46.12 ± 9.31^{a}	42.82 ± 6.09^{a}	38.14 ± 9.01^{a}
	D	49.69 ± 3.10^{a}	45.05 ± 7.64^{a}	43.77 ± 8.24^{a}	39.37 ± 8.59^{a}

从表 10 可看出，在 5℃保存的情况下，随保存时间延长，精液中丙二醛的含量逐渐增加。低温保存 24h、48h 和 72h，C 组和 D 组之间绵羊的精清中丙二醛的含量差异不显著（$P > 0.05$），但均显著低于 A 组和 B 组（$P < 0.05$）；低温保存 24h、48h，B 组绵羊精清的中丙二醛含量还显著低于 A 组（$P < 0.05$）；低温保存 72h，A 组和 B 组之间的丙二醛含量差异不显著（$P > 0.05$）。结果显示，低温保存稀释液中添加适宜浓度的谷胱甘肽可减少低温保存精液的精清中丙二醛的含量，降低了其对精子的氧化损伤。

表 10 稀释液中谷胱甘肽浓度对绵羊低温保存精清中丙二醛含量的影响

参数	分组	5℃保存			
		0h	24h	48h	72h
丙二醛（nmol/mL）	A（对照组）	3.16 ± 0.13^{a}	3.39 ± 0.18^{a}	3.60 ± 0.17^{a}	3.84 ± 0.15^{b}
	B	2.15 ± 0.27^{bc}	2.16 ± 0.20^{b}	2.21 ± 0.24^{b}	2.40 ± 0.22^{b}
	C	1.80 ± 0.30^{c}	1.30 ± 0.22^{c}	1.36 ± 0.27^{c}	1.33 ± 0.28^{c}
	D	1.85 ± 0.22^{c}	1.63 ± 0.17^{c}	1.30 ± 0.21^{c}	1.39 ± 0.24^{c}

从表 11 可看出，在 5℃保存的情况下，随保存时间延长，精清中总抗氧化力逐渐降低。低温保存 0h（降温平衡 2h），C 组和 D 组绵羊的精清中

总抗氧化力显著高于 A 组（$P < 0.05$），B 组也显著高于 A 组（$P < 0.05$），而 B 组和 C 组之间的差异不显著（$P > 0.05$）；低温保存 24h，C 组和 D 组绵羊的精清中总抗氧化力显著高于 A 组（$P < 0.05$），D 组还显著高于 C 组和 B 组（$P < 0.05$），而 C 组和 B 组之间的差异不显著（$P > 0.05$）；低温保存 48h，C 组和 D 组绵羊的精清中总抗氧化力显著高于 A 组和 B 组（$P < 0.05$），但 A 组和 B 组之间、C 组和 D 组之间的差异不显著（$P > 0.05$）；低温保存 72h，D 组绵羊的精清中总抗氧化力显著高于 A 组和 B 组（$P < 0.05$），A 组、B 组和 C 组之间、C 组和 D 组之间的差异均不显著（$P > 0.05$）。由此可见，低温保存稀释液中添加适宜浓度的谷胱甘肽可提高低温保存精液的精清中的总抗氧化力。

表 11　稀释液中谷胱甘肽浓度对绵羊低温保存精清中总抗氧化力的影响

参数	分组	5℃保存			
		0h	24h	48h	72h
总抗氧化力	A（对照组）	1.33 ± 0.09^{c}	1.16 ± 0.10^{c}	0.98 ± 0.13^{b}	0.74 ± 0.11^{b}
	B	1.87 ± 0.11^{b}	1.38 ± 0.21^{bc}	1.03 ± 0.10^{b}	0.86 ± 0.07^{b}
	C	2.19 ± 0.20^{ab}	1.59 ± 0.17^{b}	1.30 ± 0.15^{a}	1.24 ± 0.18^{ab}
	D	2.41 ± 0.15^{a}	1.81 ± 0.19^{a}	1.42 ± 0.18^{a}	1.27 ± 0.20^{a}

三、讨论

（一）稀释液中添加谷胱甘肽对绵羊低温保存精子运动能力的影响

精子活率和活力是衡量精液品质的重要指标。当精子处于衰老状态时，精子线粒体内的 GSH 含量与精子死亡成正相关，增加精子内源性 GSH 含量，可提高精子的运动性和顶体完整率[7]。

严子祎等的研究表明，向稀释液中分别添加 1.0mmol/L、5.0mmol/L、10.0mmol/L 的谷胱甘肽，精子的活率、顶体完整率、质膜完整性和胚胎的卵裂率均有所提高，且添加 1.0mmol/L 谷胱甘肽时，精液在保存 10d 后，精子的活力仍然能保持在 50% 左右，仍具有授精能力[2]。吴大平对水牛的精液冷冻研究中发现：稀释液中添加 0.2mM 的谷胱甘肽对冻后水牛精子的活率和畸形率均有显著提高[8]。于镯等研究发现，在猪精液冷冻稀释液中分别加入 200U/mL SOD、0.5mg/mL GSH、0.05mg/mL MLT，能够显著提高精子活力、活率、质膜完整性、顶体完整性及 DNA 完整性[9]。刘璐等研究表明，稀释液中添加 5.0mmol/L 谷胱甘肽的冷冻精液解冻后，精子活力、顶体完整率均优于对照组，畸形率低于对照组[10]。

本研究结果表明，当低温保存稀释液中谷胱甘肽添加量为 100.0mM、200.0mM 时，保存 72h 的精子的活率、活力都显著高于对照组和 50.0mM 组。Câmara D R 等[11]在 2011 年研究绵羊液态保存时表明，当谷胱甘肽添加量为 100.0mM 时，精液的总活率（Total motility）最高，保存 24h 时的总活率与 200.0mM 组差异不显著，显著高于 400.0mM 组；研究结果还表明，添加谷胱甘肽对精子的质量有显著提高，可有效提高快速运动精子数，精子路径速度（VAP）、直线运动速率（VSL）和曲线运动速率（VCL），在保存 24h 时，谷胱甘肽添加量为 100.0mM、200.0mM 组之间差异不显著，均高于 400.0mM 组。本研究结果与之相符，对于未来谷胱甘肽在稀释液中的添加量的研究有一定的帮助。此次研究结果与 Câmara D R 等研究结果一致。

（二）稀释液中添加谷胱甘肽对绵羊低温保存精子质膜完整性的影响

唐淑红等研究表明，在绵羊精液的葡萄糖冷冻稀释液中添加 1.0mmol/L 的 GSH 时，可以提高精子的活率、精子质膜的完整率及顶体和 DNA 的完整性[12]。王艳华等研究表明，在猪常温保存稀释液中添加 5.0mmol/L GSH 可提高精子活力、顶体完整率和质膜完整率，而添加 10.0mmol/L 的 GSH 对精子保存的各项指标无显著提高[13]。杜立银等研究表明，GSH 可以降低氧自由基对精子细胞核 DNA 的损伤，维持精子的完整性，从而提高精液品质[14]。严子祎等在猪精液液态保存的研究表明，稀释液中添加 1.0mmol/L 的谷胱甘肽可提高精子的质膜完整性[2]。林自力等在犬精液冷冻的研究也表明，稀释液中添加 5.0mmol/L 的谷胱甘肽时，精子的质膜完整性显著高于其他试验组[15]。

本研究表明，在绵羊精液低温保存时，添加 100.0mM、200.0mM 谷胱甘肽，在保存 72h 后，精子质膜完整性均显著高于对照组和 50.0mM 组。表明稀释液中添加适宜浓度（100.0–200.0mM）的谷胱甘肽可提高绵羊精子低温保存时的质膜完整性。研究结果与唐淑红、王艳华、杜立银、严子祎、林自力的研究结果相似，但本研究谷胱甘肽的添加量是上述研究添加量的 20–200 倍，效果更加明显。

（三）稀释液中添加谷胱甘肽对绵羊低温保存精子线粒体活性的影响

在精液的保存过程中，精子代谢产生代谢废物，造成精子所处环境的过氧化，对精子有损害。线粒体是细胞中制造能量的结构，是细胞进行有氧呼吸的主要场所。细胞中线粒体数量取决于该细胞的代谢水平，代谢活动越旺盛的细胞线粒体越多。线粒体的化学组分主要包括水、蛋白质和脂质，此外还含有少量的辅酶等小分子及核酸。线粒体主要集中在精子的尾部，为精子活动提供能量。目前精液保护中对线粒体的研究比较少，谷胱甘肽能减轻线粒体的氧化应激[16]。

本研究表明，在 5℃保存的情况下，稀释液中添加谷胱甘肽对精子的线粒体有保护作用，保存 72h 时，50.0mM 组、100.0mM 组和 200.0mM 组精子的线粒体活性均显著高于 0mM 组（$P < 0.05$）。表明，低温保存稀释液中添加适宜浓度的谷胱甘肽可减缓低温保存时的精子线粒体活性的下降，有效减轻了精子线粒的氧化应激，研究结果与蔡林林等的研究结果基本一致。

（四）稀释液中添加谷胱甘肽对绵羊低温保存精液抗氧化能力的影响

谷胱甘肽（GSH）是机体内最主要的非蛋白巯基化合物，在细胞的抗氧化作用、氨基酸转运、细胞增殖、蛋白质和 DNA 合成以及其他化学反应中起重要作用，对维持细胞内氧化还原反应的正常进行有十分重要的作用。GSH 是一种抗氧化剂，其本身比较容易受某些物质氧化，与过氧化氢等氧化剂结合，生成水和氧化型谷胱甘肽，所以它在体内能够保护许多蛋白质和酶等不被自由基等有害物质氧化[17]。

精子质膜含有大量的不饱和脂肪酸，从而为精卵结合提供必要的条件。活性氧自由基（reactive oxygen species，ROS）可以导致精子细胞质膜的脂类物质发生过氧化，质膜不可逆地失去流动性，造成精子质膜损伤，因而容易造成细胞内酶缺失。精液中消除自由基的非酶系统主要物质就是谷胱甘肽。GSH 广泛分布于活细胞中，它可与 ROS 发生反应，并作为谷胱甘肽过氧化物酶的辅助因子催化减少过氧化氢[18, 19]。精子尾部含有十分丰富的线粒体，容易受活性氧自由基的攻击，使精子膜的流动性降低，ROS 还会降低精子线粒体活性、抑制与精子运动相关的酶的活性，从而能降低精子的活力,ROS 也可破坏 DNA 碱基和脱氧核糖骨架，引起碱基修饰、DNA 链断裂，加速精子凋亡[20]，这是受精能力下降的重要原因。ROS 对精子具有双重作用，低浓度时，有诱导精子获能[21]、保护顶体完整性及促进精卵融合的作用[22]。而高浓度 ROS，则有降低精子活力[23]和抑制精卵融合的作用[24]。因此在稀释液中添加抵抗自由基的成分是十分必要的[18]。大量研究结果发现，精子中存在 GSH，但其浓度因物种不同而存在差异[25]。

石明华等研究，猪精液稀释液中添加 0.5mmol/L GSH 时提高了冷冻精液的抗氧化水平，显著提高了金华猪冷冻精液活率[26]，郑云朗认为，谷胱甘肽能及时保护精子免遭氧化及过氧化反应终结产物的伤害，使精子脂膜结构保持稳定，最终提高了精液质量[27]。

本试验通过测定种公羊低温保存精液中 T-AOC、MDA 含量和 GSH-Px 活力来评定谷胱甘肽对种公羊精浆抗氧化能力的影响，进而分析谷胱甘肽对种公羊精液品质的作用效果。本研究结果表明，在 5℃保存的情况下，随保存时间延长，精液中谷胱甘肽过氧化酶活性、总抗氧化力均大幅度降低，丙二醛的含量逐渐增加，揭示绵羊精液低温保存时诱导了活性氧自由基的产生。稀释液中添加 100.0mM 组和 200.0mM 组的谷胱甘肽，在低温保存 24h、48h 和 72h 时，保存精液中谷胱甘肽过氧化酶活性均显著高于对照组、丙二醛的含量显著低于对照组（$P < 0.05$），低温保存 0h、24h 和 48h 时，保存精液中总抗氧化能力显著高于对照组（$P < 0.05$）；低温保存 72h 时，添加 100.0mM 组和 200.0mM 组绵羊的稀释精液中谷胱甘肽过氧化酶活性还显著高于 B 组（$P < 0.05$），添加 200.0mM 组绵羊的稀释精液中

总抗氧化力还显著高于 B 组（$P < 0.05$）。实验表明，低温保存稀释液中添加适宜浓度的谷胱甘肽可减少低温保存精液中谷胱甘肽过氧化物酶的消耗和丙二醛的含量，提高低温保存精液中的总抗氧化力，降低精子的氧化损伤。

四、小结

绵羊精液低温保存稀释液中添加适宜浓度的谷胱甘肽可有效提高精子的运动能力，提高精子质膜完整性、线粒体活性，提高精清中谷胱甘肽过氧化物酶活性，降低丙二醛的含量，进而提高精清的总抗氧化能力。绵羊精液低温保存稀释液中谷胱甘肽的添加适宜量为 100~200mM。

执笔：

任有蛇　胡　宇　石　磊　张建新　张春香　山西农业大学动物科学学院

杨子森　刘晓妮　焦光月　山西省生态畜牧产业工作站

参考文献

[1] 刘长河 . 不同保存方案对山羊精液液态保存的影响 [D]. 泰安：山东农业大学，2010.

[2] 严子祎，孙琪，王娜，等 . 稀释液中添加还原型谷胱甘肽对猪精液液态保存效果的影响 [J]. 黑龙江动物繁殖，2017，25（3）: 6-10.

[3] 孟娜娜，孙树春，王寒阳，等 . 绵羊精液 4℃液态保存的稀释液配方优化研究 [J]. 中国畜牧杂志，2015，51（5）: 34-38.

[4] Kovacsnolan J，Rupa P，Matsui T，et al.. In Vitro and ex Vivo Uptake of Glutathione（GSH）across the Intestinal Epithelium and Fate of Oral GSH after in Vivo Supplementation [J]. Journal of Agricultural & Food Chemistry，2014，62（39）: 9499-506.

[5] 李崇阳，朱化彬，郝海生，等 . 抗氧化物质对提高家畜冻精受精能力的研究进展 [J]. 中国畜牧杂志，2017，53（8）: 21-25.

[6] Bilodeau J，Chatterjee S，Sirard M，et al.. Levels of Antioxidant Defenses are Decreased in Bovine Spermatozoa after a Cycle of Freezing and Thawing [J]. Molecular Reproduction & Development，2015，55（3）：282-288.

[7] 任俊玲，马恒东，李和平 . 猪精液冷冻过程中的脂质过氧化损伤 [J]. 中国畜牧杂志，2013，49（3）：31-33.

[8] 吴大平 . 不同抗氧化剂对地中海水牛精液冷冻保存效果的影响研究 [D]. 南宁：广西大学 . 2017.

[9] 于镯 . 明胶和几种抗氧化剂对猪精液冷冻保存效果的影响 [D]. 雅安：四川农业大学，2012.

[10] 刘璐，张劭俣，张彧，等 . 犬常规冷冻稀释液中添加谷胱甘肽的研究 [J]. 畜牧兽医，2010，3（4）：3-5.

[11] Câmara D R，Mello-Pinto M M C，Pinto L C，et al.. Effects of Reduced Glutathione and Catalase on the Kinematics and Membrane Functionality of Sperm During Liquid Storage of Ram Semen [J]. Small Ruminant Research，2011，100（1）：44-49.

[12] 唐淑红，林嘉鹏，吴阳升，等 . 谷胱甘肽（GSH）对绵羊细管冻精质量的影响 [J]. 江西农业学报，2015，27（05）：79-83.

[13] 王艳华 . 四种抗氧化剂对山羊精液冷冻保存效果的影响 [D]. 杨凌：西北农林科技大学，2016.

[14] 杜立银，刘铁铮，鲁金波 . 抗氧化剂在猪精液冷冻保存技术中的应用 [J]. 中国畜牧杂志，2008，（01）：47-50.

[15] 林自力，何艳芳，卢婷婷，等 . 稀释液中分别添加不同浓度咖啡因或谷胱甘肽对犬精液冷冻效果的影响 [J]. 中国农学通报，2010，26（08）：21-24.

[16] 蔡林林，傅海龙，张卿卿，等 . 还原型谷胱甘肽保护线粒体并减轻大鼠肝脏缺血再灌注损伤 [J]. 第二军医大学学报，2015，36（12）：1300-1303.

[17] 李博玲，马恒东，王贞 . 褪黑素、谷胱甘肽对猪精液冷冻保存效果的影响 [J]. 四川畜牧兽医，2011，38（07）：26-28.

[18] 孙琪 . 不同抗氧化剂对猪精液常温保存的影响 [D]. 哈尔滨：东北农业大学，

2009.

[19] Mailloux R J, Ayre D C, Christian S L. Induction of Mitochondrial Reactive Oxygen Species Production by GSH Mediated S-glutathionylation of 2-oxoglutarate Dehydrogenase [J]. Redox Biology, 2016, 8（C）: 285-297.

[20] Bucak M N, Tuncer P B, Sarıözkan S, et al.. Effects of Antioxidants on Post-thawed Bovine Sperm and Oxidative Stress Parameters: Antioxidants Protect DNA Integrity against Cryodamage. [J]. Cryobiology, 2010, 61（3）: 248-253.

[21] Ball B A, Vo A T, Baumber J. Reactive Oxygen Species Generation by Equine Spermatozoa [J]. American Journal of Veterinary Research, 2001, 62（4）: 508-515.

[22] Aitken R J, Paterson M, Fisher H, et al.. Redox Regulation of Tyrosine Phosphorylation in Human Spermatozoa and its Role in the Control of Human Sperm Function [J]. Journal of Cell Science, 1995, 108（Pt 5）（4）: 2017.

[23] Bennetts L E, Aitken R J. A Comparative Study of Oxidative DNA Damage in Mammalian Spermatozoa. [J]. Molecular Reproduction & Development, 2005, 71（1）: 77-87.

[24] Guthrie H D, Welch G R. Determination of Intracellular Reactive Oxygen Species and High Mitochondrial Membrane Potential in Percoll-treated Viable Boar Sperm Using Fluorescence-activated Flow Cytometry [J]. Journal of Animal Science, 2006, 84（8）: 2089-2100.

[25] Luberda Z. The Role of Glutathione in Mammalian Gametes [J]. Reproductive Biology, 2005, 5（1）: 5-17.

[26] 石明华，李慕军，江莉，等．抗氧化剂保护少弱精子离心过程氧化应激损伤的实验研究 [J]. 中国性科学，2014，23（01）：9-11.

[27] 郑云郎．谷胱甘肽的生物学功能 [J]. 生物学通报，1995，（05）：22-24.

肉羊全混合日粮（TMR）配套技术

编者按： 山西是一个农业大省，也是一个多山多丘陵的省份，山西特定的地理环境及气候因素，使得畜牧业在整个农村经济发展中占有十分重要的地位。近年来，为加快农村经济的发展，增加广大农民收入，促使农村经济上新台阶，山西各级政府十分重视畜牧业的发展，并将畜牧业作为全面振兴农村经济、实现农业可持续发展战略的一大主导产业。

在北方地区，人们喜食羊肉，尤其是涮羊肉、烤羊脊、烤羊腿。随着人们生活水平的提高，低脂肪、高蛋白、低胆固醇的羊肉逐步受到人们的青睐，随着羊肉品质的提高和市场营销网络的不断健全，大同市羊肉产品潜力增大，市场前景十分广阔。

当前，雁门关生态畜牧经济区建设已进入深入发展的关键时期，优化畜牧业结构，转变畜牧业生产方式，是发展现代生态畜牧业的最佳方法。大同市是国家京津风沙源治理项目重点治理区，同时也是山西省规范雁门关生态畜牧经济区，肉羊产业被国家和省列入肉羊优势产业带。这是国家和地方政府为了应对入世后和落实国家“三农”政策，全面提高我国肉羊产业国际竞争力所采取的战略举措，也充分显示了大同市肉羊产业在全国同行业中所具有的优势地位以及其在发展大同市农村经济中所发挥的重要作用。大同市肉羊养殖业集约发展农民专业合作社，养殖小区蓬勃发展，呈集约养殖与养殖户饲养并存格局，但养羊业总体水平仍然较低，整个产业还未能摆脱传统的生产方式，存在着种羊优种少、杂交改良步伐慢、生产周期长、周转慢，出栏率、商品率相对较低，羊产品质量、经济效益较差等问题。只有加大肉羊生产综合配套措施的推广应用力度，提高育肥羔羊全混合料制作技术、饲草料加工配制技术，采用先进的饲养工艺、合理的配料等先进实用技术的集成配套，才能使大同市的羊产业真正突破关键技术瓶颈，成为农村经济的支柱产业，成为农民增加收入的主要途径。

一、TMR 饲养工艺特点

TMR 为混合粮的英文缩写，TMR 是根据肉羊在不同生长发育阶段的营养需要，按营养专家设计的日粮配方，用特制的搅拌机对日粮各组分进行搅拌、切割、混合和饲喂的一种先进的饲养工艺。全日粮混合（TMR）保证了肉羊所采食的每一口饲料都具有均衡的营养，是全舍饲肉羊生产方式的主推技术。任何肉羊饲养方法的最终目的都是希望肉羊在每一阶段，能够采食适量平衡的营养物质，取得最高的产量、最佳的繁殖率和最大的利润。采用全混合日粮（TMR）饲养是对大小羊群均适用的饲养方式。

根据不同阶段（如怀孕前期、怀孕中期、怀孕后期）、不同生产阶段对各种营养需求量进行分群，给予不同配方的饲喂。具体是以“全株青贮玉米为主 + 作物秸秆 + 精饲料”的饲料组成结构，配制营养平衡的全价饲料，按照先干后湿、先轻后重、少喂勤添的原则饲喂。运用效果表明，TMR 饲喂技术不仅提高了肉羊生产机械化程度和效率，减少成本，还有效地保证了饲料营养全价均匀，极大地提高了养羊效益。

（一）精粗饲料均匀混合，避免肉羊挑食。在 TMR 机械充分混合情况下，完全可以排除肉羊对某一特殊饲料的选择性（挑食），因此有利于最大限度地利用最低成本的配方饲料。同时 TMR 是按日粮中规定的比例完全混合的，减少了偶然发生的微量元素、维生素缺乏或中毒现象。

（二）TMR 日粮为瘤胃微生物提供了均衡的各类营养物质。提高了菌体蛋白的合成效率。

（三）增加肉羊干物质采食量，提高了饲料转化率。TMR 技术将粗饲料切短后再与精料混合，使各种饲料在物理空间上产生了互补作用，从而增加了肉羊干物质采食量。

（四）充分利用了农副产品和一些适口性差的饲料原料，降低饲料成本。TMR 日粮使肉羊不能挑食，营养素能够被肉羊有效利用，与传统饲喂模式相比饲料利用率可增加 4%；TMR 日粮的充分调制还能够掩盖饲料中适口性较差但价格低廉的工业副产品或添加剂的不良影响，为此每年可以节约不少饲料费用。

（五）提高羊肉质量。粗饲料、精饲料和其他饲料均匀地混合后被肉羊一起采食，减少了瘤胃 pH 值波动，从而保持瘤胃 pH 值稳定，为瘤胃微生物创造了一个良好的生存环境，促进微生物的生长、繁殖，提高微生物的活性和蛋白质的合成率。

（六）简化饲喂程序，减少了随意性，使管理的精准程度大大提高，大大节约劳动时间。采用 TMR 后，饲养员不需要将精饲料、粗饲料和其他饲料分道发放，只要将料送到即可，管理成本降低。

（七）实行分群管理，便于机械饲喂，降低劳动力成本。

二、TMR 饲养技术难点

（一）分群、分阶段引导饲养

合理分群是基础，阶段引导是关键。

要点：将营养需要相似的羊分为一群。

注意点：日粮的更换都要有适当的过渡期，而且两段之间的营养浓度相差不宜过大。

（二）饲料混合设备

要点：各阶段羊可以有各自的 TMR，或者通过制作基础“TMR+ 精料”的方式满足不同羊群的需要。因而能否对全部日粮进行彻底的混合是关键。

（三）科学配制日粮

合理分群——分阶段

依据

注意点：配出来的 TMR 一定要和羊的日采食量相吻合。

重点：检测羊群实际干物质的采食量。

关键点：全混合日粮一般应将剩料量控制在 5%–10%，过多过少都不好。

投料顺序：干草（长干草需进行切割）→精料（包括添加剂）→青饲料。

（四）科学管理

1. 定时、定量投料，日喂 2–3 次。

2. 常观察羊群，检查饲料效果。

3. 保证清洁饮水。

4. 防疫、卫生、驱虫。

三、推荐一组全日粮配方

方一：全日粮配方，各类羊群的基础方

表 1 全日粮配方 （单位：千克）

原料	用量
青贮玉米秸秆	1.69
干草或羊草	0.49
玉米	0.36
麸皮	0.14
麻饼	0.08
豆饼	0.04
小苏打	0.005
食盐	0.009
磷酸氢钙	0.005

注：其他预混成分（微量元素类）按说明添加。

具体精饲料配方：玉米 57%，麸皮 22%，麻饼 12%，豆饼 6%，其他 3%。

此方可作为各类羊群的基础方。生产中可根据当地情况和羊群的实际需要以及畜生的理想要求，进行适当增减调节。特别是空怀和怀孕早期，当精料的添加量降至最低水平时，对食盐、磷酸氢钙、小苏打、微量元素的添加不得减少。

上述配方若用于 30 千克育肥羊，日投精饲料不得超过 1500 克，以 1000–1250 克为宜，且盐的含量不超过 1%，以防出现尿结石。

方二：羔羊的饲料配方

表 2　羔羊的饲料配方　（单位：%）

配方	玉米	豆粕	麸皮	苜蓿粉	盐	磷酸氢钙	矿物质	合计
1	52	30	12	1	0.5	0.9	0.3	96.7
2	60	30	2	3	1	0.7	0.3	97
3	51	30	10	1.6	0.5	0.8	0.3	94.2

方三：体重 15–20 千克羔羊（TMR 配方）

表 3　体重 15–20 千克羔羊配方　（单位：克）

原料	用量
优质干草	760
玉米	226.7
麸皮	22.1
麻饼	29.2
豆粕	85.4
食盐	4.9
磷酸氢钙	1.6
石粉	2.6

方四：体重 20-25 千克羔羊（TMR 配方）

表 4　体重 20-25 千克羔羊配方　（单位：克）

原料	用量	
玉米秸秆青贮	2000	全日粮占比 73.4%
优质青干草	500	
玉米	241.1	58.0%（精料占比）
麸皮	39.2	10%
麻饼	31.1	8%
豆粕	78.9	20%
食盐	5.2	1.5%
磷酸氢钙	3.5	1%
石粉	1.7	0.5%
预混料	1.7	0.5%

方五：空怀母羊精饲料配方

表 5　空怀母羊精饲料配方　（单位：%）

原料	占比
玉米	60
麸皮	16
麻饼	12
食盐	1
磷酸氢钙	3

四、TMR 配制的基本要求

应用 TMR 技术时，需要指定专业人员确定羊群的营养需要来制作科学的配方。

首先要根据不同的羊群确定营养供给方案，严格按照方案进行；其次要准确掌握所使用原料营养成分的含量和性状；最后确定 TMR 的精粗料比，一般饲料的营养要满足肉羊的维持需要，之后再根据产量等确定精料的配方。

五、TMR 搅拌机混合使用方法及注意事项

（一）基本原则。基本遵循先干后湿、先轻后重的原则。

（二）合适的填料顺序。一般立式混合机是先粗后精，按照干草、青贮、糟渣类、精料的顺序加入。

（三）混合时间。边加料边混合，物料全部填充后再混合 3–6 分钟，避免过度混合，确保搅拌后 TMR 中至少有 12% 的粗饲料长度大于 4 厘米。

（四）注意物料含水率。要求精粗料混合均匀，达到松散不分离，新鲜不发热，无异味，不结块。水分控制在 40%–50%。

（五）加强料槽管理记录。包括每天每槽的采食情况、肉羊食欲、剩料量等，以便于及时发现问题，防患于未然；每次饲喂前应保证有 3%–5% 的剩料量，还要注意 TMR 日粮在料槽中的一致性（采食前与采食后）和每天保持饲料新鲜。

（六）注意设备的保养与维修。

执笔：

张　然　山西省大同市畜牧兽医科学研究所

畜牧管理篇

加强统计监测，夯实畜牧业发展基础

编者按： 统计监测数据是畜牧业生产最基础、最直观的反映，数据从基层收集、汇总、上报，形成村、片、乡镇、县数据，成为政府和业务部门分析发展情况、指导生产实践的基础依据。

从畜牧兽医工作职责划分，县级和乡镇工作人员承担着统计上报存栏出栏、安全生产、质量监管、防疫监测、动物检疫、疫情动态等各种基础数据的职责。村级动物防疫员，除了防疫以外，还承担着建立动物饲养和动物免疫档案，对饲养的动物数量、种类、进出栏时间、动物免疫、用药、疫病发生、无害化处理等情况进行详细记录的职责，并且少不了和数据打交道。

一、畜牧业统计监测工作的基本要求

畜牧业统计监测工作是针对畜牧业生产经营发展进行全面、系统的统计调查，对得到的数据质量实施全面、系统的监测评估，形成统计数据和分析报告，客观、公正、科学地评价工作成果，从而分析现象并预测其规律。

近年来，畜牧业持续快速发展，已成为农业和农村经济的支柱产业，对增加农民收入、促进国民经济协调发展和社会稳定起到了重要作用。当前，正处于从传统畜牧业向现代畜牧业转变的关键时期，生产波动加剧、养殖风险增大等新情况和新问题不断出现。加大政府引导和调控力度，确保畜牧业持续健康发展十分必要。

原平市畜牧业各项指标持续排在忻州市前列，发展任务艰巨，加强统计监测工作意义特别重大。如果对发展的底数不清，数据不准，趋势不明，就很难做到客观分析和把握形势，更难实现超前谋划、跨越发展。

当前，在畜牧业生产形势总体向好的情况下，统计监测工作滞后于产业发展的要求。主要表现在畜牧业统计监测工作时效性差、准确性低，与分析预警需要相差甚远，统计监测工作机制不顺畅，统计员队伍建设十分薄弱，缺乏与相关单位的协调协作机制等方面。这些问题与加强和改善宏观调控、加快建设现代畜牧业的要求极不适应。

作为畜牧部门，需着眼大局，正确把握形势，切实增强做好统计监测工作的紧迫感，应对新情况、化解新矛盾、迎接新挑战，必须转变观念，把行业统计监测作为基础性工作来抓，努力提高信息的时效性、准确性和权威性，做到情况清楚，决策有据。需突出监测重点，抓好主要畜禽产品生产统计监测；狠抓关键环节，提高监测数据时效性和准确性；加强会商协调，逐步提高统计监测数据的权威性；强化能力建设，不断提高统计监测工作水平，构建科学高效的畜牧业统计监测系统。

二、切实做好数据采集上报

按照层层分工、各负其责、协调配合的要求，做好统计监测的组织和实施工作，加强检查监督，保证数据的及时汇总和上报，努力提高数据的准确性。

应明确责任，厘清思路，改进作风，不断完善方法制度，克服畏难情绪。针对畜牧业统计监测具有流动性强、不确定因素多、工作量较大、统计口径难于统一的特殊性，畜牧统计人员必须克服畏难情绪，不断开拓工作思路，积极寻找突破口，扎实做好统计监测工作。

第一，明确专人承担各项统计监测工作；理顺工作机制，做到分工明确、责任到人。充分发挥基层畜牧兽医技术人员和村级防疫员熟悉畜禽生产情况的优势，认真做好基础数据采集工作。提高统计员业务水平，保证队伍稳定，避免频繁变动。一是要求基层统计员必须具有高度的责任心和耐心细致的意志品质，热爱统计，爱岗敬业，熟悉农村，并且具有良好的人际关系和沟通能力。二是对数据的变化具有敏感性，并具备一定的统计业务水平，对各种统计报表熟悉，对各种指标有较高的理解能力。三是要求基层统计员具有一定文化水平和调查经验，为后期管理和正常开展工作奠定坚实基础。通过努力，实现统计监测工作的科学化、制度化和规范化。能把握好调查时期，及时统计，按时上报，不缺项、不漏报；不得拒报、迟报、虚报、瞒报，不得伪造、篡改统计资料。

第二，强化制度建设，认真执行统计监测报表制度。一是建立多级审核制度。专业人员层层把关，形成制度，明确责任，加强数据审核力度。二是制定主要畜牧业统计监测数据质量控制办法，规范主畜禽统计监测工作事前、事中和事后质量管理。三是建立下乡访户制度。专业人员访户建立登记记录制度，对记账质量较差、上报数据质量问题较多的调查对象，重点走访。

第三，提高统计监测能力。一是组织专业人员，认真学习业务知识，严格按照国家调查制度开展工作，完善调查网点和调查对象名录库的建设，提高完成调查任务的工作能力。加强业务培训，熟练掌握相关统计监测报表的内容范围、指标标准、计算和填报方法，确保统计监测质量。二是进行定期培训和交流活动，观察养殖生产情况，掌握了解畜禽养殖知识，与养殖户沟通感情，了解养殖情况、市场动态等信息。三是组织基层统计员认真学习制度方案，利用业务培训会、实地检查、电话网络等多种形式，切实提高基层统计员业务技能，提升调查工作水平。

第四，加强与统计、调查等部门的沟通与协调，按照“共同调查、共同审定、信息共享”的原则做好畜牧业监测统计工作。一方面及时提供主要畜禽生产规模户及经营单位名单，主动配合统计部门和调查队入场（户）、入单位调查，摸清监测统计区域内底数；另一方面在监测统计数据上报前，执行与统计部门、调查队会商制度，保证上报的统计数据协调连贯。

第五，统筹各方力量，形成行业共识。动员各方面力量，多跑动，多宣传，多交流，多沟通，争取多配合、多支持，形成行政、事业部门密切协作局面，促进信息资源有效整合。做到紧跟时代潮流，关注网络舆论，辨真伪，摸实情，抓焦点。

三、加强数据质量评估和研究分析

需加强数据质量的分析评估，坚持依法统计、实事求是、客观真实的原则，加强对报表数据的分析评估工作，确保数据的准确性和权威性。组织力量深入农户、养殖场、经营单位、畜产品交易场所等畜牧业生产第一线，收集第一手生产信息资料，充分、准确、快速地掌握主要畜禽市场供求变化、畜禽生产资料市场供求、价格波动以及存在问题等情况，为准确把握畜禽生产形势提供可靠依据。

应认真跟踪研究分析生产形势，及时跟踪政策的落实情况，坚持“深入基层、靠前指导”的原则，通过开展基层调研全面了解生产情况和存在的问题，预测未来的发展趋势，及时发挥对生产实践的指导作用。树立主动服务意识，加强调研和会商，对主要畜产品生产情况和变化情况做到数据准、底数清、趋势明。同时，准确反映热点、重点问题，及时报告生产发展中出现的新情况、新问题，以及各地在建设现代畜牧业中好的经验和做法，为国家制定政策措施提供真实可靠的依据。科学引导养殖户和企业合理安排生产经营，避免生产大起大落，稳定市场供应。

四、统计监测中的常见问题

（一）报表时间要求。报表时间严格按照规定时间上报，绝不允许延误，如有特殊原因不能及时报表，先电话上报数据，事后必须补报。

（二）表中的逻辑关系和平衡关系。保持逻辑平衡，这是报表的最起码原则，发现问题及时进行核实。既符合逻辑，又不能违背客观现实。

（三）数据的衔接。应把握了解畜禽生产趋势，指标数据不光与去年同期做比较，季报同时应当与上季做比较。严格禁止出现数据畸高畸低，上下大幅波动现象发生，而无任何实际原因为支撑。加强指标同比、环比的对比，对一些变动较大或背离当前生产形势的数据，应该认真核实，确保无误，并做详细说明。

（四）严格分清哪些是时期指标（产量、出栏），哪些是时点指标（存栏）。同一年度，时期指标的本季度（月、周）数据必须大于或等于上一季度（月、周）数据；时点指标则没有这个要求。存栏是当时时点数，出栏、产量是时期累加数。

（五）仔畜的出售不能计为出栏量，猪的存栏中能繁殖的母猪为 1 周岁以上的母猪，能繁殖的母牛、母羊的年限分别为2周岁以上、1周岁以上。

（六）填写“生猪生产情况”表时，因为有“当年产仔成活”指标，更应注意平衡关系。基本公式是：

期末存栏 + 本期出栏（包括屠宰自食数）+ 本期死亡数 = 上期末存栏 + 本期产仔成活 + 本期引进数，最后两项指标就是本期的发展数。

计算时，先确定“本期产仔成活”，应符合“能繁母猪”本期的生产能力，加上“上期末存栏”和“本期引进数”，得出总数，就是本期饲养总数，根据这个总数和“本期死亡数”，对照“本期出栏”“期末存栏”数据，应保持基本平衡，不能出现太大差距。

确定本期数据后，在上报时把“本期出栏”“本期产仔成活”加上以前的累加数，才是最后的“出栏数”“当年产仔成活数”。

其他畜禽统计，也能套用这个公式，简化为“本期饲养量（期末存栏 + 出栏）= 上期末存栏 + 本期发展数（新生数 + 引进数）”。

统计监测工作涉及面较广，牵扯环节较多，工作任务繁重，应进一步加强组织领导，统一思想认识，密切配合、通力合作，做到有目标、有要求、有布置、有检查，努力把畜牧业信息统计监测各项工作提高到一个新水平。

执笔：

祁宝元　山西省原平市牧草饲料工作站

如何加强畜牧业建设项目管理

编者按：畜牧业建设项目，是在一定时间、一定预算内，为了完成预定目标，发展、推进、提升、服务于畜牧业的一个工程、一项任务。多年来，各种项目的实施，对畜牧产业发展起到了夯实基础、引领带动、推广技术、富农惠民的显著作用。为了实现可持续发展，优化品种结构、提高产品品质、改善生产环境、推进科技应用，需进一步加强对畜牧业建设项目的管理。

一、对项目监管和技术的要求

（一）项目资金管理。项目任务下达后，实施单位要根据项目总投资建立项目专账，对一些确实没有能力按照相关财务制度要求记账的单位，应聘请当地会计师事务所进行代理记账，做到专账核算、专人管理。

工程建设要有施工单位盖章的工程合同、工程预算和决算表。工程合同中的建设内容、批复的财政补助资金建设内容、实施方案的建设内容必须一致。实施内容与批复内容要一致，即发票内容与批复内容一致。发票时间与施工时间一致。账目上的分项目金额与总项目金额要一致。工程竣工后，要有审计部门的审计报告。

（二）项目技术。作为项目的实施单位，要严格按照项目实施方案中确定的建设地点、建设内容组织施工。严格按照所列支持环节内容进行建设，严格执行工程进度和资金使用计划。作为各级畜牧业技术服务机构，要采取切实有效的措施，积极组织专业人员，从项目建设规范、标准、科学、实用等方面开展培训，深入项目建设现场进行指导。使各场区选址正确，布局合理，饲养畜种单一，人畜分离，并符合《畜牧法》等关于项目建设的规定。净道污道要分设，生产设施、设备要完善，环境要洁净。

（三）加大项目督查力度。畜牧部门要加大督查力度，定期进行督查指导，工程建设过程中存在的问题一定要及时发现、及时提出、及时解决。开展中期督查，对已完工的项目对照财务管理、项目管理相关要求及实施方案建设内容进行检查，发现问题后要指导、督促其在规定时间内进行整改完善。对尚未完工的项目要加强指导协调，解决建设过程中存在的问题，督促其加快施工进度。

二、项目建设档案资料的整理

畜牧部门及项目实施单位要对项目建设过程的工作进行记录、汇编入档，完善各种资料。对项目的申报、审批、方案编制、工程建设、技术指导、竣工验收及各种宣传报道等工作环节的文字、图片档案进行收集、整理。实施单位要认真建立工程档案，对建设中每个阶段的图表、资料、照片、发票等都要及时归档，记录在案并汇编成册；项目建成投产后，要按照项目管理要求建档立制，健全畜禽养殖、生产档案，确保项目达效。

（一）方案编制和审核

1. 报送的项目申报文件（农业、畜牧、财政、发改等部门）。

2. 省、市、县的批复文件。

3. 项目实施方案。

方案内容：项目摘要；正文（要详细写清楚项目背景和实施理由，建设区资源环境状况、建设单位情况、养殖场发展现状、建设规模和目标、技术路线、具体建设内容、资金总额和投资来源、进度计划、制度情况、组织保障措施、项目效益等内容）；资金使用计划表（写清楚资金的来源、用途，要达到的效果）；土建工程内容及造价估算表（写清楚准备建设的设施面积及单位造价）；仪器设备清单（写清楚准备购置的仪器设备名称、数量、技术参数、单价、总价等）。

证明材料：工商部门办理的营业执照，土地部门颁发的土地使用证明，畜牧部门办理的养殖备案登记表，畜牧部门颁发的动物防疫条件合格证，银行开户证，环保部门出具的环评报告，发改部门办理的节能评估登记表。

附图：场区平面布局图（要求按实际情况绘制，各功能区——生产区、辅助生产区、办公区、生活区、无害化处理区等划分明确规范）；项目区位置图（在地图上画出所在位置，距所在村庄的方位、距离）。

（二）计划、通知、政策、领导讲话等

1. 下达资金的计划通知。一般以文件的形式下发，是扶持资金拨付的直接依据。

2. 拨款单据或报账单据的复印件。表明资金到位情况。

3. 经政府或相关业务单位安排，有关该项目工作的专题会议纪要、文件，包括联席会议精神、领导组、下乡包片、政策措施等。

4. 项目督查、验收等各不同阶段的各类通知。

5. 地方配套资金或整合项目的文件。

6. 主要领导对畜牧业工作的指示精神或重要讲话。

7. 对促进畜牧业发展方面的扶持或优惠政策文件。

8. 畜牧业工作安排、技术培训或推广等的会议通知。

9. 项目建设、生产、管理的相关制度。属于项目实施方案中的组织保障措施。

10. 接受上级督查、检查的反馈意见的改进措施等。

11. 申请验收的文件。在自查合格的基础上，向上级部门提交申请验收报告。

（三）工作总结

1. 项目建设工作的总结。这是反映项目建设情况的基础材料。

2. 项目督查、检查、验收的总结材料。表明每一阶段的工作。

3. 资金使用及决算报告。由会计师事务所出具。

4. 审计报告。委托有资质的审计单位进行。

（四）图片资料

养殖场（小区）建设前后照片、建设工作现场照、圈舍内部安装照、仪器设备购置照；养殖场（小区）建成后的设施照片；饲养、管理人员的工作照，包括饲养、消毒、防疫、繁育、记录、畜禽入场、畜禽出场、疾病诊疗、粪污处理、病死畜处理等；领导视察、上级技术人员指导工作、座谈、督查检查验收工作照片等；场区的规划、布局、鸟瞰图等；项目实施完成后的效果（反映项目建设的成绩）；视频资料（这是项目建设最直观的反映）。

（五）信息宣传调研论文等

1. 各种有关本项目的信息、报道，表现项目建设的发展变化过程。

2. 相关论文的发表情况等，反映项目建设中采取的科技路线。

（六）生产档案及财务专账

三、检查、验收工作的基本要求

项目的检查目标是强化项目管理，促进效益最大化，依据是相关的法规、政策、制度、办法及项目实施计划，检查内容是实施建设、生产管理、资金使用、经济效益等情况。通过检查、验收所实施的项目，查找问题，分析原因，改进不足，有利于进一步提高项目建设与资金管理水平，推进社会主义新农村和现代农业建设。

（一）检查的基本程序。首先由项目单位或县级农业部门组织自查，其次市级部门组织全面检查或重点抽查，最后省级主管部门、业务单位重点抽查。

（二）验收的基本程序。项目单位在计划任务完成后先自行组织初步验收，初验合格后将初验报告和申请验收报告，按照验收权限逐级上报相关部门，申请验收。主管部门收到申请验收报告后，组织有关人员验收。

（三）检查、验收的内容。项目按照批复的实施方案或初步设计完成的任务和投资情况；资金到位、拨付与使用情况；项目资金实行专款专用、专账核算、专人管理情况以及财务制度执行情况；工程施工质量及各项经济技术指标完成情况；项目管护措施落实、仪器设备管护和运行情况；档案资料管理（重点是相关会计资料、工程合同、预决算报告、审计报告）情况；项目实施的效益（特别是对养殖户生产条件改善和辐射带动、改善生态环境）情况等。

（四）检查、验收的方法和程序。项目单位进行汇报；财务人员查账看支出情况；业务单位实地看项目实施情况。检查、验收结束后，对每个项目编制项目建设情况总结报告，填写项目竣工验收表、项目验收评分表、项目建设情况表等，均按规范格式打印归档。

四、项目建设中的常见问题

项目检查验收除听汇报以外，基本工作可以归纳为“三看”：看现场，也就是投资成果如工程情况、设施设备、养殖情况、技术措施；看账务，是否建立专账，是否有专职会计，账务是否合理；看资料，项目申报、建设、运行过程中的有关资料是否齐全，是否合法规范等。实际工作中，常见的问题有以下几方面。

（一）无明确目标，随意性大。不从自己的实际出发，而是盲目计划，批复后常难以完成。往往改变计划，重新活动，改计划和方案造成重复劳动；或者瞒天过海，偷梁换柱，以次充好，以旧充新。

（二）不严格履行基建管理程序，随意变更建设地点、规模和内容。因为对发展缺乏定位，建设过程中经常反复自行改变、违反计划，与方案背道而驰，面目全非。对于大的变动，必须及时报批，经过中央、省级主管部门批准后才能改变。

（三）资料不齐全，工作粗心大意。合同执行不严格，有时出现很明显的漏洞和前后矛盾的地方。

（四）账务不规范。出现大额提现、白条入账、记小账等现象。

（五）效益发挥不够。国家投入资金，目的是要发挥“五动作用”：政策驱动、科技推动、项目促动、龙头带动、产业拉动。项目要发挥应有的作用，实现实施方案中要达到的经济效益、社会效益、生态效益等。做到努力发挥带动作用，树立典型和示范作用，引导其他养殖场发展，共同振兴畜牧事业。

（六）不统筹考虑。项目单位在申报时，就要明确达到的目标、采取的方法及品种、数量、技术措施、机械设施设备、可筹资金和总投资等，不要做不切实际的空想。在项目实施全过程中一定要按基建程序和规定办，严把资金支付关，严把工程质量关。要全盘考虑，从资金筹集、原料购置、动物引进、圈舍建设、设备购置等方面，做到合法规范、有条不紊地安排进行。

五、项目建设的相关要求

畜牧业建设项目是促进畜牧业持续健康发展的需要，是增加农民收入、繁荣农村经济的需要。项目实施单位要狠抓各项工作措施的落实，配合好各级部门的检查、验收工作，全面完成项目建设工作。

项目检查和验收坚持严格标准、上下联动的原则，各级部门负责制订检查验收方案，组织开展检查验收工作，各实施单位配合检查验收工作，进行全面自查自验。

实施单位要明确工作目标，落实责任，真正把项目建设工作抓紧、抓好、抓实，对自查和检查、验收中发现的问题要深刻分析原因，认真制定整改措施，及时整改。

项目检查验收时，实施单位要提早做好统筹安排，确保项目档案资料齐备，各项目主要负责人、财会人员、项目设计、施工、监理单位相关人员在场，以便配合检查验收工作。

执笔：

栗永楼　山西省原平市农业农村局

政策交流

农业部关于北方农牧交错带农业结构调整的指导意见

农计发〔2016〕96号

河北、山西、内蒙古、辽宁、陕西、甘肃、宁夏等省（自治区）农业（农牧、农村经济）、畜牧兽医厅（局、委）：

北方农牧交错带是半湿润地区与半干旱地区的气候交汇带，是草地农业和耕地农业的契合发展带，是中东部地区重要的生态安全屏障和京津冀地区重要的水源涵养带，具有不同于农区和牧区的独特经济形态，是一类重要的农业空间。长期以来，该区域农牧结构失衡、水资源过度开发，发展不可持续的问题越来越突出，资源环境压力越来越大，是当前推进农业结构调整的重点难点，必须深入贯彻党中央、国务院关于大力推进农业供给侧结构性改革的决策部署，加快优化区域农牧业功能定位、推进产业转型升级，促进农牧业发展与生态环境深度融合。

一、北方农牧交错带农业结构调整的必要性

（一）构建现代产业体系的必然要求。北方农牧交错带是草食畜牧业优势区域、优质杂粮果菜的重要产区。近年来，该区域籽粒玉米种植面积持续增加，影响了传统优势产业发展空间；种养加脱节问题突出，优质饲草料发展滞后，产业形态总体处于中低端。加快结构调整，调优粮经饲草

比例，促进种养加紧密结合，有利于发挥区域比较优势，促进形成农牧融合发展的生产力布局，提高农牧业质量效益和竞争力。

（二）夯实国家生态安全保障的客观需要。北方农牧交错带是我国继牧区天然草原之后的第二道生态安全屏障。当前，该区域水资源开发强度已近极限，土地沙化、草原退化、生态功能弱化日益严重。加快结构调整，发展资源节约、环境友好型农业，有利于缓解产业发展与生态保护争地争水的矛盾，提高可持续发展水平，助力 2022 年冬奥会顺利举行。

（三）推动区域全面小康的现实选择。北方农牧交错带特色资源丰富、发展潜力巨大，但资源优势尚未转化为经济优势，农牧民收入总体偏低，贫困县、贫困人口比重较大。加快结构调整，加大特色优质农产品开发力度，使品种和质量更契合消费者需要，有利于挖掘内部增收潜力，促进脱贫致富，确保该区域如期全面建成小康社会。

二、北方农牧交错带农业结构调整的总体思路

（一）指导思想。深入贯彻党的十八大，十八届三中、四中、五中、六中全会和习近平总书记系列重要讲话精神，牢固树立创新、协调、绿色、开放、共享的发展理念，以农业供给侧结构性改革为主线，以资源环境承载力为基准，以提升质量效益和竞争力为中心，加快优化生产力布局，着力推进减粮增饲、强牧优特、规模种养、就地加工，做大做强战略性主导产业、区域性优势产业和地方性特色产业，建设草茂林丰、牧业发达、特色高效、资源循环的生态农牧区，为推进区域农业现代化、全面建成小康社会奠定坚实基础。

（二）基本原则

坚持生态优先，适度开发。立足功能定位，依据区域水资源承载力和环境消纳能力，适度安排产业发展规模，限制高耗水农作物种植面积，提升资源生态与农业生产的匹配度，促进绿色发展。

坚持种养结合，草畜一体。立足为养而种，大力发展草食畜牧业，统筹安排青贮饲料作物和优质牧草种植，推动过腹还田，实现草畜平衡、循

环利用、均衡发展。

坚持发挥优势，分区施策。统筹山水林田草各类资源，合理确定各地发展定位，优选比较优势明显、市场前景广、产业覆盖面大、农民增收效果好的优势特色产业，制定差别化政策，促进差异化发展。

坚持创新驱动，规模适度。以创新增动力，以改革激活力，研发推广符合区域特点的新品种、新技术、新机具，发展适度规模种养，建设标准化、产业化、品牌化现代生产基地，促进节本增效。

坚持市场主导，政府引导。面向国际国内市场，用市场化手段调整农业结构，充分尊重农民的自主经营权，更好发挥政府引导和支持作用，加快构建农企政协作的新格局。

（三）发展目标

力争通过5–10年努力，北方农牧交错带农业结构适应性水平、可持续发展水平、质量效益水平明显提升，优势特色产业规模大幅提升，非优势、耗水型产业规模显著降低，每个县建成1–2个10万亩以上的优势特色产业基地，形成一批发展潜力大、科技含量高、市场竞争力强的龙头企业集群，基本构建牧农林复合、草果田契合、一二三产业融合的产业体系，基本建立投入减量、生产清洁、资源节约、循环再生的发展新模式，基本形成蓝天白云相连、绿草果树相映、黑白花牛群相间的生产生态新景观。

——产业体系转型升级。粮经饲种植面积比例调整到4∶3∶3左右，草食畜牧业全产业链基本构建，畜牧业增加值占农业增加值的比重达到50%左右。特色产业品牌化发展，“三品一标”认证农产品比重达到50%。一二三产业融合发展迈上新台阶，农产品加工业与农业产值之比达到2.4∶1。

——生产方式提档升级。现代物质技术装备条件大幅改善，农作物耕种收综合机械化率稳步提升。农业用水总量不增加，水资源利用效率显著提高，农田灌溉水有效利用系数达到0.55。

——经营方式优化升级。土地适度规模经营水平稳步提高，畜禽养殖规模化率每年提高1–2个百分点，基本形成规模化生产、集约化经营为主导的产业发展格局。农牧民家庭经营性收入来自畜牧业和饲草产业的比重超过 50%。

——区域生态美化升级。生态功能明显增强，基本实现农牧业废弃物资源化利用和无害化处理，天然草原综合植被覆盖度增加 3 个百分点以上；生活条件明显改善，农村环境更加宜居，“一村一景”“一村一韵”格局初步构建。

三、优化生产力布局，打造区域发展新优势

（一）长城沿线沙化退化地区。主要包括辽宁朝阳，山西大同、朔州，内蒙古赤峰、乌兰察布以及陕西榆林相关县市。该区域干旱少雨，年降水量由东南部的 400–500 毫米降到西北部的 200–300 毫米，草原退化、耕地沙化问题突出，玉米播种面积占农作物播种面积的 50% 以上，优质饲草料种植面积不足。农业结构调整的方向是，控制耗水型产业发展，发展旱作节水农业，重点调减籽粒玉米种植面积，推广高效节水、抗逆性强的优良品种，适度发展杂粮杂豆、马铃薯及设施蔬菜等作物，控制露地蔬菜生产面积，积极发展耐盐耐旱的沙生植物；适度发展生猪养殖，适度扩大草食畜牧业规模。

（二）黄土丘陵沟壑水土流失地区。主要包括陕西延安、榆林，甘肃庆阳，宁夏固原，山西忻州相关县市。该地区大部分为黄土高原，水土流失严重、植被覆盖度低，年降水量大约 400–600 毫米，干旱频发。农业结构调整的方向是，推进保护性耕作，提升旱作节水农业规模，发展优质高效特色产业，重点促进苹果、红枣等特色果业品质升级，做大做强特色杂粮和薯类产业；积极推进退耕还林还草、人工种草，发展特色牛羊产业。

（三）京津冀水源涵养地区。主要包括河北张家口、承德相关县市。该区域年降水量由东南向西北从 600 毫米向 300 毫米递减，是京津冀地区主要饮用水源涵养地。农业结构调整的方向是，加强地下水超采区综合治理，发展山坝生态型种养业和节水农业，重点压缩籽粒玉米生产，稳定设施蔬菜和露地蔬菜生产，推动仁用杏、板栗、中药材等特色产业绿色化精

品化发展，加强天然草原保护和优质饲草料生产，发展优质生鲜乳及制品，推广肉牛、肉羊舍饲圈养。

四、优化生产结构，构建农牧产业新体系

（一）减粮增饲，做大草产业。以农载牧，以畜定草，加快调整农作物种植结构，建设现代饲草料产业体系。调减籽粒玉米500万亩以上，发展全株青贮玉米，推广秸秆青贮、黄贮、微贮、压块、膨化等利用方式，不断提高玉米饲料化利用水平。利用现有耕地，积极发展人工种草和草田轮作，扩大苜蓿、燕麦草等优质牧草种植面积，建设一批规模化、专业化优质饲草料生产基地，鼓励苜蓿裹包青贮、干草调制加工贮运，推进牧草产业化。对水土匹配条件较好的天然草原，加强改良，提升产草能力。加强草业新品种新技术研发推广，支持建设一批专业化、标准化、集约化的草种保育扩繁推一体化基地。

（二）增牛稳羊，做强草食畜牧业。草畜结合、以草促牧，突出发展奶牛，稳定发展肉牛肉羊，推进草食畜牧业提质增效。以牧草基地为依托，以奶牛养殖、乳品加工为重点做强奶业，推进奶牛养殖小区牧场化改造，建设优质奶源基地，发展高产奶牛核心群，健全乳品冷链系统，促进奶业一体化发展。支持发展肉牛肉羊适度规模养殖，建设一批标准化规模养殖场，推广牧繁农育、户繁企育养殖模式和舍饲半舍饲养殖先进适用技术。推进牛羊标准化屠宰，发展冷鲜肉及肉制品精深加工。加强绒毛用羊及马、驴等地方优势特色品种开发利用，打造具有独特风味的高端肉制品和乳制品。全面加强动物疫病风险防控体系建设，支持引导具备条件的规模养殖场完善生物安全措施。

（三）优果壮特，做精特色产业。适应食品安全升级、消费品质提升的需要，聚焦优质中高端，大力发展特色品牌农业。建设优势特色果品标准化生产基地，推进果品分级筛选、就地冷藏、冷链运输，加快深加工产品开发及副产物综合利用。积极发展莜麦、荞麦、谷黍、红小豆、绿豆等杂粮杂豆生产，推进杂粮分等分级与精深加工，开发营养健康、药食同源

的功能性产品，建立一批优质杂粮原产地生产保护区。扩大优质专用马铃薯生产规模，稳定发展设施蔬菜，因地制宜发展道地中药材。推进特色产品品牌化开发，着力发展无公害、绿色、有机农产品，有效保护农产品地理标识，强化质量安全保障体系。搭建区域特色农牧产品展示展销电子商务平台，布局一批跨区域的大型生鲜农产品物流配送中心。

五、优化资源利用方式，建立生态循环新模式

（一）发展节水农业。坚持用水总量控制和定额管理，严格限制种植高耗水农作物、限制大水漫灌，加大地下水超采治理力度。推进旱作节水，提高优质耐旱品种作物种植比重，集成深松整地、保护性耕作、秸秆还田、增施有机肥等农机农艺措施，提高土壤蓄水保墒能力。推进灌溉节水，强化集雨窖、梯田等小型农田水利工程和田间配套工程建设，推广渠道防渗、管道输水、滴喷微灌、水肥一体化等节水灌溉技术，完善灌溉用水计量设施，提高水资源利用效率。重点在大田作物产区推广测墒灌溉和水肥一体化技术模式，在果树和蔬菜等高效经济作物区全面推广滴灌、微喷水肥一体化技术模式，在畜禽规模养殖场推行干清粪等节水工艺。

（二）发展循环农业。立足资源保护、投入减量、循环利用，加快建立植物生产、动物转化、微生物还原的循环生态系统，促进种养循环。推行草畜平衡和果（菜）畜结合，因地制宜发展“草－畜－田”“果－沼－畜”“菜－沼－畜”“粮－菌－畜”等畜禽粪便资源化利用模式。开展有机肥替代化肥行动，在设施蔬菜集中产区推广“有机肥＋水肥一体化”“秸秆生物反应堆”“有机肥＋土壤调理剂”等模式，在黄土高原苹果优势产区推广“有机肥＋配方肥”“有机肥＋水肥一体化”“自然生草＋绿肥”等模式，力争3–5年实现果菜有机肥基本替代化肥，化肥使用量零增长。重点推广加厚地膜，建立农田残膜回收区域性机制，加快地膜残留清除、加工机械和资源化处理技术推广，加强可降解地膜示范推广，力争到2020年，重点区域当季农膜回收和综合利用率达到80%以上。

（三）发展休养生息农业。推进农业资源休养生息，有计划有步骤地

对生态脆弱、资源环境压力大的耕地开展退耕还草、调整种植制度。巩固退耕还林还草已有成果，进一步推动25度以上坡耕地、严重沙化耕地和重要水源地15–25度坡耕地退耕还草。对地下水超采区、生态严重退化区，全面实行退耕还草，鼓励种植防风固沙、涵养水分、保护耕作层的植物。开展耕地轮作休耕制度试点，重点推广籽粒玉米与马铃薯、饲草作物、杂粮杂豆等轮作技术模式。开展盐碱地综合治理，实施严重沙化土地封禁保护，鼓励企业等社会力量运用产业化方式防沙治沙和改造中低产田。

六、优化农业功能，形成生产生态新景观

（一）开发休闲功能，建设美丽田园。加大对传统农牧林产业的景观化改造，推进产业基地化、基地园区化、园区景观化，形成农牧交错、农林镶嵌、林牧复合、山水林田路一体的现代田园景观。大力推行降水300毫米以下地区种草、300–400毫米之间草灌结合、400毫米以上地区种树的山坡地种植模式。围绕特色主导产业，加大推介力度，培育创意精品，建设一批基础设施完善、环境景观优美的休闲观光农业园。立足山地沟谷资源，开发休闲度假、养生养老、旅游观光、农事体验等新业态，发展沟壑经济。

（二）强化生态功能，建设美丽草原。全面加强草原保护与建设，提升草原生态系统稳定性和生态服务功能。加强草原资源调查，摸清资源底数。加快基本草原划定步伐，严守草原生态红线。深入实施新一轮草原生态保护补助奖励政策，全面推行禁牧休牧轮牧和草畜平衡制度。实施草原生态保护重大工程，开展围栏封育、补播改良和生物灾害防控，加快恢复退化草原植被。转变草原利用方式，推行夏秋放牧、冬春舍饲的适度规模养殖模式，建设一批水草丰美、牛羊悠然、清洁循环的现代生态家庭牧场。

（三）传承农牧文化，建设美丽乡村。发挥农牧交错带农耕游牧文化交融的突出特点，深挖历史内涵、文化内涵、红色内涵，建设美丽宜居的新农村。科学规划、分步实施，保护性修缮传统民居，开展农村环境综合

整治，加大农业农村基础设施建设，推进道路硬化、路灯亮化、信息服务便捷化。推进庭院美化，支持农户以房前屋后和居住庭院为重点自主开展庭院生态绿化。合理开发区域农牧文化遗产，加大保护、传承和利用力度，建设一批具有地域特点、民族风情的特色村镇。

七、强化保障措施，有序推进农牧业协调发展

（一）建立健全牧林农融合发展推进机制。农业部建立北方农牧交错带工作推进组，加强工作指导和绩效考核，统筹研究解决意见实施过程中的重大问题，定期调度种植业、畜牧业结构调整和资源动态变化情况。区域内各级农牧部门要站在全局高度，进一步增强对农业结构调整重要性、紧迫性、复杂性的认识，积极争取当地党委政府的重视和支持，建立农业结构调整协调推进机制，加强配合，主动作为。对管理部门分设的地方，由畜牧业主管部门牵头，会同种植业等管理部门合力推进。

（二）科学制定结构调整规划。相关地市政府要以结构调整为重点、以绿色发展为导向，按照整体设计、目标衔接、务实管用的原则，编制今后 5 年生态农牧区建设规划，并切实加大规划实施推动力度，明确规划实施的主体责任。规划应突出玉米结构调整、草食畜牧业发展、一二三产业融合、资源环境保护等重点领域，明确调整目标、布局和重点任务，加强重大政策、工程、项目谋划。省级农业部门要按照本意见要求做好规划编制指导工作，规划经省级人民政府审批，并报农业部备案。中央和省级有关结构调整的资金应依规划进行安排。

（三）集中力量培育优势主导产业。将培育战略性主导产业、区域性优势产业和地方性特色产业作为重点支持领域，以结构调整带动产业升级。农业部相关方面及省级农业主管部门要切实加大对农牧交错带的定向支持，畜禽良种和标准化规模养殖场、新一轮退耕还林还草、农村沼气、农业环境突出问题治理等工程项目予以重点倾斜，粮改饲、农村一二三产业融合发展等试点以及相关财政补助项目予以优先安排，农业信贷担保体系先行覆盖。支持有关县市整合各类农业生产发展资金培育主导产业，建

立产业结构调整基金，有序引导工商资本和金融资本加大投入。

（四）建立产业技术支撑体系。加强优势特色作物品种选育和新品种培育，支持建立一批种质资源保护圃，建设一批畜禽遗传资源保种场，提纯复壮一批地方特色良种，选育一批青贮玉米、牧草、畜禽优质品种。推动特色产业机械装备创新，加大饲料作物收获、饲草料加工、畜产品采集加工、废弃物处理等机械设备购置补贴支持力度，鼓励开展农机新产品补贴试点。

（五）创新完善农企经营机制。鼓励龙头企业与家庭农牧场、种养大户、农牧民专业合作社等新型农业经营主体建立紧密型的利益联结机制，大力发展饲草料收割贮运、特色林果杂粮营销等社会化服务，开展订单生产、合同种养、品牌运营、统一销售。引导农牧民以耕地、草场、劳动力等要素入股龙头企业和合作社，让农牧民更多分享产业增值收益。

（六）建设产业转型升级先导区和样板区。依托区域内国家现代农业示范区、农业可持续发展试验示范区、农村改革试验区、农业产业化示范基地、草牧业试验试点区、畜牧业绿色发展示范县、全国休闲农业和乡村旅游示范县等平台，着力在优化生产力布局、生产结构、资源利用方式和农业功能等方面先行探索，带动区域构建产业新体系、建立发展新模式、形成生产生态新景观。

附件：北方农牧交错带重点区域范围

农业部　2016 年 11 月 21 日

附件：北方农牧交错带重点区域范围（共 146 个县市区）

地貌类型	省（区、市）	地（市）	县（市区）
长城沿线沙化退化地区 77 个	内蒙古自治区 陕西省 辽宁省 山西省	呼和浩特市 包头市 赤峰市 乌兰察布市 锡林郭勒盟 榆林市 朝阳市 阜新市 锦州市 太原市 大同市 忻州市 吕梁市 朔州市	武川县、和林格尔县、清水河县、托克托县、土默特左旗； 固阳县、土默特右旗； 松山区、林西县、宁城县、翁牛特旗、阿鲁科尔沁旗、巴林左旗、巴林右旗、克什克腾旗、喀喇沁旗、敖汉旗； 集宁区、丰镇市、兴和县、凉城县、化德县、商都县、察哈尔右翼前旗、察哈尔右翼中旗、察哈尔右翼后旗、卓资县； 多伦县、太仆寺旗； 榆阳区、横山区、府谷县、神木市、定边县、靖边县； 朝阳县、北票市、凌源市、喀拉沁左翼蒙古族自治县、建平县； 彰武县、阜蒙蒙古族自治县； 义县； 娄烦县； 南郊区、新荣区、阳高县、天镇县、灵丘县、广灵县、浑源县、左云县、大同县； 忻府区、原平市、定襄县、五台县、代县、繁峙县、宁武县、神池县、偏关县、五寨县、岢岚县、静乐县； 离石区、岚县、方山县、交城县、兴县、临县； 朔城区、平鲁区、山阴县、右玉县、应县、怀仁县。
黄土丘陵沟壑地区 44 个	山西省 陕西省 甘肃省 宁夏回族自治区	忻州市 榆林市 延安市 庆阳市 平凉市 固原市 吴忠市 中卫市	河曲县、保德县； 绥德县、米脂县、佳县、吴堡县、清涧县、子洲县； 宝塔区、延长县、延川县、子长县、安塞区、志丹县、吴起县、甘泉县、富县、宜川县、黄龙县、洛川县、黄陵县； 环县、华池县、庆城县、合水县、正宁县、宁县、镇原县； 崆峒区、泾川县、崇信县、灵台县、庄浪县、华亭县、静宁县； 原州区、西吉县、彭阳县、隆德县、泾源县； 红寺堡区、盐池县、同心县； 海原县。
京津冀水源涵养地区 25 个	河北省	承德市 张家口市 保定市	双滦区、双桥区、隆化县、承德县、滦平县、平泉市、宽城县、围场县、丰宁县、御道口牧场； 宣化区、下花园区、张北县、康保县、沽源县、尚义县、万全区、怀安县、阳原县、蔚县、涿鹿县、怀来县、赤城县、崇礼区； 涞源县。

农业部办公厅关于印发2017年推进北方农牧交错带农业结构调整工作方案的通知

农办计〔2017〕31号

为贯彻落实2017年中央1号文件精神，加快推进北方农牧交错带农业结构调整工作，我部制定了《2017年推进北方农牧交错带农业结构调整工作方案》，现印发给你们，请按照分工抓好落实。

农业部办公厅

2017年6月9日

2017年推进北方农牧交错带农业结构调整工作方案

一、思路目标

紧紧围绕农业供给侧结构性改革主线，坚持以创新、协调、绿色、开放、共享新发展理念为引领、以市场需求为导向，以农业结构调优、资源环境改善、农民收入增长为目标，强化规划引领、科技集成、体制改革、政策支持，加快形成以养带种、牧林农复合、草果菜结合的生产结构，提高区域内农业生产与资源环境匹配度。

二、重点任务

（一）建立健全牧林农融合发展推进机制。强化规划引领。完成有关地市政府生态农牧区建设五年规划编制工作，10 月底前经省级人民政府审批后，报农业部备案。优化工作机制。推动北方农牧交错带相关省份建立工作推进组，统筹研究解决意见实施工程中的重大问题，制定区域内农业结构调整年度工作方案，加强工作指导和绩效考核。有关部门将以规划为依据，推动重大政策、重大工程项目向生态农牧区建设倾斜。开展现场观摩。适时召开全国农牧交错带农业结构调整现场观摩会，搭建经验交流、项目对接、银企合作平台，协力推进相关工作。总结典型范例。鼓励筛选出具有推广价值的典型案例进行宣传，发挥示范带动作用。（计划司、畜牧业司牵头，种植业司配合，农牧交错带相关省份农业部门参与）

（二）加快推进以玉米为重点的种植结构调整。适当调减非优势区籽粒玉米种植面积。力争籽粒玉米调减 400 万亩以上。其中，河北、山西、陕西、宁夏等涉及北方农牧交错带区域分别调减籽粒玉米 45 万亩、40 万亩、100 万亩、30 万亩。适当扩大饲草料种植面积。通过政策引导、市场信息服务，发展青贮玉米、苜蓿、燕麦、饲用小黑麦、甜高粱等优质饲草作物，力争在种植结构中的比例提高 1 个百分点以上。其中，河北、山西、陕西、宁夏等涉及北方农牧交错带区域分别种植优质饲草 55 万亩、20 万亩、100 万亩、150 万亩。开展草牧业试验试点。推行“引草入田、粮草轮作”耕作制度，发展一批规模化、专业化优质饲草料生产基地，增强优质饲草料供给能力，建设现代饲草料产业体系。其中，内蒙古鼓励扶持草业合作社和龙头企业，发展草产业主体；山西积极推广“企业带动、农民种植、订单生产、循环发展”的牧草收储新模式。（种植业司、畜牧业司牵头，财务司配合，农牧交错带相关省份农业部门参与）

（三）聚焦增牛稳羊优奶做强草食畜牧业。深入开展畜禽养殖标准化示范场创建和畜牧业绿色发展示范县创建活动。实施奶牛、肉牛、肉羊标准化规模养殖场（小区）建设项目，支持符合条件的养殖场提升标准化养殖水平。河北启动“百万头优质肉牛”“百万头优质肉羊”示范基地建设。内蒙古继续实施牛羊基础母畜“双百千万高产创建工程”。陕西推行以陕北白绒山羊为主的标准化适度规模养殖模式，加快建设10个肉羊生产基地县。山西省建设标准化畜禽规模养殖园区200个。深入实施奶业振兴行动。继续实施振兴奶业苜蓿发展行动，以奶牛养殖、乳制品加工为重点做强奶业、加强优质奶源基地建设，着力培育一批现代化养殖企业，引导乳品生产企业强化标准化管理和全过程质量控制，加强奶业宣传，做大做强优质乳企品牌。（畜牧业司牵头，财务司配合，农牧交错带相关省份农业部门参与）

（四）做大做强特色优势产业。积极发展杂粮杂豆生产。建设杂粮杂豆标准化高效种植示范县（区），建立一批优质杂粮原产地生产保护区，推进杂粮分等分级与精深加工。扩大高蛋白大豆、芽豆等品种种植面积。扩大优质专用马铃薯生产规模。加强马铃薯脱毒种薯繁育基地建设，建立优质专用马铃薯加工优势区，开发具有地域特色的主食品种。建设优势特色果品标准化生产基地。加强陕北山地苹果产业带、渭北北部苹果产业带和黄河沿岸土石山区红枣产业带建设，推进果品分级筛选、产地冷藏、冷链运输，加快深加工产品开发及副产品综合利用。稳定发展蔬菜生产。促进冬春设施、夏秋露地和加工蔬菜协调发展，建立绿色优质蔬菜生产基地。因地制宜发展道地中药材。全力打造燕山中药材经济核心示范区，积极发展杀生和道地中药材。（种植业司牵头，计划司、市场司、加工局配合，农牧交错带相关省份农业部门参与）

（五）推进一二三产业融合发展。支持发展农产品初加工。支持北方农牧交错带发展农产品产地初加工，集中连片建设一批贮藏、烘干、净化、分等分级等农产品产地初加工设施。支持发展农产品精深加工。推进政企研合作，开展果蔬加工技术对接活动，集中解决一批精深加工技术难题，提高农产品精深加工水平。完善农产品物流冷链设施装备，大力发展农村电子商务。支持拓展农业多种功能。依托农牧交错带农耕游牧文化、民族风俗、生态环境资源富集的优势，支持建设休闲农业与乡村旅游示范市县和美丽休闲乡村，大力发展休闲度假、养生养老、旅游观光、农事体验等新业态，发展沟域经济。支持农村产业融合发展。依托国家现代农业示范区、现代农业产业园、农村产业融合发展试点示范工程等，率先建成一批产业融合发展区。（加工局牵头，财务司配合，农牧交错带相关省份农业部门参与）

（六）推动农业科技集成推广应用。加强共性关键技术研究、集成和示范。围绕北方农牧交错带农业产业发展需求，尽快在品种研发、节本增效、优质安全、绿色发展等领域实现突破，加快示范推广一批绿色生态、优质安全、多抗广适、高产高效以及特殊专用新品种，完善小麦、马铃薯、大宗蔬菜、肉牛、大宗淡水鱼等41个产业体系，增加44个综合试验站，分别建设农业部重点实验室32个，国家农业科学实验站86个，农业科学观测实验站46个。强化特色优势区域品种资源保护。筛选一批对路品种，集成一批良种良法配套技术，推广一批资源全量化利用模式。强化先进适用农机化技术与装备推广应用。利用农机购置补贴政策，支持饲料作物收获、饲料（草）加工、畜产品采集加工、残膜回收、马铃薯生产、高效植保等方面的机械推广应用。（科教司牵头，农机化司、种子局配合，农牧交错带相关省份农业部门参与）

（七）创新完善农企经营机制。培育壮大新型农业经营主体和服务主体。发展壮大饲草料、特色种养等专业化生产服务组织，引导农户通过经营流转、股份合作、农业生产托管等方式，加快发展土地流转型、服务带动型等多种形式规模经营。建立紧密型利益联结机制。鼓励龙头企业、农民合作社、家庭农场联结带动农户发展特色种养业，通过开展订单生产、合同种养、贷款担保等形式，与农户、家庭农场及合作社等形成服务、生产、销售及加工等为一体的产业联合体。引导农牧民以耕地、草场、劳动力等要素入股龙头企业和合作社。开展新型职业农民培育。大力实施现代青年农场主培养计划和新型农业经营主体带头人轮训计划，搭建融合在线教育培训、移动互联服务于一体的信息服务平台，开展在线教育培训试点。支持建设雁门关生态农牧研究院，打造农牧交错带培训基地。（经管

司、科教司牵头，农牧交错带相关省份农业部门参与）

（八）优化农业资源利用方式。发展节水农业。建设一批高标准节水农业示范区，发展旱作农业，筛选推广抗旱节水品种，集成应用膜下滴灌、喷灌、覆膜保墒等节水技术，重点支持河北地下水超采区综合治理试点、山西高效节水灌溉工程建设、陕西农艺节水示范。推行绿色生产方式。实施有机肥替代化肥行动，推广“有机肥＋配方肥”“有机肥＋水肥一体化”“自然生草＋绿肥”等模式，建设一批病虫害统防统治与绿色防控融合示范基地。支持有条件的县市创建农业可持续发展试验示范区。积极推广循环农业模式。组织开展养殖大县种养结合整县推进试点，按照“就地消纳、能量循环、综合利用”原则，因地制宜推广“草－畜－田”“果－沼－畜”“粮－菌－畜”等适度规模种养一体化发展模式。重点支持辽宁畜牧业绿色发展示范县、河北张家口农业可再生能源循环利用示范区、宁夏种养结合推进试点、陕西大中型沼气工程和有机肥加工厂、山西病死畜禽专业无害化处理厂等建设。加强草原生态修复。实施草原生态保护补助奖励、退牧还草、京津风沙源治理、北方农牧交错带已垦草原治理等重大工程项目，着力改善草原生态。支持河北崇礼生态牧场建设和陕西、山西、辽宁沙化草原治理。（种植业司、科教司、畜牧业司、种子司分别牵头，计划司、财务司配合，农牧交错带相关省份农业部门参与）

三、保障措施

（一）高度重视，明确责任。农业部各相关司局和相关省农业主管部门要按照工作方案，抓紧研究细化工作推进的路线图、时间表，确保领导到位、责任到位、措施到位、工作到位。分工任务中，属于制度建设的，要抓紧研究，提出方案；属于项目实施的，要尽快制定具体落实方案和进度安排；属于原则性要求的，要提出加强改进工作的意见和措施。

（二）加大支持，重点倾斜。农业部各相关司局和相关省农业主管部门要切实加大对农牧交错带的定向支持，加强项目聚焦与整合，农业结构调整、产业融合发展、绿色发展等重大政策和重点工程项目要予以适当安排。

（三）强化监督，合力推进。农业部发展计划司将牵头加强跟踪调度，强化过程管理。农业部各相关司局、相关省份农业主管部门和相关地市对工作推进过程中遇到的新情况新问题要及时向发展计划司反馈，集中力量解决突出矛盾，确保各项目标任务圆满完成并取得实效，并将推进重点任务完成进展情况于 9 月 30 日前报送农业部发展计划司。

山西省促进雁门关农牧交错带发展条例

（2019 年 11 月 29 日山西省第十三届人民代表大会常务委员会第十四次会议通过）

第一章　总则

第一条　为了促进雁门关农牧交错带农牧业发展，优化区域农牧业结构，推进产业转型升级，保护生态环境，根据有关法律、行政法规，结合区域实际，制定本条例。

第二条　本省行政区域内雁门关农牧交错带农牧业发展规划编制、生态保护、产业发展、支持保障等活动，适用本条例。

第三条　雁门关农牧交错带发展应当坚持生态优先、绿色发展、农牧结合、草畜一体、加工带动、产出适度的原则。

第四条　省人民政府和雁门关农牧交错带内设区的市、县（市、区）人民政府应当加强对雁门关农牧交错带建设的组织领导，将雁门关农牧交错带发展工作纳入国民经济和社会发展计划，并将重大项目建设资金和相关工作经费纳入同级财政预算。

第五条　省人民政府应当统筹制定促进雁门关农牧交错带发展的政策措施，建立健全议事协调机制，研究解决有关重大问题。

第六条　省人民政府和雁门关农牧交错带内设区的市、县（市、区）人民政府发展和改革、科学技术、财政、自然资源、生态环境、交通运输、水行政、农业农村、应急管理，以及林业和草原、畜牧兽医、农机等部门应当按照各自职责，做好统筹、协调、指导和服务等工作，在资金、项目安排上予以重点支持。

第七条 省人民政府应当制定雁门关农牧交错带发展的考核办法，对省人民政府有关部门和雁门关农牧交错带内设区的市、县（市、区）人民政府进行考核，加强监督检查。

第八条 省人民政府和雁门关农牧交错带内设区的市、县（市、区）人民政府应当对在相关工作中做出突出贡献的单位和个人给予表彰和奖励。

第二章 规划编制

第九条 雁门关农牧交错带内设区的市人民政府根据国土空间规划和省人民政府相关政策措施，编制本行政区域农牧交错带发展专项规划，报省人民政府批准后组织实施。

雁门关农牧交错带内县（市、区）人民政府按照设区的市人民政府的发展专项规划，制定本行政区域农牧交错带建设实施方案，确定重大工程和产业发展项目，明确区域内农业结构调整目标任务。

第十条 雁门关农牧交错带内县（市、区）人民政府应当依据法律法规，合理划定禁养区范围。

第三章 生态保护

第十一条 省人民政府应当根据生态功能重要性、生态环境敏感性与脆弱性，在雁门关农牧交错带划定生态保护红线，实行严格保护。

雁门关农牧交错带内设区的市、县（市、区）人民政府应当按照宜林则林、宜草则草、宜牧则牧原则，推进生态系统保护和修复。

第十二条 禁止在二十五度以上陡坡地开垦种植农作物。已经在二十五度以上陡坡地开垦种植农作物的，应当依法退耕还林还草，具体办法由省人民政府制定。

雁门关农牧交错带内县（市、区）人民政府负责划定并公告禁止开垦的陡坡地范围。

第十三条 雁门关农牧交错带内设区的市人民政府应当以土壤侵蚀临界值为标准，合理确定适宜耕种的农田坡度。

第十四条 雁门关农牧交错带内设区的市、县（市、区）人民政府应当制定扶持政策或者筹集资金，支持土地承包经营者对适宜耕种的农田坡度二十五度以下和坡改梯工程建成的一般耕地，发展经济林和多年生牧草。

第十五条 雁门关农牧交错带内设区的市、县（市、区）人民政府应当对适宜耕种的农田坡度以下的缓坡耕地、破碎耕地进行连片整治，达到机械耕作和规模经营条件，发展有机旱作农业，推广抗旱节水优良有机杂粮品种，建设集雨补灌、节水灌溉等设施，推广艺机一体化耕作技术，培育有机旱作农业品牌。

第十六条 对草原实行分区域分时段轮牧、休牧。对严重退化、沙化、盐碱化的草原和生态脆弱区的草原实行禁牧、休牧制度。

对幼林地、封山育林区和特种用途林施行禁牧。

禁牧、轮牧、休牧的范围和期限，由县（市、区）人民政府确定并公告。

第十七条 雁门关农牧交错带内设区的市、县（市、区），人民政府应当组织有关部门和单位，开展滩涂盐碱地改良、退化耕地修复及高标准农田建设，有效提高耕地有机质含量。

第十八条 雁门关农牧交错带内设区的市、县（市、区）人民政府农业农村主管部门、畜牧兽医部门应当按照种养结合、资源循环的原则，推进畜禽粪污综合利用，推广粪污全量还田利用、粪污垫料回收利用等模式。

畜禽规模养殖场应当按照有关规定建设粪污处理设施；未建设畜禽粪污处理设施或者设施不合格的，不得投入生产或者使用。

鼓励社会力量在养殖密集区建设畜禽粪污集中处理中心。

第十九条 禁止在雁门关农牧交错带内经营、使用剧毒、高毒农药。

第四章 产业发展

第二十条 省人民政府应当统筹协调，推进蔬菜、肉蛋奶等鲜活农产品及其制品进入京津冀市场，建设雁门关农牧交错带京津冀“菜篮子”和农产品加工基地。

第二十一条 雁门关农牧交错带产业发展遵循规模化种植、标准化生产、商品化流通的原则，构建种植、养殖、加工、流通全过程的产业体系。

第二十二条 省人民政府应当优化雁门关农牧交错带内粮食安全考核指标。

雁门关农牧交错带内设区的市、县（市、区）人民政府应当调整农牧业结构，合理确定粮食、经济作物、饲草种植比例，扩大优质饲草和特色经济作物种植面积。

第二十三条 雁门关农牧交错带内设区的市、县（市、区）人民政府应当配套草地水利设施，选育及推广优质饲草作物品种，推行人工种草、粮草轮作、天然草地改良，开发农作物的藤蔓、秸秆、块根、块茎等农副资源和酒糟、醋糟等农副产品的饲用价值，支持饲草收储和加工，建立现代饲草产业发展体系。

第二十四条 雁门关农牧交错带内设区的市、县（市、区）人民政府应当支持以草食畜为主的规模养殖场和家庭牧场标准化建设，鼓励发展肉制品加工企业，建设肉类生产供应和出口基地。

鼓励引进、繁育和推广畜禽优良品种，支持畜禽良种繁育体系建设，加大地方畜禽良种保护和开发。

第二十五条 雁门关农牧交错带内设区的市、县（市、区）人民政府应当配套中小奶牛养殖场标准化、牧场化改造资金，建设优质奶源基地。

第二十六条 雁门关农牧交错带内设区的市、县（市、区）人民政府应当引导企业、农民专业合作社发展杂粮、马铃薯、食用菌、蔬果、中药材等优势特色产业。

第二十七条 雁门关农牧交错带内设区的市、县（市、区）人民政府应当建立健全企业与农户的利益联结机制；鼓励企业开发优质、特色、高端产品，打造区域公用品牌、产品品牌和企业品牌。

第二十八条 雁门关农牧交错带内设区的市、县（市、区）人民政府根据当地地域特点、风情特色、资源禀赋，鼓励适度发展休闲度假、养生养老、旅游观光、特色体育活动等新兴产业。

第二十九条 雁门关农牧交错带内县（市、区）人民政府应当规划建设农畜产品市场，培育农民合作流通组织、农民经纪人队伍和专业化中介服务机构，规范市场流通秩序。

第三十条 雁门关农牧交错带内设区的市、县（市、区）人民政府农业农村主管部门、畜牧兽医部门应当加强农畜产品追溯管理和风险监测，提升农畜产品质量安全水平。

第五章 支持保障

第三十一条 省人民政府和雁门关农牧交错带内设区的市、县（市、区）人民政府应当制定并实施农业支持保护、饲草种植、草食畜养殖、畜禽良种推广、畜禽粪污资源化利用、农机购置、生态保护补贴等扶持政策。

第三十二条 雁门关农牧交错带内设区的市、县（市、区）人民政府应当建立农业科技人才和畜牧专业技术人才培养机制，加强农村实用人才队伍建设。

第三十三条 雁门关农牧交错带内设区的市、县（市、区）人民政府应当通过转移支付、贷款贴息、以奖代补、定向委托、政府购买服务等方式，支持雁门关农牧交错带发展。金融监管部门应当根据农牧业生产经营特点，引导金融机构创新金融产品类型和服务方式，简化贷款审批流程。

鼓励保险机构开展地方特色农牧产品保险试点和特色险种业务，提升农牧业抵御风险能力。

雁门关农牧交错带发展专项资金不得挪作他用。

第三十四条 雁门关农牧交错带内设区的市、县（市、区）人民政府自然资源主管部门应当按照国家规定将畜禽养殖废弃物处置设施、畜禽圈舍、储草棚、临时农机库棚等用地纳入设施农用地管理。

第三十五条 进行跨区作业的牧草收割机、运输牧草收割机的车辆，在本省范围内免交车辆通行费。

第三十六条 禁牧区内的畜牧从业人员可以优先聘用为森林、草原管护人员。

第六章　法律责任

第三十七条 违反本条例规定，法律、行政法规已有法律责任规定的，从其规定。

第三十八条 违反本条例规定，在实行禁牧、休牧的范围和期限内放牧的，由县级以上人民政府林业和草原部门责令停止放牧，给予警告，并对牲畜所有者处以每个羊单位十元的罚款。

第三十九条 违反本条例规定，在雁门关农牧交错带内经营剧毒、高毒农药的，由县级以上人民政府农业农村主管部门责令停止经营，没收违法所得、违法经营的农药和用于违法经营的工具、设备等，违法经营的农药货值金额不足一万元的，并处五千元以上五万元以下罚款，违法经营的农药货值金额一万元以上的，并处货值金额五倍以上十倍以下罚款；情节严重的，由发证机关吊销农药经营许可证；构成犯罪的，依法追究刑事责任。

第四十条 违反本条例规定，在雁门关农牧交错带内使用剧毒、高毒农药的，由县级人民政府农业农村主管部门责令改正，农药使用者为单位的，处五万元以上十万元以下罚款；农药使用者为个人的，处一千元以上一万元以下罚款；构成犯罪的，依法追究刑事责任。

第七章 附则

第四十一条 本条例所称雁门关农牧交错带，是指本省北部、西北部半湿润半干旱气候交汇地区草地农业和耕地农业契合发展带。区域范围包括：太原市的娄烦县；大同市的平城区、云冈区、新荣区、云州区、阳高县、天镇县、灵丘县、广灵县、浑源县、左云县；朔州市的朔城区、平鲁区、山阴县、右玉县、应县、怀仁市；忻州市的忻府区、原平市、定襄县、五台县、代县、繁峙县、宁武县、神池县、偏关县、五寨县、岢岚县、静乐县、河曲县、保德县；吕梁市的离石区、岚县、方山县、交城县、兴县、临县。

第四十二条 本条例下列用语的含义：

（一）艺机一体化，是指将适应山地作业的农业机械与特殊的山区旱作农艺技术相融合，最大限度地集成应用先进农业技术，提高山地农业综合机械化水平。

（二）羊单位，是指 1 只体重 45 千克、日消耗 1.8 千克标准干草的成年绵羊或与此相当的其他家畜。具体折算按国家行业标准执行。

第四十三条 本条例自 2020 年 1 月 1 日起施行。

山西省人民政府办公厅关于支持雁门关农牧交错带示范区建设的实施意见

晋政办发〔2017〕149 号

各市、县人民政府，省人民政府各委、办、厅、局：

建设北方农牧交错带是国家推进农业供给侧结构性改革的重大举措，雁门关农牧交错带示范区（以下简称雁门关示范区）是北方农牧交错带的重要组成部分。为了加快雁门关示范区农业结构调整和产业转型升级步伐，促进农牧业发展与生态环境深度融合，经省人民政府同意，现提出如下实施意见。

一、总体要求

（一）指导思想

全面贯彻落实党的十九大会议精神，以习近平新时代中国特色社会主义思想为指导，以推进农业供给侧结构性改革为主线，按照“草牧结合、农牧循环、生态有机”的总思路和“调结构、补短板、创品牌、上水平”的总方针，调整优化区域农业结构、突出发展草产业、做大做强草食畜、做精做优特色产业、加快一二三产业融合、推进绿色循环发展、提高科技支撑能力，把雁门关区域建成草茂林丰、牧业发达、特色高效、资源循环的示范区，打造成为北方农牧交错带结构调整的样板。

（二）发展目标

力争通过5–10年努力，雁门关示范区粮经饲种植面积比例调整到“三三三”，畜牧业增加值占农业增加值的比重达到60%以上，农民人均经营性收入来自畜牧业和饲草产业的比重超过50%以上，特色产业等“三品一标”认证农产品比重达到50%，农产品加工业与农业产值之比达到2.4：1，草林建设面积占到国土面积的60%以上，畜禽粪污综合利用率达到75%以上，农牧业科技贡献率达到56%以上。

二、建设任务及政策支持

（一）调整优化区域农业结构。统筹山水林田草各类资源，发挥比较优势，合理确定粮食生产功能区、饲草料生产主产区和特色农产品优势区。省国土资源厅要严格执行耕地保护制度，加强永久基本农田保护利用和推进高标准旱作农田建设。省农业厅要按照粮经饲比例调整到“三三三”的目标，进一步调整优化耕地种植结构，积极调整籽粒玉米种植，努力增加优质杂粮、饲草和经济作物种植面积。

（二）突出发展草产业。坚持立草为业，加快建设现代饲草料产业体系。雁门关示范区有关市县要加大工作力度，实施好国家粮改饲、草牧业、草原生态补奖项目。省农业厅按照“大专项+任务清单”模式，将支持粮改饲列入任务清单，对关键技术和装备进行重点扶持，并做好实施方案的编制，确保项目落到实处；积极引导区域内农户发展青贮玉米、苜蓿、燕麦和豆类等优质饲草料种植，扩大优质饲草的种植面积。省水利厅要对苜蓿等饲草种植的节水灌溉工程给予扶持，重点支持桑干河流域牧草产业，建设朔同百万亩牧草高效节水灌溉工程。省农机局对牧草机械化生产示范区（点）进行补助，重点开展牧草生产全程机械化、集成化生产试验示范，加大对饲草（料）加工、收获等农机具的补贴力度，满足草牧业种养户购机需求，同时对区域内青贮玉米、苜蓿等牧草种植户实施农机深松整地作业补助。

（三）做大做强草食畜。推进草畜结合、以草促牧，突出发展奶牛，稳定发展肉牛肉羊，促进草食畜牧业提质增效。省发展改革委要向国家积极争取京津风沙源治理等专项资金，倾斜支持草食畜棚圈建设。省农业厅要支持草食畜标准化养殖场建设等项目列入中央农业生产发展资金任务清单，将畜牧业提升工程项目资金向雁门关示范区倾斜，继续实施强农惠农富农政策，重点支持草食畜适度规模养殖场和家庭牧场建设。省财政厅要安排省农业融资信贷担保公司主动和有关市县对接，支持开展农业信贷担保工作。省扶贫开发办要指导条件成熟的国家及省级贫困县利用扶贫资金发展养驴业，对有意愿发展草牧业而自筹资金不足的贫困户，由银行机构向贫困户发放小额贷款。

（四）做精做优特色产业。聚焦优质中高端，大力发展特色品牌农业。省农业厅要将设施农业、中药材、杂粮等特色农业项目资金向雁门关示范区倾斜，扶持优势特色产业，积极发展杂粮杂豆生产，扩大优质马铃薯生产规模，稳定发展设施蔬菜和露地冷凉蔬菜，建设优势特色果品标准化生产基地，大力发展道地中药材。省供销社要培育 20 个以上本土电商，建设一批具有区域特色的农牧产品展示展销电子商务平台；支持组建饲草料收割贮运、特色林果杂粮营销、畜产品供应等社会化服务机构，引导农户通过经营流转、股份合作、农业生产托管等方式发展土地流转型、服务带动型等多种形式的规模经营，提高合作社的生产经营水平，以高效益保障农民的高增收。

（五）加快一二三产业融合。建立健全农户分享全产业链利益机制，建设产品加工、冷链物流、市场营销、疫病防控等环节配套的现代农业生产体系。省发展改革委要引导支持建设一批集农畜产品生产、包装、物流、研发、销售为一体的产业融合发展示范园，在项目审批上予以最大支持。省商务厅要在扶持建设大型畜产品加工企业和与销地批发市场相对应的畜产品储备基地建设上给予政策和资金扶持。省供销社要支持建立县级运营中心、乡级运营站和村级供销点，形成“互联网 + 三农”的农畜产品流通发展模式。省旅游发展委员会每年要培育 1–2 个省级休闲农业和乡村旅游示范点。省农业厅要在打造生态休闲农业产业带、现代都市休闲农业圈和农耕游牧文化交融传承上给予扶持；要引进一批战略投资商，将农产品加工贷款贴息项目资金向雁门关示范区倾斜；建立健全动物防疫体系、畜产品质量安全保障体系和社会化服务体系，完善以政府主导、专业合作组织参与的多元化农技推广体系建设，建立上下相通、左右相连、层次分明、协调有力的社会化服务网络。

（六）推进绿色生态发展。坚持生态优先、林牧协调发展的原则，加快生态环境建设，打造农牧协调、农村镶嵌、山水林田路一体化的现代田园景观。省林业厅要按照“山上治本、身边增绿、产业富民、林业增效”的建设思路，继续统筹推进林业“六大工程”，构建晋北晋西北防风固沙生态屏障，全面提升生态环境质量和绿色发展能力；加大植树造林力度，依靠国、省重点造林工程，实现道路林带化、村镇园林化、农田林网化，全力提升生态质量；积极推进退耕还林，按照适地适树的原则，优先发展经济林，有效提高林业产业价值；探索发展林下经济，以林地资源和森林环境为依托，发展以林药、林菌等为主的林下经济种植，增加林农经济收入。省水利厅要安排资金扶持开展水土流失治理，争取将更多县列入水利部支持的牧区水利项目；对苜蓿等饲草种植的节水灌溉工程给予扶持，大力开展管灌、喷灌、微灌为主的高效节水工程建设；重点开展桑干河、御河等河流生态修复和保护，继续推进滹沱河等重要支流治理。省农业厅要开展天然草地资源调查、划定和保护工程，继续实施生态养殖项目，同时扩大中央农业生产畜禽粪污处理设施建设项目在雁门关示范区的投资比例。省环保厅要将省环境保护专项资金向雁门关示范区倾斜，落实畜禽规模养殖环评制度，加快畜禽养殖禁养区划定和养殖场搬迁工作。

（七）提高科技支撑能力。加强创新驱动，加快新技术新模式示范推广。省科技厅要围绕推动雁门关示范区产业转型升级和战略性新兴产业发展设立省重点研发项目，将科技成果转化、科技创新等项目向雁门关示范区倾斜。山西农业大学要积极开展优良饲草品种和畜禽品种等的选育和推广，开展盐碱地饲草种植、饲草栽培及加工贮运、农作物秸秆高效利用及复合饲料产品研发，推广牛羊舍饲育肥、养殖场环境控制、草食畜疫病防控、粪污无害化处理等实用配套技术。省农科院要加快朔州生态畜牧研究院建设，构建农业科技创新联盟和农业产业技术联盟，组建与国际接轨的畜牧兽医科研服务团队，对管理干部、技术人员、农民开展针对性培训，切实提高从业人员素质，提高雁门关示范区的科技成果转化率；加强草食畜节粮饲养、环境控制、疫病防治、粪污综合利用处理等关键性技术研究集成示范；强化区域特色优势品种资源的保护开发利用；强化生物技术基础研究；强化产学研一体化全产链成果应用转化。省农业厅要推进有机旱作农业，提高优质耐旱品种作物种植比重；在大田作物产区推广测墒灌溉和水肥一体化技术模式；在果树和蔬菜等高效经济作物区全面推广滴灌、微喷水肥一体化技术模式；在畜禽规模养殖场推行干清粪等节水工艺；全面发展“草－畜－田”“果－沼－畜”“菜－沼－畜”“粮－菌－畜”“农业废弃物加工有机肥”等种养一体化循环农业模式。

三、保障措施

（一）加强组织领导。省政府成立雁门关示范区建设工作推进组，构建多部门合力推进的工作机制，开展宏观指导和综合协调。建立激励机制和考核机制，根据省政府目标责任制考核办法开展督促推进和检查评估，确保各项目标任务圆满完成并取得实效。

（二）落实主体责任。各部门要深刻认识雁门关示范区建设的紧迫性、艰巨性和长期性，切实落实主体责任，重点加大对雁门关示范区的定向支持。对本意见涉及的重点任务要逐条抓好落实，属于资金支持的，要尽快制定具体落实方案和进度安排；属于制度建设的，要抓紧研究，建立健全科学合理、切实可行的制度；属于原则性要求的，要提出加强改进工作的意见和措施。

（三）强化宣传引导。利用报纸、广播、电视、网络等媒体，大力宣传雁门关示范区农业结构调整相关政策意见、工作思路和总体目标，积极营造良好氛围，鼓励各类市场主体、社会组织和各界群众多形式、多渠道参与，形成建设合力，促进雁门关示范区持续稳定健康发展。

山西省人民政府办公厅

2017 年 11 月 14 日

雁门关农牧交错带示范区建设 2018 年行动计划

晋政办发（2018）59 号

一、思路目标

全面贯彻落实党的十九大精神，以习近平新时代中国特色社会主义思想为指导，以推进农业供给侧结构性改革为主线，按照“草牧结合、农牧循环、生态有机”的总思路和“调结构、补短板、创品牌、上水平”的总方针，重点调优种植业结构、做大饲草产业、建设草食畜生产基地、推进产业融合、促进绿色循环发展，把雁门关区打造成为全国北方农牧交错带样板区。通过努力，2018 年雁门关示范区粮经饲比例调整到 52：18：30，畜牧业增加值占农业增加值的比重达到 50% 以上，全区畜禽粪污综合利用率达到 70% 以上。

二、工作原则

坚持政府引导，市场主导。发挥政府在政策引导、资金扶持、金融服务、宣传发动等方面的作用，同时重视发挥市场在资源配置中的决定性作用，以质量和效益为核心，根据市场需求确定种养品种，开发适销对路的产品。

坚持因地制宜，科学调整。综合考虑土地资源实际情况，在坚持土地利用产出率最大最优的基本原则下，科学确定不同区域产业空间布局和发展重点，优化农业生产力布局，有序推进粮经饲三元结构调整。

坚持种养结合，草畜一体。立足为养而种，大力发展草食畜，统筹安排青贮饲料作物和优质牧草种植，实现草畜平衡、循环利用、均衡发展。

坚持部门协作，合力推进。充分发挥雁门关农牧交错带示范区建设工作推进组的组织协调作用，强化各部门的协作和政策支持，形成各部门通力协作、省市县合力推进的工作机制。

三、工作任务

2018 年要重点抓好五大重点工作，实施好九大项目（以下各项工程任务均由相关市县配合完成）。

（一）调优种植业结构

按照雁门关示范区种植业结构调整“三三制”要求，力争 2018 年实现饲草在粮经饲结构中的比例提高 3 个百分点的目标。一是制定实施方案。各市县根据省政府批复的本市生态农牧区建设规划，制定今年种植业结构调整和重点工作的实施方案。二是优化种植结构。扩大优质饲草、杂粮和特色经济作物种植面积，全年种植青贮玉米、苜蓿、燕麦等优质饲草料 60 万亩、杂粮杂豆 400 万亩、马铃薯突破 200 万亩、优势特色果品标准化生产基地 5 万亩、道地中药材 10 万亩、冷凉蔬菜 2 万亩。三是做好春耕备耕。各市县要根据目标任务，确定种植品种和地块，抢抓时机，做好春耕备耕工作。（责任单位：省农业厅）

（二）做大饲草产业

推行“引草入田、粮草轮作”，把牧草业作为一项大产业来抓。一是加强草业基地建设。落实国家粮改饲、草牧业等政策，实施耕地种草，建设一批规模化、专业化优质饲草料生产基地，全年完成 60 万亩苜蓿、青贮玉米、燕麦草等优质饲草种植（其中大同市 15 万亩、朔州市 37 万亩、忻州市 6 万亩、吕梁市 1.5 万亩、娄烦县 0.5 万亩）。朔同牧草高效节水灌溉工程今年大同市完成 5 万亩、朔州市完成 8 万亩，总计完成 13 万亩。二是开展天然草地改良。对全区 20 万亩天然草地实施围栏育草，使草地盖度提高到 70% 以上，草地载畜量提高 1%。三是实施饲草产业化工程。推进饲草专业化生产，发展年加工能力在万吨的饲草加工企业 10 个（其中大同市 2 个、朔州市 5 个、忻州市 2 个、吕梁市 1 个）；推行“养殖企业 + 新型农业”经营主体模式，加大饲草专业化生产，提升全区草畜配套能力，鼓励规模化牛羊养殖企业与种植大户、饲草料专业合作社签订饲草料收购合同，开展订单生产、订单收购，构建互惠互利的利益联结机制。四是强化先进适用农机化技术与装备推广应用。建立牧草生产全程机械化、集成化生产试验示范点，对牧草机械化生产给予补助，加大对饲草（料）加工、收获等农机具的补贴力度，满足草牧业种养户购机需求，同时对区域内青贮玉米、苜蓿等牧草种植户实施农机深松整地作业补助。（责任单位：省农业厅；配合单位：省水利厅、省农机局）

（三）建设草食畜生产基地

积极推进“草畜结合、以草促牧”，加快奶牛、肉牛、肉羊等草食畜规模养殖场建设。一是推进草食畜标准化生产。加快实施雁门关示范区建设项目，按照品种优良化、养殖设施化、饲养规范化、防疫制度化、粪污处理无害化的“五化”要求，建设 50 个草畜一体化示范场（其中大同市 13 个、朔州市 9 个、忻州市 20 个、吕梁市 6 个、娄烦县 2 个），草食畜养殖场配套建设与养殖规模相应的饲草基地，支持部分粮农转型草农牧农，推行社会化服务体系模式，引导饲草收获服务组织签署青贮玉米购销合同。在怀仁、应县等县建设 5 个年出栏 50 万只以上的肉羊育肥基地，重点推广“牧繁农育”的肉羊养殖模式。开展 20 个牛羊产品“三品一标”认证（其中大同市 6 个、朔州市 3 个、忻州市 7 个、吕梁市 3 个、娄烦县 1 个），扩大雁门关区域特色品牌产品的市场占有率，促进产业高质量发展，打造全国优质草食畜生产基地。二是加强牛羊良种繁育基地建设。实施晋岚绒山羊育繁推一体化示范项目，改扩建晋岚绒山羊种羊场；建设 10 个肉羊、绒山羊良种扩繁场（其中大同市 2 个肉羊场、朔州市 2 个肉羊场、忻州市 2 个肉羊场、吕梁市 2 个肉羊场和 1 个绒山羊场、娄烦县 1 个绒山羊场）和50个羊人工授精站（其中大同市15个、朔州市10个、忻州市13个、吕梁市11个、娄烦县1个）。三是搭建科技支撑平台。加强雁门关示范区基层兽医站基础设施建设和畜牧兽医队伍建设，理顺基层兽医组织机构和防疫队伍管理体制。加快朔州生态畜牧研究院建设，构建农业科技创新联盟和农业产业技术联盟。每市县在牛羊舍饲育肥、养殖场环境控制、草食畜疫病防控、粪污无害化处理等方面至少推广1项新技术或新工艺，至少举办1期适用品种、技术或模式培训班。（责任单位：省农业厅；配合单位：山西农业大学、省农科院）

（四）推进产业融合

以结构调整带动产业升级，以产业拓展加快一二三产业融合。一是拓展农业多种功能。依托雁门关示范区历史悠久的农耕文明、资源丰厚的乡土文化，组织开展"农家乐"标准化建设，集中打造岚县土豆节、大同黄花节等乡村旅游品牌。二是建设农畜产品营销平台。构建区域农畜产品展示展销电子商务平台，每市至少培育1个以上的本土电商，在县级建立运营中心，在乡镇建立运营站，在农村建立供销点，形成"互联网+三农"的农畜产品流通发展模式。（责任单位：各市政府；配合单位：省供销社、省农业厅）

（五）促进绿色循环发展

立足资源保护、投入减量，构建种养结合、农牧循环的生态畜牧业发展格局。一是推广循环农业模式。建设10个绿色生态示范牧场（其中大同市3个、朔州市2个、忻州市3个、吕梁市2个），因地制宜推广"草－畜－田""果－沼－畜""菜－沼－畜""粮－菌－畜"等生态循环模式。二是加强规模养殖场粪污处理设施建设。采取养殖场投入为主、政府适当支持、社会资本积极参与的运行模式，加大规模养殖场粪污处理设施建设力度，全年完成200个建设任务（其中大同市65个、朔州市40个、忻州市58个、吕梁市33个、娄烦县4个），示范带动全区畜禽粪污综合利用率达到70%以上。（责任单位：省农业厅；配合单位：省环保厅）

四、工作进度

第一阶段：项目考察批复阶段（2018 年 3–5 月）。在省级下达建设资金、分解下达工作任务的基础上，5 市 36 县（区）开展项目考察批复工作。

第二阶段：项目实施阶段（2018 年 4–10 月）。各项目承担单位具体实施项目，推进各项工作。省级和 5 市 36 县（区）及时组织指导和监督检查。

第三阶段：验收总结阶段（2018 年 11–12 月）。各相关部门和市县对目标任务进行总结验收，并向雁门关示范区建设工作推进组办公室报送情况总结，由省农业厅汇总后报省政府。

五、保障措施

（一）加强组织领导

各市、县成立农牧交错带建设领导组，组长由政府负责人担任，发展改革、财政、农业、水利、环保、商务、农机等有关部门参与，定期召开领导小组会议。市级有关部门要积极与省级对口部门对接沟通，具体落实国家和省级各项扶持政策，及时研究解决建设中出现的重点难点问题，相互配合，协同推进，形成雁门关农牧交错带建设的强大合力，将建设任务层层分解、抓好落实。

（二）出台扶持政策

在落实国家和省级各项扶持政策的基础上，各市县要立足自身发展，在畜牧产业用地、棚圈建设、种草养畜、水利设施、农机配套等方面出台优惠政策，创优发展环境，率先完成发展目标。

（三）健全考核机制

相关部门和市级政府分管负责人要靠前指挥，按照任务分解、职责要求加强督查，有序推动各项建设任务，确保项目落到实处。把建设任务的完成情况作为考核政府工作的重要内容之一，实行目标管理责任制，强化考核奖惩。

山西省雁门关农牧交错带示范区建设 2020 年行动计划

晋雁农牧办发（2020）4 号

为全面贯彻落实《山西省促进雁门关农牧交错带发展条例》和省委、省政府的有关决策部署，推动雁门关农牧交错带示范区建设快速发展，进一步优化区域农牧业结构，推进产业转型升级，强化生态环境保护，结合区域发展现状，提出 2020 年雁门关农牧交错带示范区建设行动计划。

一、思路目标

雁门关农牧交错带示范区建设要以推进农业供给侧结构性改革为主线，按照“草牧结合、农牧循环、生态有机”的总思路和“调结构、补短板、创品牌、上水平”的总方针，坚持“生态优先、绿色发展、农牧结合、草畜一体、加工带动、产出适度”的原则，重点实施粮食面积稳定工程、特色产业培育工程、饲草饲料发展工程、畜牧产业提升工程、生态安全保护工程及社会化服务体系建设工程等六大工程。到 2020 年末，在稳定粮食种植面积的基础上进一步优化粮经饲结构，畜牧业增加值占农业增加值比重达到 47% 以上，生态治理面积达到 350 万亩以上。

二、重点任务

（一）粮食面积稳定工程

在稳定粮食种植面积的基础上，进一步调整优化耕地种植结构，稳定发展玉米、杂粮、马铃薯三大粮食作物。加强玉米产能建设，调优玉米种植结构，稳定玉米播种面积，保障谷物基本自给，适当发展饲用玉米，依托绿色高质高效创建和有机旱作农业，推广紧凑型玉米杂交种、玉米高密栽培技术，提高玉米单产，2020 年雁门关区玉米种植面积稳定在 800 万亩左右。大力发展杂粮生产，建设杂粮标准化生产示范基地，做强谷子、燕麦、荞麦、红芸豆等优势产业，推进杂粮全产业链开发；开展省级杂粮高质高效创建，重点在阳高、平鲁、静乐、五寨、方山等县各建设杂粮示范片 1 个；推广谷子、燕麦、高粱等有机旱作杂粮集成技术，杂粮面积保持在 700 万亩以上。扩大优质专用马铃薯生产规模，积极推广使用脱毒马铃薯种薯，推广率力争达到 50%；加大对种薯基地建设、技术培训和服务等环节的支持力度，全年在雁门关区建设优质鲜食马铃薯生产示范基地 2 万亩，区域马铃薯种植面积达到 175 万亩左右。（责任单位：省农业农村厅，太原、大同、朔州、忻州、吕梁市政府负责落实。以下工程均需 5 市政府落实，不再列出）

（二）特色产业培育工程

大力发展区域优势特色农产品，引导企业、农民专业合作社加快发展蔬菜、食用菌、水果、中药材、油料等五大经济作物。培育优势特色产业，鼓励开发优质、特色、高端产品，打造区域公用品牌、产品品牌和企业品牌。建设优势特色蔬菜、食用菌标准化生产基地，促进辣椒、黄花菜、香菇等特色产品提质增效，引进娃娃菜新品种、机械化播种新技术，拓宽销售渠道，改造旧的设施，提高蔬菜、食用菌综合生产能力和单产水平，2020 年区域内蔬菜总面积稳定在 55 万亩左右，产量 120 万吨，食用菌 5 万吨。建设优势特色果品标准化生产基地，促进杏、梨等特色果业品质升级、提质增效，改造中低产果园，提高果园综合生产能力和单产水平，2020年区域内新增果园面积2万亩，总面积达到82万亩左右。因地制宜发展道地中药材，推广黄芪野生抚育和标准化技术，持续推进标准化基地建设，深度开发黄芪等药食同源和药茶系列产品，提升恒山黄芪知名度和市场占有率，2020年区域内中药材种植面积达到90万亩。稳定发展油料生产，重点推广胡麻、盐碱地向日葵、春播油菜等油料有机旱作新技术，建设3–5个油料生产基地，2020年区域内油料种植面积达到90万亩。（责任单位：省农业农村厅）

（三）饲草饲料发展工程

坚持立草为业，把饲草业作为一大产业来抓。加快饲草生产基地建设，重点在奶牛、肉牛、肉羊等养殖大县实施国家粮改饲、省级乡村振兴雁门关农牧交错带示范区建设等项目，突出发展青贮玉米、苜蓿、燕麦草等三大优质饲草，2020年新增优质饲草种植面积20万亩（其中大同市5.4万亩、朔州市8万亩、忻州市5.5万亩、吕梁市0.8万亩、太原市0.3万亩）。推广草牧业先进技术。实施草牧业科技示范项目，重点推广青贮玉米深松密植高产、青贮玉米–大豆带状复合种植等新技术的示范应用，提高饲草产量和质量，提升草产业生产科技水平。推进饲草产业化发展。对饲草种植企业（户）实施农机深松整地作业补助，对饲草（料）加工、收获等农机具进行补贴。开展饲草全程机械化、集成化生产示范，推广“企业带动、农民种植、订单生产、循环发展”的饲草收储新模式，培育10个饲草生产加工龙头企业，加快打造饲草生产加工产业集群。挖掘饲料生产潜力。加大草食动物浓缩饲料、精料补充料和草料结合的全价饲料的推广力度，充分利用农作物的藤蔓、秸秆、块根、块茎等农副资源和酒糟、醋糟等农副产品，开发草食动物饲料产品，推动草食畜牧业高质量发展。（责任单位：省农业农村厅、省农机中心）

（四）畜牧产业提升工程

以优势畜牧产业发展为依托，重点提升乳品和肉制品两大畜牧产业，推进现代化畜牧业大力发展。一是提升乳品产业。以古城、牧同等企业为核心，建设乳品养殖加工一体化园区，形成乳品深加工产业集群，打造雁门关黄金奶源带。2020年规模牧场奶牛单产达到7.5吨以上，规模场奶牛存栏数占到全省奶牛总量的70%以上，奶类产量达到70万吨，占到全省奶产量的70%以上。二是提升肉制品产业。依托“北肉”出口平台，加快大同国际陆港、怀仁羔羊肉交易大会建设，统筹推进雁门关农牧交错带和肉制品产业集群发展，统领培育全省出口企业主体入驻平台，优先发展特色羊肉、鸡肉等出口贸易。引进在北京等肉类消费市场占有率高的加工企业，与我省生产基地联合发展。建设以右玉羊为重点的特色农产品优势区，扶优扶强怀仁金沙滩、朔美羊、大象肉鸡等省内加工企业，支持双胞胎等养殖企业从养殖向屠宰加工延伸，带动肉制品产业特色化、专业化、规模化发展。2020年，肉类总产量达到30万吨。提升改造畜禽屠宰能力，全区新、扩建30个大型屠宰企业，促进畜禽就地就近屠宰、加工转化。（责任单位：省农业农村厅、省商务厅、省供销社）

（五）生态安全保护工程

按照“宜林则林、宜草则草、宜牧则牧”原则，合理划定生态保护红线，推进生态系统保护和修复。指导各县制定已经在25度以上陡坡地开垦种植农作物的退耕还林还草办法。支持在区域内适宜耕种的农田发展经济林和多年生牧草。对天然草原实行分区域分时段轮牧、休牧，对严重退化、沙化、盐碱化的草原和生态脆弱区的草原实行禁牧、休牧制度，对幼林地、封山育林区和特种用途林施行禁牧。高质量开展国土绿化行动，2020年区域内完成营造林130万亩，实施草原修复与保护2.35万亩，天然草地修复面积达到10万亩，以林地资源和森林环境为依托，发展林药、林菌等林下经济种植。开展桑干河、御河等河流的生态修复和保护，2020年水土流失面积减少235.29万亩。对适宜耕种的农田坡度以下的缓坡耕地、破碎耕地进行连片整治，达到机械耕作和规模经营条件，发展有机旱作农业，推广抗旱节水优良品种，建设集雨补灌、节水灌溉等设施，推广艺机一体化耕作技术，培育有机旱作农业品牌。加大高标准农田建设力度，全年新开工建设高效节水灌溉面积30万亩。开展耕地质量调查，通过土壤改良、增施有机肥，提高耕地质量。推进畜禽粪污综合利用，畜禽粪污综合利用率达到78%以上。禁止在区域内经营、使用剧毒、高毒农药。结合地域特点、风情特色、资源禀赋，鼓励适度发展休闲度假、养生养老、旅游观光、特色体育活动等新兴产业，培育建设1–2个省级休闲农业和乡村旅游示范点。（责任单位：省自然资源厅、省水利厅、省农业农村厅、省文旅厅、省林草局）

（六）社会化服务体系建设工程

加强创新驱动，加快新技术新模式示范推广，提高科技成果转化率。一是加快朔州生态畜牧研究院建设，加强畜牧产业发展关键性技术研究集成示范与推广。二是开展优良饲草品种、旱作农作物品种和畜禽品种等3大类产业品种的引进、选育、提纯复壮、推广与保护。三是推广8项现代畜牧发展实用技术。主要包括推广牛羊牧繁农育、养殖场环境控制、食草动物疾病防控、粪污无害化处理及综合利用、盐碱地饲草种植、饲草栽培及加工贮运、农作物秸秆高效利用及配合饲料产品配方等实用配套技术。四是支持建设惠农服务中心（站）等综合服务平台，开展农资供应、生产托管、饲草料收割贮运、特色林果杂粮营销、畜产品供应等社会化服务。支持建立一批县级运营中心、乡级运营站和村级供销点，形成“互联网+三农”的农畜产品流通发展模式。[责任单位：省农业农村厅、省供销社、山西农业大学（省农科院）]

三、保障措施

（一）加强组织领导

省级调整雁门关农牧交错带建设领导小组，各市、县相应成立农牧交错带建设领导小组，定期召开联席会议。市级有关部门要积极与省级对口单位对接沟通，落实国家和省级各项扶持政策，组织实施各项工程任务，形成雁门关农牧交错带建设合力。

（二）出台扶持政策

制定农业支持保护、饲草种植、草食畜养殖、畜禽良种推广、畜禽粪污资源化利用、水利设施建设、农机购置、生态保护补贴等扶持政策，建立农业科技人才和畜牧专业技术人才培养机制，并组织实施。将雁门关农牧交错带发展工作纳入国民经济和社会发展计划，并将重大项目建设资金和相关工作经费纳入同级财政预算。将畜禽养殖废弃物处置设施、畜禽圈舍、储草棚、临时农机库棚等用地纳入设施农用地管理。制定跨区作业的牧草收割机和运输牧草收割机的车辆，在本省范围内免交车辆通行费的实施细则。

（三）增加资金投入

要采取国家、地方、银行、社会多级投资的方式，筹集资金，保障项目建设需要。一是省发改委要积极争取中央预算内资金，省级各相关部门在安排2020年项目计划、资金预算时给予雁门关农牧交错带倾斜支持。二是雁门关农牧交错带发展专项资金不得挪作他用。区域内所有投资项目，在项目建设内容许可范围内，由主管部门向种草养畜方向倾斜。三是要通过转移支付、贷款贴息、以奖代补、政府购买服务等方式，支持雁门关农牧交错带发展，支持开展农业信贷担保工作。四是引导社会资本有序投入农牧交错带建设，鼓励从事二三产业的私营企业转产畜牧业投资建设。五是要引导金融机构创新金融产品类型和服务方式，简化贷款审批流程，鼓励农户发展适度规模养殖的基础设施建设；鼓励保险机构开展地方特色农牧产品保险试点和特色险种业务，提升农牧业抵御风险能力。

（四）强化执法护航

《山西省促进雁门关农牧交错带发展条例》于2020年1月1日起执行。各有关部门、各市县要认真领会《条例》精神实质，准确把握雁门关农牧交错带建设脉搏，加强普法宣传，严厉打击违法行为，保障参与雁门关农牧交错带建设者的利益，确保雁门关农牧交错带建设步入健康发展轨道。

科学规划，多管齐下，全面建设山西雁门关农牧交错带示范区

山西省农业厅

（2016 年 8 月 28 日）

山西省是全国 13 个牧区半牧区省之一，我省雁门关地区是北方农牧交错带的重要组成部分。根据会议的安排，现将我省雁门关农牧交错带示范区建设的主要做法、下一步发展思路及建议简要汇报如下。

一、主要做法

早在 2001 年，山西省委省政府针对雁门关区域“气候干旱冷凉、生态环境脆弱、贫困面集中”等问题，做出了建设雁门关生态畜牧经济区的重大战略决策，明确提出“在确保人均 1 亩高效农田或 2 亩基本农田的基础上，放手让农民种草养畜，走以牧为主、农林牧协调发展的道路”。韩部长去年在听取山西省政府汇报时和今年在山西雁门关区调研时都明确要求，要把雁门关地区建成全国农牧交错带现代畜牧业发展的典型。根据韩部长的指示精神，我省全力推进雁门关区由生态畜牧经济区向农牧交错带示范区提档升级，取得了一定成效。

（一）坚持生态优先，促进经济社会生态协调发展

雁门关区是山西和京津地区的重要水源地。由于生态环境持续恶化，

造成了汾河、桑干河和滹沱河等主要河流水量减少，土地沙化加剧，严重威胁着广大群众的生产生活。为此，我们抓住国家大规模开展生态建设的历史机遇，大力实施京津风沙源治理、首都水资源保护、退耕还林、“三北”防护林建设、太行山绿化、天然林保护等造林工程，加大人工草地建设、天然草地改良、“三化”草地治理力度，完成植树造林 1500 多万亩，草地建设 540 万亩，林草覆盖率达到 54.6%，构建起京津唐地区的重要生态屏障。生态环境的改善，补齐了区域发展的短板，夯实了当地经济发展的基础，促进了经济社会可持续发展。2015 年雁门关区农林牧渔总产值 409.9 亿元，农民人均纯收入 5150 元，分别比 10 年前增长了 260% 和 126%，贫困人口比 10 年前减少了 113.64 万人。

（二）坚持以牧为主，促进农林牧协调发展

雁门关区地处半农半牧区，既是牛羊草食畜的优势产区，也是优质杂粮、特色果菜药的重要产地。在雁门关区结构调整中，我们突出抓了三大产业的发展。一是草食畜牧业。大力培育养殖大户、家庭牧场、养殖专业合作社、现代化养殖企业等多种规模养殖主体，建成各类规模养殖场 2200 多个，畜禽规模化比重达到 60% 以上，推进了养殖方式由自由放牧、分散饲养的粗放经营向规模圈养、标准化生产的集约化经营转变。肉牛、羊出栏和奶牛存栏分别达到 36 万头、1090 万只、32 万头，比十年前翻了一番还多，成为全省最大的草食畜产品生产基地和京津地区优质畜产品供给基地。二是草业。我们按照“以养带种、种养结合、草畜配套”的要求，“立草为业”。去年雁门关区的朔州市被列为国家粮改饲和草牧业试点后，我们积极引导农户调整籽实玉米种植为专用玉米种植，扩大苜蓿、燕麦草种植面积，有力地带动了雁门关区草牧业的整体发展。目前全区人工种草面积达到 140 万亩，每年种植当年生牧草 100 多万亩，粮经饲三元结构由 80：12：8 调整为 65：10：25。三是特色种植业。充分发挥区域资源优势，积极调整种植业内部结构，大力发展小杂粮、蔬菜、干鲜果、中药材和食用菌等产业，形成了“山区杂粮、盆地蔬菜、丘陵林果药”的特色发展区域。雁门关区杂粮、蔬菜及食用菌、果园、中药材的面积达到 1090 万亩，增加了 230 万亩。岢岚红芸豆、大同黄花菜、广灵食用菌、浑源黄芪驰名国内外，成为农民致富的重要途径。

（三）坚持龙头带动，促进全产业链开发

雁门关区是一个经济欠发达地区，产业发展水平低、质量效益差。为此，我们坚持培育和壮大龙头企业，集中扶持建设了一批有较强市场竞争力的龙头企业，引进了新西兰恒天然、泰国正大、中粮集团、北京顺鑫等一大批国际国内知名企业到雁门关区投资建设，培育壮大了山西古城乳业集团、大同四方高科、东方物华等区内骨干企业。到 2015 年底，规模以上加工龙头企业达到 160 多个，年加工能力达 200 多万吨，年销售收入 200 亿元，其中投资上亿元的加工企业 14 个。强化市场营销，扶持建设了一批具有一定规模、功能齐全、辐射力强的专业市场，大力发展电子商务、农超对接等现代流通方式，积极开展“互联网 +”、直营直供等新业态，降低流通成本，畜产品交易市场达到 79 个，每年有 1/3 的畜产品销往省外，古城牛奶、右玉羊肉、雁门清高、山阴燕麦等知名品牌享誉海内外。建立利益联结机制，积极推广大同的中鼎牧业奶牛托管、朔州的专业收贮组织订单收购青贮玉米等模式，引导龙头企业发展订单农业，和农民形成稳定的购销关系，鼓励龙头企业采取股份分红、利润返还等形式让利农户。

（四）坚持持续推动，构建发展的长效机制

雁门关区建设是一项复杂的系统工程。十多年来，山西省委省政府始终高度重视雁门关区建设，从组织领导、政策扶持、体系建设等方面进行推动。在组织领导上，专门成立了由省委分管副书记任组长的雁门关生态畜牧经济区建设领导组，多次专题研究、多次召开会议、多次下达文件、多次组织调研，下大力气推动这项工作。在政策扶持上，省财政每年安排雁门关区建设专项资金 5000 万元，每年整合各级各类资金 2.6 亿元，实施牛羊发展战略，形成了对圈舍建设、良种推广、饲草种植、青贮氨化、粪污治理实行“五补一贴”的政策体系，有力推动了雁门关区建设。在体系建设上，每县建立了 5 个畜牧兽医中心站，配备了畜禽改良、动物防疫、饲料兽医监测等仪器设备，初步构建了良种繁育、动物疫病防控和饲料兽药监测等体系。培育出了晋岚绒山羊、达乌里胡枝子等国家级优良品种。

二、下一步发展思路

韩长赋部长深入我省调研后，我省围绕农牧交错带建设开展了多次调研，省政府召开专题会议进行研究，组织专人编写《山西雁门关农牧交错带示范区建设规划》，现在已初步形成了我省雁门关农牧交错带示范区建设的意见。雁门关区各市县特别是大同、朔州各级领导高度重视，积极行动起来，组织干部群众，掀起了新的建设热潮。

在建设思路上，按照“调产业、保生态、提质量、增收入”的总要求，通过发展草业、草食畜牧业、特色产业，调优、调高、调精农业产业；通过植树造林、退耕还林还草、天然草地改良、农业面源污染治理，促进生态与生产协调发展；通过推进粮经饲统筹、种养加衔接、农林牧结合、一二三产业融合，提高农业发展的质量效益和竞争力；通过创新政策扶持、利益连接、科技服务等机制，促进农民脱贫和增收，努力把雁门关区域建成草茂林丰、畜牧发达、农业高效、农民富裕的农牧交错区，为全国农牧交错带农业结构调整树立样板。

在建设目标上，雁门关区域粮经饲比例要达到40∶20∶40，农业产业结构进一步优化；草林建设面积占到国土面积的60%以上，生态环境明显改善；农民人均牧业纯收入占到农民人均纯收入的50%以上，农民的生活质量明显提高。

在工作重点上，狠抓四项工作：一是培育优势主导产业。立足区域资源禀赋，坚定不移地做大草食畜、小杂粮、特色菜、中药材、干鲜果、食用菌六大产业。二是推进全产业链开发。瞄准市场消费需求，开发高端产品，建设优质种养生产基地，做大做强龙头企业，创建市场驰名品牌，完善市场流通体制，推动一二三产业融合发展。三是改善生态环境。继续实施好林业、草地等重大生态建设工程，加强水利等基础设施建设，加大废弃物综合利用，推广农牧业循环模式，实现可持续发展。四是强化支撑体系建设。重点建立健全农畜产品生产、加工、销售、监管等环节的质量安全保障体系，完善良种、疫病防控等社会化服务体系，组建朔州畜牧兽医科学院等技术支撑体系。

在推进措施上，一是编制好雁门关农牧交错带示范区建设规划；二是加大农牧用地、贷款贴息、饲草种植补贴等政策的扶持力度；三是创新投融资担保、产业发展基金、社会化服务等机制体制；四是健全目标责任监督考核等工作机制。

三、几点建议

（一）建议把农牧交错带建设列入国家重大专项

北方农牧交错带是我国生态环境较为脆弱、贫困面较为集中的地区，关系到我国经济社会全局，关系到区域协调发展，关系到全面建成小康社会。建议将北方农牧交错带建设上升到国家战略，列入国家重大专项，全力加快扶持建设。

（二）建议加大对牧草机械的扶持力度

目前国产牧草收获加工机械质量与国外机械有很大差距，影响草产品加工的质量和效益，已成为制约我国草产业发展的最大瓶颈。建议采取招商引资、合资等多种形式，引进国外先进机械和技术，加大我国牧草加工机械的科研攻关力度，尽快解决这一瓶颈制约因素。

（三）将沙化土地纳入退耕还林还草范围

我省现有沙化土地 132 万亩，主要分布在大同、朔州两市，其中有 70 多万亩已纳入当地政府的退耕范围，建议将剩余的 60 多万亩沙化土地纳入国家退耕还林还草范围，享受相关政策。

（四）加大政策的覆盖和创设力度

北方农牧交错带介于我国农区和牧区之间，长期以来，该区域农进牧退、过度开发，建议将草原生态奖补、粮改饲、草牧业等重大政策在农牧交错带实现全覆盖，加大生态修复和结构调整的力度。同时，整合现有政策，形成多元化投资、多环节支持的长效扶持体系。

立足资源优势，深化结构调整，努力把雁门关区打造成北方农牧交错带样板

山西省农业厅

（2017 年 9 月 19 日）

建设北方农牧交错带是推进农业供给侧结构性改革的重要举措。一年来，我们牢记习近平总书记视察山西时的重要指示，深入贯彻农业部关于北方农牧交错带建设的指导意见，扎实推进雁门关农牧交错带示范区建设，初步走出了一条草茂林丰、畜牧发达、农业高效、农民富裕的新路子。

一、工作成效

（一）种植业结构加快调整

紧紧抓住国家实施粮改饲、发展草牧业的重大机遇，按照“稳粮、优经、扩饲”的思路，在雁门关区调减籽粒玉米种植面积 136 万亩，扩大饲草种植面积 109 万亩，布局建立了大同黄花菜、岢岚红芸豆等一批特色种植基地，增加优质杂粮、薯类生产，发展干鲜果、中药材、蔬菜等特色产业，粮经饲比例达到 60∶13∶27。

（二）草牧业发展成效明显

按照“以种定养、种养结合”的原则，根据饲草生产能力建设了一批

现代化养殖企业，鼓励养殖企业与农民签订牧草收储订单，扶持建设了34个草畜肥农牧循环示范基地，形成了“企业带动、农民种植、订单生产、循环发展”的新模式，2016年雁门关区奶牛存栏34万头、肉羊存栏1200万只，分别占到全省的76%和65%。

（三）产业融合进一步加深

注重发挥龙头企业联基地、拓市场能力，引进恒天然、正大、克劳沃等集团在雁门关区投资建场，培育壮大古城、雁门清高、启高有机肥等企业。目前区域内有粮畜果菜草肥等各类加工企业200多个，农产品加工业与农业产值之比由0.9：1提高到1.2：1。

（四）农民收入稳定增加

粮改饲和草牧业在增加农民收入中的作用逐步凸显。经调查，种植青贮玉米比籽实玉米亩均多增收250元左右，种植燕麦草比普通燕麦增收150元左右，饲养一头奶牛年可赢利1000元左右，育肥一只肉羊可赢利80元左右。预计今年区内草牧业总产值170亿元，占农业总产值的42%；农民人均牧业纯收入达到1600元，比2014年提高了16%。

二、问题及建议

（一）制定专项支持政策

北方农牧交错带目前没有专项政策，不利于走区域特色发展道路。建议由国务院或国家发改委、财政、水利、农业、林业等部门联合制定支持北方农牧交错带建设的意见，出台扶持草产业、草食畜牧业、杂粮林果特色产业、有机旱作农业、循环农业发展的一系列政策，比照国家扶持现代农业产业园办法，建设一批生产要素集聚、产业要素集聚、科技要素集聚的现代产业集聚区。

（二）加强优良品种选育

北方农牧交错带气候寒冷干燥，适合该区域的耐寒耐旱牛羊品种和小杂粮、蔬菜、牧草等品种少、产量低、生产性能差，引进品种又不能完全适应该区域需要，导致生产效益不高。建议设立北方农牧交错带品种研发专项资金，扶持一批科技创新能力强的联合育种机构，支持建设一批畜禽遗传资源保种场，提纯复壮一批地方特色良种，选育一批青贮玉米、牧草、畜禽优质品种，促进区域产业升级。

（三）提高牧草加工机械质量

牧草机械是制约北方农牧交错带草牧业发展的关键环节，目前国产机械与进口机械相比存在刀片质量差、牧草压扁破粒性差、耐用性差、故障率高等问题，但进口机械不在国家农机补贴范围。建议加大对国产机械技术研发的补贴力度，同时将进口牧草机械纳入补贴范围。

（四）加大对畜禽粪污处理支持力度

北方农牧交错带以发展牛羊草食畜为主，与猪鸡养殖相比散而粗放，规模化标准化程度低，粪污不集中、处理难度大，国家现有畜禽粪污处理整县推进等项目要求高，大部分县区列不到扶持范围。建议针对北方农牧交错带实际，国家设立北方农牧交错带畜禽粪污处理专项扶持资金，促进该区加快实现种养结合、农牧循环。

三、下一步打算

今后一段时期，雁门关农牧交错带建设将以新发展理念为指导，紧紧扭住农业供给侧结构性改革这条主线，调强产品结构，调优发展方式，调长产业链条，调活经营机制，推动雁门关区优质高效可持续发展。重点抓好以下几项工作：

一是突出抓好种植业结构调整。继续加大籽粒玉米调减力度。扩大小杂粮、马铃薯等优势产品种植面积，发展林果蔬药等经济作物，推广种植青贮玉米、苜蓿等饲草料作物，力争到2020年，雁门关区粮经饲比例调整到40：24：36。

二是突出抓好草食畜牧业发展。加大畜禽养殖场改造升级力度，每年扶持建设设施齐全、设备先进、管理规范、运营良好的标准化养殖场100个；加大种畜场建设力度，积极保护晋岚绒山羊、广灵驴等地方品种，力争每年良种率提高5个百分点。

三是突出抓好林草植被建设。加快天然草地资源调查和划定，采取生物和工程综合措施加强天然草地保护，每年改良天然草地新增 200 万亩以上。落实退耕还林还草政策，把 25° 以上的坡耕地全部纳入建设范围。抓好桑干河生态修复，水土流失治理度达到 70% 以上，再新增 20 万亩高标准灌溉草地。

四是突出抓好产业融合发展。加快大同果蔬和肉业、朔州奶牛和肉羊、忻州杂粮等优势区建设，叫响古城乳业、雁门清高、岢岚红芸豆等一批“三品一标”品牌，建设一批集农畜产品生产、包装、物流、研发、销售为一体的产业集聚区。

五是突出抓好体制机制创新。总结推广规模养殖户订单收购种植户牧草的合作机制，密切场户利益联结。加快朔州生态畜牧研究院建设，提高科技支撑能力。加快供销系统县级运营中心、乡镇运营站、村级运营点建设，打通生产流通渠道。

以农载牧，种养结合，发展特色现代农业

中共大同市委
大同市人民政府

（2016 年 8 月 28 日）

大同位于晋冀蒙三省区交界地带，辖 9 个农业县区 99 个乡镇 1969 个行政村，总人口 340 万，国土面积 1.4 万平方千米，其中耕地 560 万亩，草地 680 万亩。历史上就是农耕文明和草原游牧文明的交汇区，具有独特的资源禀赋和区位优势，气候冷凉，光照充足，昼夜温差大，畜禽病害少，饲草饲料资源丰富，是我国三大牛奶优势产区、山西省雁门关生态畜牧经济区重点市、全省牛羊主产区，也是全国重要的延秋菜、杂粮和特色农产品产区。近年来，我市按照国家和省有关精神，围绕“136”发展战略，立足北方农牧交错带资源禀赋和产业特点，强化顶层设计，调优调精结构，转变发展方式，提高质量效益，初步走出了一条风吹草低见牛羊、农牧结合的特色现代农业新路径。我们的做法是：

一、理思路，顶层设计，超前谋划

农牧交错带地理气候决定了我市发展种植业生产上的先天不足，农业的根本出路究竟在哪里，始终是我们思考的重大课题。为此，我们提出

了“畜蔬结合、以牧为主、循环发展”的思路，把畜牧业作为一个大产业，上升到全市发展战略进行布局，顶层设计，整合资源，高端谋划，实现农林牧协调发展。实践表明，走以农载牧、种养结合、多元发展的特色现代农业发展路子，符合我市实际。“十三五”期间，我市要完成粮改饲面积200万亩、青贮300万立方米，建成7个畜牧强县区、70个畜牧强乡镇，羊饲养量达到1000万只，牛100万头，猪500万头，蛋鸡2000万羽，畜牧业收入达到100亿元，跻身全国草业、牛羊大市和畜牧强市行列。

二、调结构，以农载牧，协调发展

为了落实总体发展思路，我市加快从传统种植业为主向以牧为主、农林牧协调发展的大农业结构调整，种植业由粮经二元结构向粮经饲三元结构调整，养殖业由传统耗粮型饲养向节粮型畜牧业调整，发展顺序由猪牛羊鸡调整为牛羊猪鸡。通过实施京津风沙源治理、首都水资源、退耕还林还草，以及雁门关生态畜牧经济区建设等国家和省重大工程，林草面积占到国土面积的一半以上。特别是今年，认真落实国家“镰刀弯”地区玉米结构调整意见，下大力气调减籽粒玉米面积，增加特色优势产品和饲草种植规模，全市种青贮玉米40多万亩，种多年生牧草11万亩，加快了粮经饲结构调整。

三、转方式，突出规模，提升水平

为了最大限度提升农牧业发展水平，保护生态环境，增加农民收入，我市加快传统生产方式向现代化生产方式转变，推进封山禁牧、舍饲圈养，发展标准化、规模化、现代化养殖，取代了千百年来沿袭的散养方式，建成标准化养殖园区860个。为从根本上改变靠天吃饭的局面，市里累计投入3亿多元扶持发展设施农业，连续7年保持了每年以3万亩的速度增长，目前总量已突破26万亩。今年继续抓好增量、盘活存量，突出设施农业提质增效，种植品种从大路菜向稀特菜转变，生产方式由单纯设施农业向光伏大棚转变。引进了总投资135亿元的5万亩顺宇光伏设施农业项目，整体提高了产业效益。

四、抓特色，放大优势，做强产业

在调结构、转方式过程中，我们始终坚持发挥优势、突出特色，做大做强历经千百年历史沉淀、符合当地自然地理气候特点的畜牧、蔬菜、杂粮、特色农业四大主导产业，强化基地建设，扶持龙头企业，深化产品加工，拓展营销市场，基本形成了“一县一业”产业发展模式。阳高、天镇围绕建设京津“菜篮子”基地，发展蔬菜生产，天镇县在北京东城区开设了17家蔬菜直营店，服务了首都市民，增加了农民收入。浑源县围绕全国“黄芪之乡”品牌，大力发展以黄芪为主的中药材产业，黄芪基地达到22万亩，通过国家“地理标志”认证，形成了6大类38个品种的黄芪初加工产业链。大同县不断提高“黄花之乡”知名度，大力发展依托黄花菜为主的脱贫致富增收产业，全县黄花菜面积从3万亩发展到11万亩，年产值达2.2亿元，亩收入突破万元，有效带动了农民增收。

五、增效益，典型引路，示范带动

在产业发展基础上，为有效应对农产品价格市场波动、增加经济效益，加快推进粮改饲步伐，我们积极探索行之有效的生产、经营和管理模式。针对奶牛生产经营水平不高的实际，引进了已在全国签约140多家牧场的中鼎牧业，全程托管南郊区新世纪奶牛养殖园区，扭转了原来的亏损状况，奶牛单产由21千克增加到34千克，年利润达到260万元，不仅实现“3个月扭亏，6个月盈利”，而且为全市奶业创新机制、走出困境提供了模式。全市还选树了许多推进粮改饲的好典型、好模式。如“公司+合作社+经纪人”模式：阳高县翊丞养殖专业合作社今年与蒙牛草业公司签订6.5万吨供草协议，通过98个经纪人，以每吨280元价格与周边3个乡镇8个村的551户农民签订协议，带动发展青贮玉米基地1.3万亩。“养殖场+农户”模式：中地万头奶牛生态牧场在自建8600亩苜蓿基地基础上，今年与天镇县3个乡镇30个村农户签订协议，发展青贮玉米基地5万多亩。

此外，四方高科等35家牛羊规模养殖场，均与农户签订了协议，发展青贮玉米种基地20多万亩。这些基地亩均带动增收200元以上，并统一提供种子、技术和收运服务，减轻了劳动强度，实现了企业和农民双赢。草业龙头加工带动模式：浑源县林茂农业生物科技公司以秸秆为原料，进行压块、粉碎、制粒，加工成饲料，今年可收购秸秆6500吨、青贮7000吨，既利用了农作物秸秆，又避免了焚烧造成的大气污染。

六、强推动，多措并举，形成合力

为推动主导产业发展，市委、市政府出台并连续实施了10项强农惠农富农措施，对标准化养殖、设施农业、龙头企业建设、中低产田改造等方面进行扶持，“十二五”期间市财政累计投入扶持资金近10亿元，撬动全市资源型企业和个人投入150多亿元发展现代农业。通过招商引资与引导本地民营资本转型发展现代农业“两轮驱动”，先后引进了北京新发地、顺鑫、中地、国新能源、安瑞等知名企业。特别是今年主动融入京津冀，承接产业转移，引进了总投资170亿元的正大集团新型农牧食品绿色循环产业综合示范项目，在阳高县启动了一期工程。总投资30亿元的北京吉奥金禾大同农业转型生态发展创意园项目，建设规模1.1万亩，正在落实合作方式和项目选址。引进北京华都峪口禽业30万套良种蛋鸡产业推广基地项目，首批已入栏蛋鸡10万套。同时，推进京同农业项目合作，计划拿出3000万元，重点扶持种苗繁育、产销对接、设施农业建设、冷链物流等方面，将我市打造成首都“菜篮子”基地。

意见和建议：

建设农牧交错带示范区是新形势下推进农业供给侧结构性改革的重要内容，需要尽快转变观念，统一思想，明确目标，形成共识。要深入探索和研究扶持的关键环节和具体内容，形成可行的政策措施。建议如下：

一是建议将我市列入全国特色现代农业示范区、全国牛羊产业发展区和全国优质杂粮示范区。在我市开展农牧交错带现代农业发展试点，代表性强，试点经验可复制、可推广，示范带动作用明显。

二是建议将农牧交错带核心市列入草原生态奖补范围，享受牧区半牧区奖补政策。我市整市列入草原生态奖补范围，有利于巩固已有生态建设成果，进一步形成以草养畜的良性循环，打造京津生态屏障。

三是建议加大农牧交错带示范区政策扶持。对耕地种草按照不低于粮食直补标准给予补贴；对草加工、畜产品加工龙头企业进行扶持；对购买大型草业机械给予不少于 50% 的扶持；对牛羊人工授精站点、基础母畜、良种冻精、种畜禽场、标准化养殖场建设进行扶持。

以草牧业试验试点建设为抓手，努力打造农牧交错带结构调整的先行区

中共朔州市委
朔州市人民政府
（2016 年 8 月 28 日）

朔州市位于山西北部，全市土地广阔、气候凉爽、饲草饲料丰富，牛羊等草食畜养殖条件得天独厚、历史悠久。近年来，市委、市政府努力打造全省雁门关生态畜牧经济区的领头雁，以奶牛、肉羊为主的草食畜牧业快速发展。2015 年底，全市共建成标准化养殖小区 658 个，奶牛存栏 18.31 万头、鲜奶产量 53 万吨，均占到全省的一半以上；肉羊饲养量达到 585 万只，出栏 352 万只，年出栏量占到全省的 1/5，怀仁羔羊肉、右玉羔羊肉获得了国家地理标志保护，羊肉及肠衣等产品远销国内外多个地区。与此同时，大力发展畜产品加工，培育壮大畜产品加工龙头企业，形成年转化鲜奶近百万吨、屠宰 600 万只肉羊、处理 600 万张羊皮、加工 20 万吨有机肥的能力，全市农牧业走上种养加良性循环、一二三产业融合发展的轨道。独特的生态环境、良好的区产业基础，吸引了恒天然、正大、伊利、蒙牛等国内外知名企业纷纷落户朔州，带动了当地畜牧业的快速发展。2015 年，我市被确定为全国整市推进草牧业试验试点以来，在农业部、省政府和省农业厅的大力支持下，突出问题导向，以种草调结构，养畜增效益为主线，全力加快草牧业试点建设，克服经济下行压力加大、畜产品价格持续低迷的不利因素，实现了种植结构调整优化、牛羊养殖提质增效，农民收入持

续增长，草牧业试点取得了初步成效。

一是以畜定草，调优种植结构。通过分区施策、分品种种植，补贴牧草收储企业，鼓励与农户签订收购合同的方式，引导农民扩大牧草种植。今年在平川区种植饲用高蛋白玉米100多万亩，青贮玉米39.2万亩，在边坡区种植燕麦草12.6万亩，引导农民粮田种植苜蓿累计达到12.1万亩，粮经饲比例优化为49∶19∶32。与养殖园区签订收购合同的农户，种植青贮玉米每亩比籽粒玉米多增收300元左右，种植燕麦草比普通燕麦多增收150元左右。种草不仅满足了牛羊对优质牧草的需求，而且为农民开辟了新的增收渠道，人均增收150多元。

二是扶持引导，撬动社会资本投入。在落实国家扶持政策的同时，省政府八部门出台倾斜政策扶持朔州草牧业发展。市政府制定出台政策，统筹整合国家、省农业、水利、林业、农业综合开发以及扶贫资金，优选项目，集中资金进行扶持。从预算中安排1000万元资金，对购置苜蓿、燕麦草进口收获加工机具给予50%的补贴，对新型牧草品种引进试验示范以及加工进行补贴，进一步补齐草牧业发展短板，促进了全市草牧业健康发展。各大奶牛养殖园区，基本建成了自给自足的青贮设施，全市青贮玉米收割机达到300多台，日收割能力达到4万多亩，实现了全程机械化作业。新建苜蓿加工厂5家、燕麦草3家，带动全市苜蓿与燕麦草种植近30万亩。通过扶持引导，去年调动各类社会资本和金融资本投入草牧业资金达到59亿元，占到全市现代农业投资的65%以上。

三是科技创新，畜牧养殖与国际先进水平接轨的步伐明显加快。为加快草牧业发展，市政府特聘全国知名的中国工程院南志标院士、中国科学院高福院士等国内外10多位知名专家学者，把脉朔州草牧业发展，推进草牧业由规模速度型粗放增长向质量效益型集约发展转变。在省领导的支持下，加强与省农业科学院的合作交流，创新院市合作共建模式，探索建设山西生态农牧研究院，紧紧依靠科技进步促进全市草牧业发展。目前，全市80%以上的奶牛养殖园区实现了基础设施现代化，饲养管理科学化。50%以上的成年母牛年产奶量达8吨。试验推广苜蓿裹包青贮技术，有效解决了雨季苜蓿收获后脱水慢、霉变、品质下降的难题。青贮玉米推广了膜下滴灌种植技术后，亩均节约成本150元左右，产量平均增加15%以上。

四是选树典型，示范带动草牧业提质增效。按照扶大扶优扶强的思路，市委、市政府选择了一批基础条件好的经营实体加大扶持力度，示范带动全市草牧业发展向提质增效转变。去年，结合优质牧草饲喂，全市累计投入资金1.8亿元，加强对养殖园区的改造升级，奶牛日增鲜奶3千克，一大批奶园区日产鲜奶量平均达到了30千克，比五年前增加了一倍。5个肉羊养殖场8万只肉羊使用全株玉米等优质牧草后，6月龄出栏肉羊多增重2.5千克，脂肪含量明显下降，每只羊增收30元。

五是产业融合，打造草牧业全产业链。大力发展农畜产品精深加工，引进培养奶制品加工企业6家、羊肉屠宰加工企业10家、皮毛加工企业2家、有机肥加工企业7家、饲草饲料加工企业11家，形成了农户微循环、园区小循环、县域大循环种养加、产供销、产学研一体化发展的格局，初步探索出了农畜产品多次加工转化增值、资源高效集约利用的循环发展模式。肉羊形成了种公羊繁育、基础母羊扩群养殖、羔羊育肥、屠宰分割、副产品加工、销售为一体的全产业链发展模式。特别是通过有机肥生产，不仅实现了畜禽粪污的资源化利用，而且为全市有机绿色食品生产奠定了坚实基础。全市每年通过粪污还田使50万亩中低产田得到了改造，耕地综合生产能力得到了有效提升。全市粮食单产水平近三年来提高了50千克，“藏粮于地”在朔州有了具体的实践。

在农业部和省农业厅的大力支持下，朔州市在草牧业发展上取得了初步成效，但面对中央对“三农”发展的新要求，我们深感只是做了初步地探索与实践，离农业部动力转换、方式转变、结构转型的要求差距甚远，与兄弟省市的先进做法差距较大。为扎实推进北方农牧交错区农业结构性改革，结合近年来试验试点建设实践中遇到的困难，现提出如下建议。

一是在政策扶持上要持续用力。草牧业发展，以畜定草、草畜结合，构建起粮经饲兼顾、农牧业结合、生态循环发展的种养业体系，从客观上讲，需要三到五年的周期，从主观上讲，农民及各类生产经营主体也有一个认识上的转变。因此，草牧业试点，三年的政策引导期从主客观两方面来看时间略显不足，应及时总结各地好的经验做法，继续加大资金扶持力度，提高补贴的针对性与实效性，确保草牧业试验试点工作更切合各地生产实际，构建起充满活力、富有特色的现代草牧业生产体系、经营体系、产业体系，把中央供给侧结构性改革任务落到实处，有效满足城乡居民不断增长和提高的消费需求，保障农民持续增收。

二是要抓住关键环节给予扶持引导。通过近年来的实践，我们感觉畜牧养殖业的发展关键是要有优质的牧草，饲草饲料始终是我们畜牧业发展的短板。目前，国产苜蓿收获、加工机械在技术性能上落后于进口设备，导致了苜蓿干制过程中品质与进口苜蓿产生了较大差距，这是当前苜蓿进口量大、自给严重不足的直接原因。燕麦草适合北方农牧交错区干旱半干旱地区种植，但由于收获、加工机械不配套，制约了种植基地发展。建议国家一方面要整合科研单位的力量，开展联合攻关，尽快改善提升国产苜蓿、燕麦草等牧草收获、加工机械性能，另一方面希望农业部帮助朔州引进国外有关企业建设牧草收割加工机械制造基地，打开制约苜蓿、燕麦草收获、加工的瓶颈，实现牧草品质与生产效益的双提升，进一步优化饲草饲料供给结构，促进草产业健康有序发展。

三是切实加强粪污处理和防疫体系建设。畜牧养殖的快速发展必然带来粪污的大量产生和卫生防疫任务的加重。为此，建议在推进草牧试验试点的同时，要采取以奖代补的方式，对粪污处理设施和有机肥推广应用加大补贴力度，促进畜禽粪污的无害化处理、资源化利用、减量化排放，农牧并举、种养循环，在北方农牧交错带走出产品优质、产出高效、资源节约、环境友好的可持续发展道路。另外，要加强市县乡村四级防疫检疫网络体系建设，切实提高基层对重大动物疫病的抽检化验、预测预警和防控扑杀能力，确保农牧业生产安全和农畜产品质量安全。

下一步，我们要以这次会议为契机，认真学习借鉴兄弟省市县先进经验和做法，按照农业部的统一安排部署，结合朔州实际，全力推进草牧业试验试点市建设，努力打造农牧交错区结构调整的先行区。